国家社会科学基金项目"中西部连片特困地区生态移民后续产业发展对策研究"（13BJY034）

陕西省教育厅2021年度重点科研计划项目[汉江水源保护与陕南绿色发展智库（陕西理工大学）项目]"数字经济背景下陕南乡村三产融合发展路径研究"（21JT008）

汉江水源保护与陕南绿色发展智库（陕西理工大学）开放课题"陕南贫困县脱贫后产业可持续发展研究"（SLGPT2019KF01-28）

连片特困地区移民
后续产业发展研究

STUDY ON THE FOLLOW-UP INDUSTRY DEVELOPMENT OF
IMMIGRANTS IN CONTIGUOUS POOR AREAS

王敏　彭洁　冯亮　韩锦　冯明放　著

中国社会科学出版社

图书在版编目（CIP）数据

连片特困地区移民后续产业发展研究/王敏等著. —北京：
中国社会科学出版社，2021.9
ISBN 978-7-5203-8907-5

Ⅰ.①连⋯　Ⅱ.①王⋯　Ⅲ.①贫困区—产业发展—研究—
陕西　Ⅳ.①F127.41

中国版本图书馆 CIP 数据核字（2021）第 166046 号

出　版　人	赵剑英
责任编辑	刘晓红
责任校对	周晓东
责任印制	戴　宽

出　　　版	中国社会科学出版社
社　　　址	北京鼓楼西大街甲 158 号
邮　　　编	100720
网　　　址	http：//www.csspw.cn
发　行　部	010-84083685
门　市　部	010-84029450
经　　　销	新华书店及其他书店
印　　　刷	北京君升印刷有限公司
装　　　订	廊坊市广阳区广增装订厂
版　　　次	2021 年 9 月第 1 版
印　　　次	2021 年 9 月第 1 次印刷
开　　　本	710×1000　1/16
印　　　张	20.75
插　　　页	2
字　　　数	330 千字
定　　　价	118.00 元

凡购买中国社会科学出版社图书，如有质量问题请与本社营销中心联系调换
电话：010-84083683

前　言

　　移民问题历来是一个复杂的"世界难题"。由于受生态环境恶化和贫困的双重困扰，从20世纪80年代初开始，宁夏南部山区在全国率先实施了以"吊庄移民"为特征的生态移民，之后，国家在试点和总结经验的基础上，使移民的规模逐步扩大，稳定性也得以增加。进入21世纪以后，国家发改委（包括原计委）从"十一五"规划开始，先后制订了三个易地扶贫搬迁（生态移民）规划，把易地扶贫搬迁作为脱贫攻坚和精准扶贫的一项重要举措，同时也是实现脱贫"五个一批"的重要内容。特别是"十三五"时期，全国有近1000万贫困群众要通过易地扶贫搬迁的方式实现脱贫。中西部连片特困地区是实施易地扶贫搬迁的主要区域，目前，在政府主导下已经有近860万贫困群众实施了搬迁，加上"十三五"规划以前早期搬迁的移民，搬迁的移民总数应该在1000万人以上。应当说，大部分移民群众搬迁之后的生产和生活条件得到了明显的改善，收入水平有了明显提升，达到了生态移民"移得出、稳得住、能致富、不反弹"的总体要求。但是，也有部分地区移民后续产业的发展，面临着严峻的挑战，影响生态移民的可持续发展。本书从中西部连片特困地区的自然特点和移民的现状出发，对其后续产业发展面临的问题及其挑战，做了比较深入的调查和分析，在此基础上提出了移民后续产业发展的对策与建议。

　　一　本书研究的基本内容

　　本书研究的基本内容由十章组成：

　　第一章　绪论。在介绍中西部地区生态移民背景的基础上，提出了生态移民后续产业发展研究的问题，分析了研究的目的及意义，对国内外相关文献进行了综述，在此基础上勾勒出本书所要研究的基本内容、方法以及研究的基本思路。

第二章　连片特困地区移民后续产业发展的理论基础与影响因素。主要包括产业经济理论、生态经济理论、区域经济理论、制度经济理论、人口迁移理论以及中国共产党人的反贫困理论等。对中西部连片特困地区生态移民后续产业发展的因素分析，主要从产业发展区位视角、生态移民可持续生计视角和市场竞争视角进行了分析。

第三章　我国扶贫开发的历程与连片特困地区的确立。回顾了我国扶贫开发的历程以及14个国家集中连片特困地区的确立，分析了我国扶贫攻坚政策的演变、深化和完善的过程；同时对中西部连片特困地区的分布及其主要特征进行了分析。

第四章　连片特困地区移民的动因与现实困境。从生态环境恶化和脱贫攻坚的现实需要两个方面，分析了我国中西部连片特困地区生态移民的动因，并从"三西"地区"吊庄移民"开始，结合笔者实地调研的情况，指出了生态移民当前面临的现实困境。

第五章　连片特困地区脱贫攻坚的成效与产业发展状况。结合国家统计局农村贫困状况监测数据，在分析我国及中西部连片特困地区脱贫攻坚成效的基础上，对当前生态移民后续产业发展的总体状况进行了初步分析。

第六章　连片特困地区移民后续产业发展的调查与分析。主要对六盘山片区的同心县、四省藏区的三江源地区、秦巴山片区的陕南地区、秦巴山片区的宁强县、秦巴山片区宁强县舒家坝镇的宝珠观村、吕梁山区的吉县和隰县移民后续产业以及相关问题进行了调查分析。

第七章　连片特困地区移民后续产业发展的实证分析。实证分析主要是对移民群众发展后续产业的意愿进行了分析，探讨了移民发展后续产业的主要动机。

第八章　连片特困地区移民后续产业发展绩效的评价与分析。主要结合留坝县贫困村的脱贫退出，分析探讨了生态移民后续产业发展绩效评价的问题。

第九章　连片特困地区移民后续产业发展的挑战与机遇。分析了中西部连片特困地区生态移民后续产业发展面临的来自人力资本、物质资源、生态环境保护、市场经济发展、融资困难等方面的挑战，并分析了面临国家高度重视生态文明建设、加快实施"一带一路"倡议、决胜全面小康和实施乡村振兴战略的历史机遇。

第十章　连片特困地区移民后续产业发展的主要对策。根据中西部连片特困地区生态移民后续产业发展的现状、问题和面临的挑战与机遇，本书从八个方面提出了对策建议，包括进一步提高对生态移民后续产业发展意义作用的认识；以提升人力资本水平为突破口，奠定后续产业发展的能力基础；依靠科技创新，转换发展动能，实现绿色发展；密切关注市场需求，大力发展优势特色产业和农产品加工业；促进合作经济和中小微企业发展，充分发挥龙头企业的带动作用；完善移民安置地的基础设施，为后续产业发展提供保障；强化移民安置地的社会治理，促进社会和谐稳定，保障后续产业的顺利发展；进一步完善移民后续产业发展的相关政策法规，增加制度供给。

二　本书研究的主要特点

一是较为全面地分析研究了连片特困地区移民后续产业发展问题。对中西部不同区域和不同类型的生态移民进行了调查研究，分别选择了4个有代表性的区域，即严重干旱缺水的六盘山片区、作为国家重点生态保护区并地处四省藏区的三江源地区、自然灾害多发的秦巴山片区以及地处黄土高原水土流失严重的吕梁山片区，对其生态移民后续产业发展的状况，分别选点进行了实地调研，获得了比较丰富的第一手资料，并从比较中分析了当前生态移民后续产业发展面临的突出问题。

二是在连片特困地区移民后续产业发展现状与问题分析的基础上，进一步分析了其移民后续产业发展面临的人力资本、物质资源、生态环境保护、市场经济发展、融资困难等方面的挑战，以及国家高度重视生态文明建设、加快实施"一带一路"倡议、决胜全面小康和实施乡村振兴战略的历史机遇。

三是有针对性地提出了连片特困地区移民后续产业发展的对策建议。这些对策建议，都是在实地调研的基础上针对现实问题提出的，有着较强的现实基础和可操作性。

三　重要观点或对策建议

本书通过统计数据和不同类型重点区域的调查分析发现，我国中西部连片特困地区生态移民后续产业的发展，不同程度地取得了一定的成效，主要反映在区域产业结构得到了优化，移民的收入水平有所提高，与全国的平均收入水平差距正在缩小；在我国加快脱贫攻坚步伐和实施精准扶贫的背景下，生态移民的减贫效应也得到了很好的体现。但是，从移民安置地产业发展情况调查的结果看，目前后续产业发展的项目大多集中在第一产业，特别是种植业和养殖业项目较多，第二、第三产业项目相对较少，产业融合发展刚刚起步。受移民安置地当地经济发展水平的限制，有50%以上的精壮劳动力仍然依靠外出务工维持生计，移民迁入地后续产业的发展普遍面临人力资本水平低下、科技创新和应用能力不足、土地或水资源短缺、市场发育程度低、融资困难以及制度政策方面不完善等因素的挑战。从移民个体或家庭来讲，则主要受制于生计资本水平的限制，移民个人的人力资本和社会资本水平普遍偏低，部分移民搬迁后尚未摆脱贫困，极少数的移民群众甚至出现了返贫现象。

本书在对上述问题进行研究分析的基础上，提出了以下的对策建议：

（1）进一步提高对生态移民后续产业发展意义作用的认识。强调后续产业发展是生态移民"稳得住、能致富、不反弹"的基础；即是检验生态移民效果的主要标志，也是迁入区社会长期和谐稳定的保障，还是实现区域可持续发展的物质基础和保证。无论是从区域发展的角度还是从移民家庭生计的角度来看，都需要提高对后续产业发展意义和作用的认识。

（2）以提升人力资本水平为突破口，奠定后续产业发展的能力基础。调查表明，后续产业发展不尽如人意的最主要根源，在于人力资本水平的低下，因此教育才是后续产业发展和减贫最有效、最根本的措施。本书建议，国家应该实施补偿性教育政策，把教育补偿提高到与生态补偿同等重要或更加重要的地位，并提出了具体的有可操作性的建议。一方面，要重视和加强移民安置地现有劳动力素质的提高，分层次、多形式、有重点地开展职业技能培训和综合素质培训，务求取得实效；另一方面，应该重视后续劳动力的培养教育，加快实施教育公平的步伐，建立全国统一的教师转任制度，完善职业技术教育体系，使贫困地区包括移民的子女也能享受到优质的教育，并且愿意留在本地建功立业，以阻断贫困的代际传递。此外，也要针对因病致贫比较突出的情况，加大健康扶贫的力度，提高贫困移民群众的健康水平。

（3）依靠科技创新，转换发展动能，实现绿色发展。提出借鉴国外依靠科学技术特别是农业科学技术促进产业发展的经验，依靠实用技术的普及和科技创新驱动，实现绿色发展、循环发展、低碳发展，这是移民后续产业发展的必然选择和根本出路。同时，还对农业科技的普及与推广，提出了具体的建议。

（4）密切关注市场需求，大力发展优势特色产业和农产品加工业。强调在移民后续产业发展中，小农户必须联合起来才能够应对大市场的挑战。一方面，要在发展优势特色农产品的基础上，大力发展农产品加工业，延长产业链，提高附加值，实现价值的增值和移民的增收；另一方面，应该高度重视农产品的流通，建立优势特色农产品交易市场，完善市场体系，大力发展电子商务，打造本地知名品牌，扩大本地优势特色农产品的市场份额。

（5）促进合作经济和小微企业发展，充分发挥龙头企业的带动作用。连片特困地区生态移民后续产业的发展，必须依靠市场力量的带动，规模较大的新的农业经营主体在产业发展中，带动作用会更加明显。因此，应该加强对现代职业化农民的培养和新型农场主的培育，使之成长为龙头企业。对于当地依靠发展优势特色产品成长起来的龙头企业，应该从政策上给予重点的扶持，以充分发挥其对后续产业发展的示范、辐射和带动作用。同时应该优化创业环境，大力支持移民安置地小微企业的发展。

（6）完善移民安置地基础设施，为后续产业发展提供保障。当前，要把改善基础设施作为重点，搞好水电路信等基础设施的建设，为后续产业发展创造良好的条件，同时也为农村生态文明和社会文明建设奠定良好的基础。为了保障农业可持续发展和国家的粮食安全，政府还需要增加投入，加快推进高标准农田和水利工程建设，同时还应该引导社会资本参与重大水利工程的建设和运营。

（7）强化移民安置地的社会治理，促进后续产业的顺利发展。鉴于移民安置地社会治理有其特殊性和复杂性，需要移民安置地政府、相关部门、社区和移民群众共同努力，通过协商民主的方式，处理好移民安置地的治理事务，维护移民安置地的和谐稳定，为移民后续产业的发展提供强有力的保障。

（8）进一步完善移民后续产业发展的相关政策法规，增加制度供给。主要是完善移民安置及后续产业发展的法规政策体系，减少因为制度供给短缺引起的摩擦。一方面，要增加正式制度的供给，通过政策法规调整进一步协调好生态移民安置和后续产业发展中的利益关系；另一方面，也要增加非正式制度的供给，包括通过引导制定和完善村规民约、树立良好的社会风尚，转变移民观念，促进产业发展。

四　成果的学术价值、应用价值及社会影响

1. 学术价值与应用价值

（1）有助于完善生态移民研究和产业经济学的理论体系。党的十八大提出了"五位一体"的总体布局和"四个全面"的战略布局，并明确了我国生态文明建设和加快新型城镇化建设的战略目标，之后习近平总书记又提出"五大发展理念"和精准扶贫方略，党的十九大进一步强调了绿色发展和乡村振兴，这些都为本书的研究提供了理论方法上的指导。本书的研究立足于中西部连片特困地区经济社会发展的现状，将新的发展理念、空间与时间概念和科学的方法，引入后续产业发展领域，使这一问题的研究有了新的视角和思路，其成果可以丰富生态移民研究的内容和产业经济的相关理论，并为同行研究提供参考和借鉴。

（2）为生态移民后续产业发展的决策提供参考。中西部连片特困地区覆盖了全国大部分贫困地区和深度贫困地区，以往常规的扶贫手段难以奏效，而通过生态移民和连片治理的方式，有助于从根本上解决贫困问题。但是从本书研究的情况来看，目前生态移民后续产业的发展方面，不仅存在诸多问题，同时也面临严峻的挑战，本书在调研分析的基础上，有针对性地提出了八项对策和建议。这些对策和建议，可以为政府制定移民后续产业发展的相关政策和区域经济政策提供参考。

2. 成果的社会影响

近年来，本书成员因对扶贫和生态移民问题的研究，多次受地方政府的邀请，开展相关的咨询和培训工作。2016年3月受凤凰卫视《承诺2020》节目摄制组邀请，参加了陕南移民搬迁问题的访谈，节目于2016年4月30日在凤凰卫视播出。本书成员还受当地政府邀请作为

2016 年度贫困村退出第三方评估首席专家，开展了相关的咨询活动。阶段性成果中，本书主要成员发表的论文多次被引用，3 篇论文被 CSS-CI 收录。

五　研究存在的不足与欠缺

本书研究尽管有一定程度的创新，但由于水平所限、部分资料获取难度大以及时间紧迫等原因，研究仍然存在一些不足和欠缺。

（1）因为目前多数连片特困地区生态移民的时间相对较短，更多地还处在移民安置阶段，后续产业的发展刚刚起步，因此研究主要集中在第一产业和有土安置移民及其生产生活方面，第二、第三产业发展相对更为滞后，加之资料缺乏，研究相对欠缺。

（2）对于连片特困地区如何因地制宜，选择适宜的后续产业发展模式，尤其是绿色、循环、低碳经济的发展模式，鉴于不同地区、不同类型的移民地条件差异过大，研究分析也相对薄弱。

（3）定量分析相对不足。主要是相关统计资料还不健全，加之移民后续产业往往和区域其他产业交织在一起，一些重要数据的统计残缺，对分析造成较大困难。

这些不足，本书将尽力在后续研究中加以克服。

王　敏

2019 年 3 月

目　　录

第一章

绪　论

第一节　问题的提出

贫困问题历来是一个世界性的问题。反贫困不仅是我国面临的历史任务，也是全球尤其是发展中国家共同面临的艰巨任务。中华人民共和国成立后，在"一穷二白"的基础上，中国共产党和中国政府领导全国人民即开始了国民经济的恢复和建设社会主义、新中国的过程，这实际上也是一个反贫困的过程。在当时错综复杂的国际、国内形势下，我国人民在实现国家工业化和反贫困的过程中，进行了艰苦卓绝的探索。改革开放之后，我国反贫困即扶贫开发的步伐明显加快，随着时间的推移，扶贫工作的措施也更加得力有效。特别是在党的十八大之后，面临全面建成小康社会的历史重任，脱贫攻坚工作成为党和政府乃至全社会关注的重点，尤其是2013年以后，脱贫攻坚进入到一个新的阶段，即"攻坚拔寨"阶段，精准扶贫、精准脱贫成为这一阶段的主要特征。到目前为止，我国脱贫攻坚已经取得了巨大的成就，并且得到了国际社会尤其是联合国的高度肯定。

多年来，我国在反贫困过程中进行过多种途径的探索。这期间的探索，既有成功的经验，也有失败的教训。在实践探索中，人们逐渐明白，对有的贫困地区贫困人口的扶持之所以长期难以奏效，主要是因为这些地方自然条件十分恶劣，资源特别缺乏，生存极其艰辛，与其在原地恶劣的自然条件下"与天奋斗"，倒不如换一种思维方式，另外寻找或者开辟一块地方谋生。于是，生态移民这种反贫困的方式就应运而生，并且逐渐被政府和贫困群众所认可。从 20 世纪 80 年代"三西"地区的"吊庄移民"开始，我国有组织的生态移民已经具有了 30 多年的历史。实践证明，生态移民是解决深度贫困地区"一方水土养活不了一方人"的根本途径，到目前为止，全国先后有 22 个省（自治区、直辖市）不同程度、不同规模地实施了生态移民。

在生态移民的过程中，各级政府和有关部门也不断地总结，提出了"移得出，稳得住，能致富，不反弹"的生态移民原则。从现实的情况来看，"移得出"的问题，总体上是一个相对比较容易解决的问题。30 多年来，全国范围内已有超过 1000 万的贫困人口实施了生态移民，还有部分贫困人口需要继续采取这种方式脱贫。"稳得住"的问题比起"移得出"来说，虽然有一定的难度，但至少在一段时间里仍然可以得到解决，而最难以解决的，则是"能致富"的问题。从区域经济发展的视角来看，"能致富，不反弹"的问题，实质上是一个涉及产业发展的问题，移民安置地如果没有好的产业支撑，移民群众就难以实现安居乐业；从移民家庭和个人的视角来讲，"能致富，不反弹"的问题，则是一个如何持久地解决生计的问题。因此，移民后续产业的发展，对于生态移民的成败有着决定性的意义。鉴于这一问题十分重要，本书选择了生态移民后续产业发展问题进行分析和研究，并且把重点区域放在中西部连片特困地区，以期在探索中提出有价值的对策和建议，供有关部门作为决策参考。

第二节　本书研究的目的和意义

一　研究的目的

（一）总结生态移民的经验

生态移民是自 20 世纪 80 年代以来，我国开展的一个解决人口、资源与生态环境之间矛盾的重要举措，也是在实践中逐步探索出来的一种行之有效的扶贫方式。同时，生态移民也是我国经济社会发展中面临的一个新的课题。虽然生态移民在我国没有现成的模式可以照搬和借鉴，需要在实践中不断地探索，但历史是一面镜子，以往其他国家移民开发的经验和教训则可以借鉴。另一方面，中华人民共和国成立以来，我国在治理黄河、长江流域的过程中，也出现过大量的库区移民，总结这些移民过程中的成败得失，有助于我们做好目前正在进行的生态移民工程。此外，我国自20世纪80年代以来，在三江源、红寺堡、阿拉善等地开展的生态移民，也同样有经验教训可以总结。上述这些移民活动，都可以为我们做好当今集中连片特困地区的生态移民工作提供有益的启示。特别需要强调的是，俄罗斯、美国、加拿大、以色列等国家，都曾经历过大规模的国内移民，这些移民既有成功的经验，也有失败的教训。尽管这些国家的国情以及移民的时代背景不同，但一些成功的经验还是可以为我们的研究提供借鉴和启发的。

本书将以习近平总书记"创新、协调、绿色、开放、共享"五大发展理念、"五位一体"总体布局和"四个全面"战略布局为指导，在对国内外移民理论的借鉴和典型案例分析研究的基础上，着重探讨中西部集中连片特困地区生态移民过程中面临的现实问题，尤其是后续产业发展的问题。本书通过选取不同片区和不同区域类型的生态移民进行研究分析，在此基础上，探索移民后续产业发展的规律，总结经验和教训，为政府相关部门做好生态移民工作提供理论参考和决策依据。

（二）探索生态移民产业发展的途径

本书研究的一个重要任务，就是探索切实可行的生态移民可持续发展的模式和途径，其中最主要的就是促进移民后续产业发展的问题。实践已经表明，集中连片特困地区生态移民的关键，在于后续产业的发展，而产业发展的关键，则在于是否选择了科学的产业发展途径和模式。移民后续产业的发展，本质上是属于产业经济学研究的范畴，其核心是区域主导产业或特色优势产业的选择问题，而生态移民不仅是人口布局结构的调整，也是区域生产要素的大规模流动。在国家经济发展方式转变和产业结构调整的背景下，如何把两者很好地结合起来，这是很值得探索的一个问题。生态移民怎样才能做到因地制宜，确定好当地的主导产业或特色优势产业，直接会影响移民未来的生产生活。而要解决好这一问题，不仅需要战略眼光和先进的理念，也需要科学的方法。也就是说，要按照产业发展演变的规律行事。特别是在市场经济条件下，移民后续产业的发展，不仅要考虑市场需求、规模经济等问题，还要特别注意选择适合的产业组织形式，这些都必须遵循产业发展的规律；否则，就会把后续产业的发展引向歧途。

（三）提出生态移民后续产业发展的对策

目前，在生态移民实践中已经涌现出了一些可供选择的产业发展模式，如旅游景点带动模式、工业园区带动模式、股份合作制带动模式、种养业产业化经营带动模式、特色产业带动模式和劳务输出带动模式，等等。这些不同的模式，需要在实践中不断总结、探索和完善，特别需要根据不同地区的具体情况，因地制宜，这样才能切实可行，也才能够发挥应有的示范作用和带动作用。另一方面，生态移民后续产业的发展也面临诸多问题，诸如生态移民后的职业技能培训以及人力资本的提升问题，小农户如何对接大市场的问题，移民地产业结构的调整及优化的问题等，有的问题表现得十分突出。这些问题都是需要认真对待，并且能够提出相应的对策和措施，尽快加以解决。

还必须看到，产业化经营特别是产业集群，是经济发展的必然趋势，因为只有达到规模经营，才会取得比较好的经济效益，尤其是中西部连片特困地区，大都处在山区，群众居住较为分散，只有适当的集中才能发挥出人口和产业的聚集效应，也才能使产业发展具有一定的规模效益。因此，实施生态移民必将改变目前农村中单家独户的生产经营方式，更多的应该发展合作经营的模式。各地在生态移民的过程中，尤其要注意发展适合当地的特色优势产业，并将其做大做强，达到理想的市场规模。

二 研究的意义

（一）理论意义

本书从马克思主义人与自然和谐发展的观点出发，以习近平总书记"五大发展理念"和精准扶贫方略为指导，立足于中西部连片特困地区生态移民后续产业发展问题的研究，分析探讨影响移民后续产业发展的主要影响因素，揭示其与移民后续产业发展以及移民增收之间的关系，探索中西部连片特困地区生态移民后续产业发展的特殊规律。本书的研究，对于补充完善生态移民的内容和理论体系有着重要意义；从某种意义上讲，也有助于丰富反贫困理论、产业经济学以及区域经济学的研究内容。

（二）实践意义

近年来，我国正处在国家决胜全面建成小康社会的关键时期，建设美丽中国、生态环境保护的力度不断加大，脱贫攻坚与精准扶贫步伐也在加快，中西部连片特困地区都不同程度、不同规模地实施了生态移民工程，并且取得了显著的效果。同时，在生态移民后续产业发展方面也开展了一些有益的探索，取得了一定的成效。在"十三五"时期，国家还将继续通过生态移民（易地扶贫搬迁）的方式，解决近1000万贫困人口的脱贫问题。但是，必须看到，生态移民是一个长期的、艰巨的、复杂的系统工程。目前，已经通过生态移民方式迁移成功的移民群众，基本上属于既有搬迁需求，又具有搬迁能力的人群，也是生态移民搬迁过程中相对容易实现搬迁的部分，而剩下的几百万贫困人口的生态移民，将是"最难啃的骨头"，面临的困难和问题也会更多，这就要求各级政府必须认真对待。从某种意义上来说，今后几年的生态移民将更具有艰巨性和挑战性，之前的经验并不能完全适用后续有待搬迁的贫困人口。尤其是移民后续产业的发展，对于移民的成功与否有着决定性的意义。本书对这一问题的深入调查和研究分析，把实践中的经验进行梳理和总结，找出问题的症结，提出对策措施，为有关部门决策提供参考和依据，从而使生态移民能够尽早摆脱贫困，与全国人民共同进入小康社会。本书研究的实践意义正在于此。

第三节　国内外相关文献综述

一　相关概念的界定

（一）生态移民

生态移民的概念有广义和狭义之分，狭义的生态移民只是把移民和生态环境的恶化与保护相联系，通过移民的方式，减轻或者消除生态环境的压力，使生态环境得到修复。换言之，就是将原本居住在自然灾害频发地区、生态环境恶化地区、生态环境脆弱地区的人口，搬迁至别的地方定居并重建家园的人口迁移。而广义的生态移民除了生态环境的恶化与保护的直接原因之外，还有由此而导致的其他原因，比如，贫困就是自然条件恶劣或者恶化的副产品，因此因为贫困的原因而进行的移民，也应该属于生态移民的范畴。

按照国家发改委《易地扶贫搬迁"十一五"规划》中对易地扶贫搬迁概念的界定，其与生态移民（ecomigration）的含义是相同的，以往更多地叫作生态移民，近年来更多地使用易地扶贫搬迁的概念。本书研究中始终将这两个概念作为同一概念使用。

尽管我国学术界对生态移民的概念看法不一、众说纷纭，鉴于地质灾害、洪涝灾害等自然灾害增多所导致的灾害移民，往往与长期对生态环境的破坏密切相关，而因为贫困所导致的扶贫移民，同样与自然条件恶劣有密切的关系。因此，本书的研究使用广义的生态移民的概念，把易地扶贫搬迁中的地质灾害移民、洪涝灾害移民以及原来意义上的扶贫移民等，统称为"生态移民"或者"易地扶贫搬迁"。

（二）移民搬迁

移民搬迁本质上是一种人口的迁移活动。移民是指那些由一个国家或地区，迁移到另外一个国家或地区，在移居地从事生计性经济活动的个人或者家庭。通常有国际移民和国内移民之分。移民更多地强调的是永久的居住性和相对的稳定性。搬迁则是指撤离原来居住的所在地而另换居住地点。搬迁的同义词有迁徙、迁居、迁移、搬家等，这是搬迁的字面含义。人们通常把移民和搬迁这两个词汇放在一起使用，实际上指的就是国内人口的迁移，既包括近距离的迁移也包括远距离的迁移，但更多的是指近距离的迁移，比如由村上迁往镇上或者县城。再如，陕南移民搬迁，实际上就是指在陕南这一特定的区域内，由政府主导的大规模的人口迁移活动。搬迁的范围主要限于区域之内。本书中，考虑到一些概念演变和历史的因素，移民搬迁与生态移民的概念也作为同一概念使用。

（三）连片特困地区

连片特困地区全称为集中连片特殊困难地区，是随着我国扶贫开发的发展历程提出的一个特定的概念，是在贫困地区这一概念的基础上更为具体化的概念。连片特困地区是指由于自然、历史、民族、宗教、政治、社会等方面的原因，采用一般的经济增长方式不能带动、常规扶贫手段难以奏效、扶贫开发周期较长的集中连片贫困地区和连片特殊贫困地区。换句话说，就是指因为某一种或者某几种原因，导致的特别贫困的地区。连片特困地区这一概念在 2010 年西部大开发工作会议上正式使用，之后，"加快解决集中连片特殊困难地区的贫困问题"引起了党中央的高度重视，并在《中国农村扶贫开发纲要（2011—2020）》和"十二五"规划纲要中被重点强调。至此，集中连片特困地区扶贫攻坚与区域发展问题，引起了社会各界的高度关注，精准扶贫的问题提上议事日程。在"十三五"规划中，连片特困地区脱贫攻坚与精准扶贫问题得到了进一步的重视。

（四）产业发展

产业，是指具有某种同类属性的经济活动的集合或者系统。产业是一个被广泛使用、十分复杂的概念，不同场合具有不同的内涵和外延，如农业、工业和服务业属于三大产业，而工业又包括采掘业、制造业、自来水、电力、煤气等的制造与供应业，这些虽然都叫作产业，但是外延并不相同。概括地说，产业就是使用相同的原材料、相同的工艺技术、在相同的价值链上生产具有替代关系的产品或者服务的企业构成的整个集合。

产业发展也称为产业开发，在英语中，"发展"（development）与"开发"为同一概念。从产业发展的内涵来看，不仅指某一个别产业的发展，也包括区域内产业或国民经济整体产业的发展；既包括微观经济学意义上一家一户和个别企业产业的发展，同时也指国民经济总体三大产业的发展。产业结构是衡量产业发展状况的最重要的标志。本书研究中的产业发展，重点探讨中西部连片特困地区生态移民安置后的产业发展状况和问题，因此称为后续产业发展。

（五）可持续发展

"可持续发展"（Sustainable Development）是 20 世纪 80 年代联合国世界环境与发展委员会提出的一个新概念，也是人类对经济社会发展在认识层面上不断深化的成果。发展要有可持续性，就是要求经济社会的发展，不仅能满足当代人的需要，还要考虑后代的需求。从可持续发展的观点来看，一方面强调人类的资源并非用之不尽取之不竭，应该优先考虑人们基本需要的满足；另一方面，还要处理好满足眼前需要和满足将来需要之间的关系，保持资源的永续利用。因此，可持续发展就是要协调好人口、资源、环境与生态平衡之间的关系。可持续发展既涉及经济方面，也涉及社会生活的其他方面，一般将可持续发展划分为经济的可持续发展、社会的可持续发展和生态的可持续发展。科学发展观就是我党在新的历史时期，对可持续发展理论的运用和创新，全面反映了可持续发展的要求。

二　国外移民研究概况

在人类社会发展的历史上，移民现象古已有之，因为生态环境变迁而发生过无数次的人口迁移现象，人们总是从环境恶劣的居住地搬迁到环境较好的适宜居住的地方，这种迁移可以看成是最早期的"生态移民"。游牧民族的迁徙，也可以看作一种短期的因为生态环境和资源枯竭等原因，而被迫进行的一种"生态移民"。真正意义上的"生态移民"的出现，则始于近代。因为近代社会经济的快速发展，使环境遭到了破坏，为了避免生态恶化给人们带来的各种危害，改善生存的环境，提高生活的质量，人们所采取的一种自觉行动。[①] 在这种环境下，"生态移民"以及与之近似的"环境难民""环境移民"的概念才被逐步使用。

（一）国外移民问题研究的两个重要阶段

近代国外移民理论的发展经历了两个重要的阶段。

19 世纪末至 20 世纪初是第一个阶段。随着第二次产业革命的迅速发展，国际上出现了大规模的移民现象，学者对于这些移民现象进行了广泛的研究。这一时期的研究，多数学者偏重于从宏观上对移民的原因进行定性分析。19 世纪末，美国学者莱文斯坦（E. G. Ravenstein）在《移民的规律》（*The Laws of Migration*）一书中提出了著名的"十一条移民规律"，他认为移民产生的根源，在于人们追求生产和生活条件的改善。[②] 在莱文斯坦"人口迁移法则"的基础上，1938 年，学者赫伯尔（N. Herberle）认为，促使人们离开迁出地的"推力"和吸引人们移入迁入地的"拉力"，导致了人口的迁移。20 世纪 60 年代，李（E. S. Lee）总结了关于迁移量的"六条规律"和关于迁移者特征的

---

① 吴俊瑶：《阿拉善生态移民后续产业发展对策研究》，硕士学位论文，中央民族大学，2013 年。

② 廖正宏：《人口迁移》，三民书局 1985 年版，第 100—109 页。

"七条规律"。随着推力—拉力理论研究的逐步深入，唐纳德·博格（Donald J. Bogue）提出了系统的"推力—拉力"理论（Push - pull theory）。① 该理论具体分析了推力因素和拉力因素的构成要素和分类，博格认为，移民的形成原因是多样的，具体可以归结为内部消极因素构成的"推力"和外部积极因素构成的"拉力"，移民现象是这两种力共同作用的结果。构成内部的"推力"的因素，诸如迁出地人口的增长、生存环境的恶化、收入偏低和较少的就业机会、政治压力等因素，这些因素是迫使移民迁移的内部动因；构成外部的"拉力"的因素，诸如迁入地更好的生活条件、更多的就业机会、更高的收入以及政治自由等因素，是吸引移民迁移的外部原因。博格的"推力—拉力"理论，主要研究国际之间的移民问题，但他的理论对于一个国家内部的移民现象，也有同样的适用性。"推力—拉力"理论研究的侧重点，在于对迁移的原因进行分析，特别是对迁出地的消极因素即"推力"和迁入地的积极因素即"拉力"，进行具体的分析，并且分析了这两种力对迁移者的影响，因此选择用"推力—拉力"理论，来解释我国中西部连片特困地区生态移民的原因，也应该是比较符合实际的。

第二个阶段则是在第二次世界大战之后。随着战后经济的高速发展，出现了世界范围内规模较大的移民热潮，世界粮农组织和世界银行以及西方的一些学者，由此展开了对战后移民问题的研究。与19世纪末至20世纪初期的研究相比较，国外移民理论在第二个阶段，更加注重从个人的角度去分析移民的动因，比如对个人和家庭迁移的决策进行研究②、迁移规模和效益的研究等。以拉里·萨斯塔（Larry Sjaastad）为代表的新古典经济理论学派，将移民理论的研究提升到了一个新的高度。需要指出的是，战后人类的生产生活行为，对环境造成了一定的破坏，引发了自然环境的一些突发性灾难和不可逆转的后果，如南极上空臭氧层的破坏、"温室效应"、两极冰川消融导致的海平面上升、环太平洋台风现象的增加、核电站泄漏事故等，又形成了一系列的连锁反

---

① 曹向昀：《西方人口迁移研究的主要流派及观点综述》，《人口科学》1995 年第 1 期。

② C. M. Pearce and J. L. Manuel, *Depth and Timing of Settlement of Veliger from Different Populations of Giantscal, Placopecten Magellanicus（Gmelin）*, in Thermally Stratified Mesocosms, Journal of Experiment Marine Biology and Ecology , 2004, pp. 1505 - 1515.

应，引发了洪涝、干旱、荒漠化、水土流失、山体滑坡、环境污染等次生自然灾害，加剧了生态环境的恶化，最终导致了大量生态移民的出现。因此，全球范围内逐步恶化的生态环境问题所引发的人口迁移现象，日益受到国际社会的广泛重视和关注。[1]

（二）生态移民与环境移民

关于生态移民的概念，最早是由美国的考尔斯提出的，并且他把群落迁移的概念导入到生态学领域。[2] 1974 年，莱斯特·布朗（Lester Brown）在《谁来养活中国》一书中，首次提出了"环境难民"的概念。1984 年，在伦敦国际环境和发展学院的简报中，再次使用了这一概念。1985 年埃及学者阿萨姆·埃尔哈纳威（El - Hinnawi）在联合国环境规划署的报告中，也使用了"环境难民"的概念，之后这一术语被广泛使用。斯维因（Swain）在 1996 年使用了"环境移民"（Environmental migration）一词[3]，他认为相比"环境难民"的提法，"环境移民"更为确切和具有针对性。随后杜思（Doos）也肯定了环境因素在人口迁移中起着非常重要的作用。[4] 目前，在国际范围内，学者们在研究中普遍把"环境移民"和"生态移民"作为同等概念加以使用。

国外学者对中国正在进行的生态移民给予了较多的关注。学者们主要从人类学、社会学、民族学等视角，对我国西部地区生态移民进行了研究，影响较大的有美国达特茅斯学院的鲍尔（Kenneth Bauer）关于青海玉树生态移民的研究[5]，加拿大生态学家富礼正（Marc Foggin）探讨了青海长江源地区的生态移民和社区发展问题[6]，澳大利亚国立大学

---

① Stojanov, Novosák, "Environmental Migration in China", *Geographica*, No. 39, 2006, pp. 65 – 82.

② 一迪：《生态移民的困惑》，《华夏人文地理》2003 年第 11 期。

③ Shen Jianfa, "Internal Migration and Regional Population Dynamics in China", *Progress in Planning*, No. 45, 1996, pp. 123 – 188.

④ Black, Sessa, "Forced Migration, Environmental Change and Woodfuel Issues in the Senegal River Valley", *Environmental Conservation*, 1997, pp. 251 – 260.

⑤ The Thirteenth Seminar of the International Association of Tibetan Studies, http：//www. lats. info/ abstracts/.

⑥ Marc Foggin, "Rethinking 'Ecological Migration' and the Value of Cultural Continuity – A Response to Wang, Song and Hu", *A Journal of the Human Environment*, Vol. 40, No. 1, June 2011.

亚太研究学院的凯瑟琳·莫顿（Katherine Morton）研究了气候变化对青藏高原的影响及其对区域安全的影响问题。西方学者在研究中国西部地区生态移民的过程中，也注意到其搬迁的主体多为少数民族，并提醒我国应该注意生态移民问题的复杂性，不能单纯地只从经济角度考虑生态移民问题。①

三　国内生态移民研究概况

国内关于生态移民问题的研究起步相对较晚，是在生态移民实践的基础上展开的。20 世纪 80 年代初，宁夏西海固地区率先进行了生态移民的探索，实践的发展对理论的研究提出了要求，国内有不少学者开始关注生态移民问题。1993 年，任耀武等学者在研究中首次使用了"生态移民"这一概念。② 之后，相关研究主要集中在移民的空间分布、统计属性以及影响因素等方面，对于移民与城市化以及对区域经济发展的影响问题，也进行了相关研究。20 世纪 90 年代，我国工业化快速发展，工业污染和对环境的破坏带来了不容忽视的生态环境问题，尤其是2000 年春天，我国北方地区连续发生的强沙尘暴所造成的巨大影响，使生态移民的理念很快引起了学界的共鸣，这一概念逐渐被学者们所认可。在这之后，随着国家西部大开发战略的实施，学者们也开始注意西部地区生态环境恶化的问题，相应地对生态移民也引起了更多的关注。2002 年 12 月国务院发布的《退耕还林条例》中，首次使用"生态移民"这一概念。不同领域的学者从不同的角度，针对生态移民问题进行了广泛的研究和探讨。近年来，国内生态移民及其后续产业的发展研究中涉及的主要问题有：

（一）关于生态移民相关问题的研究

（1）生态移民的概念。在 1993 年，任耀武等学者首次使用了"生态移民"这一概念之后，围绕生态移民概念的含义，学者们从不同的角度进行了分析探讨。李东分析比较了生态移民的不同定义，指出了人们对于生态移民这一概念在认识上不够统一的问题。③ 包智明把生态移

---

① 杜发春：《国外生态移民研究述评》，《民族研究》2014 年第 2 期。
② 任耀武等：《试论三峡库区生态移民》，《农业现代化研究》1993 年第 1 期。
③ 李东：《中国生态移民的研究——一个文献综述》，《西北人口》2009 年第 1 期。

民定义为：因为生态环境的恶化或者为了改善和保护生态环境所发生的迁移活动。他强调不论是原因还是目的，只要与生态环境直接相关的迁移活动，都可以称为生态移民。[①] 同时，他还对生态移民从多个角度进行了类别上的划分。葛根高娃和乌云巴图认为，生态移民概念的内涵与外延，不仅仅局限于经济行为，其实质是人与环境的关系调整问题。[②] 李宁和龚世俊则从生态系统的角度，对生态移民进行了定义，将其看作保持生态系统内部诸要素的相对平衡的要求，同时也是人类为了生存而主动调整其自身与资源、环境之间的关系的一种自觉行为。[③] 桑敏兰认为，生态移民与国外提出的环境移民的概念，只是名称不同而已。[④] 皮海峰[⑤]、池永明[⑥]等也从不同的角度对生态移民的概念进行了分析和界定。目前，关于生态移民的概念仍然在深入探讨中。

（2）生态移民的分类。在对生态移民类别的研究上，不同的学者从不同的角度，对生态移民的类型进行了划分。包智明认为，生态移民的形式是多种多样的，因为划分的依据不同形式也就不同。从政府主导的角度，可划分为自发性与政府主导性生态移民；从迁移决定权的角度，可划分为自愿与非自愿生态移民；从迁移社区特征的角度，可划分为整体迁移与部分迁移生态移民；从移后主导产业特征的角度，可划分为牧转农业型、舍饲养畜型、非农牧业型和产业无变化型的生态移民等不同的类型。[⑦]

皮海峰、张力威等学者，根据生态移民的不同目的及其在中国的不同实践，将生态移民细分为保护三江源头生态环境不被破坏为目的的生

① 包智明：《关于生态移民的定义、分类及若干问题》，《中央民族大学学报》（哲学社会科学版）2006 年第 1 期。

② 葛根高娃、乌云巴图：《内蒙古牧区生态移民的概念、问题与对策》，《内蒙古社会科学》2003 年第 2 期。

③ 李宁、龚世俊：《论宁夏地区生态移民》，《哈尔滨工业大学学报》（社会科学版）2003 年第 1 期。

④ 桑敏兰：《论宁夏的"生存移民"向"生态移民"的战略转变》，《生态经济》（中文版）2004 年第 1 期。

⑤ 皮海峰：《小康社会与生态移民》，《农村经济》2004 年第 6 期。

⑥ 池永明：《生态移民是西部地区生态环境建设的根本》，《经济论坛》2004 年第 16 期。

⑦ 包智明：《关于生态移民的定义、分类及若干问题》，《中央民族大学学报》2006 年第 1 期。

态移民；保护草原生态环境，以治理风沙为目的的生态移民；为社会发展需要建立水利工程、电力工程为目的的生态移民；为减少自然灾害为目的的生态移民；以扶贫为目的的生态移民；为保护稀有动植物进行的生态移民等。[①] 苍铭依据谋生手段的不同，把生态移民划分为不同的生产生活方式移民，具体包括农业型移民、农工相结合型移民和直接城市化移民；依据移民搬迁空间距离的不同，可以将移民划分为长距离移民和短距离移民等。[②]

值得指出的是，中国科学院的徐江等学者很早就关注了"环境移民"的问题。他认为，因为自然灾害、生态环境的恶化和人为的破坏自然环境的行为等原因，造成了人们生存环境的恶化，这是环境移民产生的根源，并且区分了几种不同类型的环境移民，进而做出了概念的界定。他认为，环境灾害移民是由地震、洪涝、干旱、滑坡等自然灾害导致的移民；环境生态移民是由荒漠化、水土流失等生态退化引起的移民；环境污染移民则是由水污染、土地污染、空气污染等原因引起的移民。[③]

（3）生态移民的理论基础。孙永珍和高春雨认为，易地扶贫搬迁的理论支撑，应该包括生态贫困理论、区位论理论、可持续发展理论、人口迁移理论和社会适应理论等。[④] 王玉冰、马永杰指出，生态移民理论的基础，有人口迁移理论、可持续发展、生态恢复、生态经济、扶贫理论的支持。[⑤] 盖志毅认为，中国共产党的科学发展观也是生态移民的理论基础。[⑥] 总之，研究者普遍认为，生态移民的理论基础应该是多方面的。

（4）生态移民的影响因素。池永明认为，在实施生态移民政策时，

① 周鹏：《中西部地区生态移民可持续发展研究》，博士学位论文，中央民族大学，2013 年。

② 苍铭：《南方喀斯特山地及高寒山区生态移民问题略论》，《青海民族研究》2006 年第 17 期。

③ 徐江等：《论环境移民》，《环境科学》1996 年第 3 期。

④ 孙永珍、高春雨：《新时期我国易地扶贫搬迁安置的理论研究》，《安徽农业科学》2013 年第 36 期。

⑤ 王玉冰、马永杰：《生态移民研究综述》，《新财经》2010 年第 4 期。

⑥ 盖志毅：《草原生态经济系统可持续发展研究》，硕士学位论文，北京林业大学，2005 年。

人们的思想观念、资金的投入、迁入地的基础设施建设以及生态移民的管理机制等，都会对生态移民的效果产生影响，应该引起注意。[①] 侯东民强调了移民社会保障对生态移民的稳定作用，同时建议国家应该积极实施财政补偿方面的相关政策。[②] 张志辽[③]，周建等[④]等人分别从政策导向、资金约束、资源整合、法律因素、民族因素和制度保障因素等方面，对影响生态移民的诸因素进行了分析。而同一时期理论界更多的文章，则是就生态移民过程中遇到的某一个具体问题，进行分析探讨。

（5）不同区域生态移民的状况。我国生态移民最早基本上都是在少数民族聚居地区率先实施的，相关的研究也是如此，有的学者对移民问题还进行了长期的跟踪研究。如桑敏兰对宁夏生态移民状况的分析[⑤]，周华坤、赵宏利等对三江源地区移民问题进行的探讨，阿布力孜·玉素甫、[⑥] 梅花、达古拉等对新疆、内蒙古等少数民族地区移民状况进行的分析，张丽君、吴俊瑶对阿拉善牧区生态移民的研究[⑦]，梁福庆、谭国太等对三峡库区移民问题的研究，都是具有影响力的生态移民方面的研究成果。这些研究都结合了移民地的具体实际情况，进行了分析和论证，并且针对移民过程中存在的具体问题，提出了相应的对策建议。此外，葛根高娃和乌云巴图[⑧]、侯东民、苏大学等还对生态移民的战略意义、必要性与可行性，也进行了分析和研究。

（6）可持续发展视角下的生态移民。对于生态移民与可持续发展

---

① 池永明：《生态移民是西部地区生态环境建设的根本》，《经济论坛》2004 年第 16 期。

② 侯东民：《实施生态移民　改善生态环境——关于整合扶贫与生态整治的战略思考》，《国土资源》2003 年第 4 期。

③ 张志辽：《生态移民的缔约分析》，《重庆大学学报》2008 年第 8 期。

④ 周建：《生态移民政策与效果探析——以新疆塔里木河流域轮台县生态移民为例》，《水利经济》2009 年第 5 期。

⑤ 桑敏兰：《论宁夏的"生存移民"向"生态移民"的战略转变》，《生态经济》（中文版）2004 年第 1 期。

⑥ 阿布力孜·玉素甫：《新疆生态移民研究》，中国经济出版社 2009 年版，第 11—13 页。

⑦ 张丽君、吴俊瑶：《阿拉善盟生态移民后续产业发展现状与对策研究》，《民族研究》2012 年第 2 期。

⑧ 葛根高娃、乌云巴图：《内蒙古牧区生态移民的概念、问题与对策》，《内蒙古社会科学》2003 年第 2 期。

的关系，学者们也进行了探索。方兵结合我国西部大开发战略的实施，针对西部生态环境逐渐恶化的现实情况，从西部地区生态移民的必要性和迫切性方面进行研究，并从国家经济发展的角度，认为目前大规模移民的条件已经成熟。[①] 刘学敏主要从移民效果方面，强调生态移民对于未来经济可持续发展具有的重大意义，认为通过生态移民，可以恢复生态脆弱的生态环境；改善农牧民的生存条件；优化移民迁入地的产业结构。[②] 在大部分学者对生态移民效果正面肯定的同时，也有少数学者对生态移民的复杂性以及可能产生的负面影响进行了关注，认为生态移民涉及面广，不宜草率行事。[③] 甚至担心实施生态移民的有效性，认为生态移民政策只能是解决贫困问题的辅助性措施。[④]

（7）新农村建设视角下的生态移民。进入 21 世纪以后，随着我国建成全面小康社会目标的实施，新农村建设的步伐也在不断加快，因此，学者们对新农村建设背景下的生态移民，特别是对两者之间的关系问题进行了研究。张丽超、皮海峰认为，生态移民对社会主义新农村建设的意义重大。生态移民是解决农村生态问题的主要途径，对于改善农村的环境、整治村容村貌、使用好农村有限的资源、减少土地的浪费和水质的污染、改善民居条件以及倡导移民群众文明健康的生活方式，都具有积极的促进作用。[⑤] 王红艳主要分析了宁夏生态移民区面临的新问题，包括在扶贫目标规划上缺乏科学的论证、用水矛盾突出、贫困发生反弹以及产业结构调整跳不出传统农业思维的框框等问题，并针对这些问题提出了相应的解决对策和措施。[⑥] 刘学敏根据对鄂尔多斯的调查认为，由于把生态脆弱区的人口迁移出去，迁出区的生态环境得到了较好的恢复。同时，还需要把禁牧和在迁入区舍饲圈养结合起来，以此来改

[①] 方兵：《加大生态移民力度切实保护西部生态环境》，《广西经济管理干部学院学报》2001 年第 4 期。

[②] 刘学敏：《对生态移民的效果与问题探讨》，《中国农村经济》2002 年第 4 期。

[③] 李笑春等：《对生态移民的理性思考——以浑善达克沙地为例》，《内蒙古大学学报》2004 年第 5 期。

[④] 徐红罡：《"生态移民"政策对缓解草原生态压力的有效性分析》，《国土与自然资源研究》2001 年第 4 期。

[⑤] 张丽超、皮海峰：《生态移民与社会主义新农村建设》，《三峡大学学报》（人文社会科学版）2007 年第 1 期。

[⑥] 王红艳：《宁夏生态移民区新农村建设的几点思考》，《西北人口》2007 年第 2 期。

善农牧民的生活条件。因为移民在搬迁以后提高了农用地的利用效率，对移民迁入区的产业结构调整，起到了明显的促进作用，也使新型农村牧区得到了较好的发展。①

（8）脱贫攻坚视角下的生态移民。2006 年，国家发改委在颁布的《异地扶贫搬迁"十一五"规划》中明确指出，异地扶贫搬迁就是生态移民，把异地扶贫搬迁和生态移民看作同一个概念。尽管学术界使用"异地扶贫搬迁"这一概念发表的相关论文还不够多，但就其涉及的内容来看，也是将"异地扶贫搬迁"与"生态移民"作为同一个概念来使用的。2010 年以后，随着我国国民经济与社会的快速发展，以及"十二五"规划的实施，脱贫攻坚的步伐明显加快。与此同时，生态移民更多地和精准扶贫、精准脱贫相联系，逐渐成为实现精准脱贫的方式之一，也成为实现脱贫"六个一批"的重要内容之一。一般认为，易地扶贫搬迁是以减贫为目的而进行的搬迁活动，因而突出强调了移民的减贫功能。通过把居住地生态环境恶劣的贫困人口，迁往宜居人居的地区，在新的环境下和新的基础上，进行社会经济系统的重建。② 通过人口迁移和人口的再分布，有助于改变地区的强约束状态，是一种打破空间约束，突破资源投入约束，实现地区或个人社会经济跨越式发展的方法。③

（二）关于生态移民后续产业发展的研究

相对于生态移民的概念、类别的划分、移民的理论基础和不同区域生态移民状况等问题的研究，在对移民后续产业发展方面的研究，就显得比较薄弱，一是专门研究后续产业发展问题的学术成果数量还相对较少，经知网查询发现，除了针对三江源移民和三峡移民后续产业发展研究的文章较多以外，其他有关移民后续产业发展的成果少之又少；二是在已有生态移民研究的文献中，虽然有些文章也有涉及移民后续产业发展的内容，但是，基本上都是就事论事，比较零碎，内容也比较单薄。

---

① 刘学敏：《西北地区生态移民的效果与问题探讨》，《中国农村经济》2002 年第 4 期。

② 郑瑞强等：《扶贫移民适应期生计风险、扶贫资源承接与政策优化》，《华中农业大学学报》（社会科学版）2015 年第 4 期。

③ 许源源、熊瑛：《易地扶贫搬迁研究述评》，《西北农林科技大学学报》（社会科学版）2018 年第 3 期。

总体看来，围绕移民后续产业发展问题，目前的研究主要涉及以下几个方面：

（1）生态移民后续产业的概念及其意义。关于生态移民后续产业的概念，虽然学术界已经普遍使用了这一概念，但并未对其内涵和外延进行界定，基本上都是将其作为一个模糊概念而使用的，默认后续产业就是移民迁入到移民安置地之后所从事的产业，而不论这种产业是何种产业，与移民安置地区域的主导产业是何种关系。对于移民个人或者家庭来讲，后续产业实际上就是家庭生计或者谋生的手段。张梦尧、冯雪红通过对藏族地区生态移民的研究，指出生计和后续产业是生态移民研究中一个问题的两个方面。生计问题解决了，移民就能够稳得住，后续产业则是移民搬迁以后规模化、产业化的生计方式，产业发展的好坏和移民是否"能致富"以及能否可持续发展有关。① 马生林认为，生态移民的现实生存和长远发展两者都很重要。只有因地制宜，根据当地的具体情况发展后续产业，才是有效解决问题的根本办法。②

（2）关于移民后续产业发展的影响因素。学者们普遍认为，影响移民后续产业发展的因素是多方面的。陶少华对渝东南民族地区各生态移民区域的调查分析发现，经济发展水平较低、产业结构单一、就业渠道狭窄、可供选择和适合地区实际的产业较少，这些因素是影响移民后续产业发展的主要因素。此外，劳动力素质难以提高和资金的缺乏，也会影响移民后续产业的发展。③ 侯茂章、周璟通过对湖南省国家级贫困县易地扶贫搬迁后续产业发展的调研，指出在当地的自然条件、劳动力素质、土地资源、资金和产业基础等方面，还存在诸多不利的因素，这些不利因素影响了移民后续产业的发展。④

（3）关于移民后续产业发展的模式。刘晓平从发展优势特色产业的角度，总结了三江源地区移民应该重点发展的三种产业模式，即生态

① 张梦尧、冯雪红：《2006—2017 年藏族生态移民研究状况与展望》，《宁夏师范学院学报》2018 年第 9 期。

② 马生林：《三江源区生态移民后续产业发展研究》，《鄱阳湖学刊》2011 年第 3 期。

③ 陶少华：《基层政策视阈下民族地区生态移民的现实困境与优化路径——基于渝东南民族地区的调查研究》，《西南民族大学学报》（人文社会科学版）2018 年第 10 期。

④ 侯茂章、周璟：《湖南省易地扶贫搬迁后续产业发展研究》，《经济地理》2017 年第 8 期。

畜牧业、生态旅游业和高原特色加工业。① 侯茂章等在湖南省一些国家级贫困县进行调研，对相关案例进行研究，根据移民地不同产业发展主体的不同组合，将后续产业发展模式概括为"合作社＋农户""专业协会＋农户""合作社＋能人/大户＋农户""能人/大户＋农户""公司＋农户（家庭农场）""公司＋合作社/协会＋农户""公司＋基地/产业园＋农户""公司＋基地/产业园＋合作社/专业协会＋农户""公司＋基地/产业园＋科研院所＋合作社/专业协会＋农户""能人/大户＋农户以及农户（自主创业）"共 11 种模式。其中，最核心的还是"企业＋农户"的模式。②

（4）关于当前后续产业发展面临的突出问题。朱芙蓉认为，后续产业发展存在缺乏超前规划、产业扶持手段相对较为单一、缺乏具有一定可持续性和竞争力的农业龙头企业等问题。③ 李胜连、张丽颖、黄立军等指出，移民搬迁到安置区之后，由于土地资源锐减和养殖场所受限，部分移民群众不得不面对"无田可种、无畜可养"的尴尬局面。宁夏的生态移民安置区大多为新建区或者处在城镇周边的较为偏远的地区，当地的市场发育程度低，经济总量小，产业结构较为单一，中小企业发展不足，加上移民后续产业发展动力缺乏，这些都限制了移民安置区后续产业的发展空间。④

四 国内外生态移民研究简要述评

综上所述，国内外学术界对生态移民及其相关问题进行了开拓性的研究，取得了丰硕的研究成果。这些丰硕的研究成果，从理论指导意义方面，对我国生态移民的实践显得尤为重要。和国外学术界对生态移民及其相关问题的研究相比，国内对生态移民相关问题的研究起步较晚，目前仍然处在初级阶段，反映在研究的层次、内容、视角以及方法等方面，都不同程度地存在一些不足之处。表现如下：

---

① 刘晓平：《三江源地区生态移民后续产业发展模式分析》，《社科纵横》2013 年第 3 期。

② 侯茂章、周璟：《湖南省易地扶贫搬迁后续产业发展研究》，《经济地理》2017 年第 8 期。

③ 朱芙蓉：《关于易地搬迁扶贫后续问题的调研报告——以宁夏为例》，《市场论坛》2016 年第 10 期。

④ 李胜连等：《宁夏生态移民发展能力评估与政策建议》，《生态经济》2018 年第 7 期。

（一）研究内容方面

虽然研究内容方面的文章不少，但就事论事的文章较多，缺乏系统性和连续性，对连片特困地区生态移民研究的深度、广度也还不够，缺少对生态移民可持续发展问题的深入探讨和研究，尤其是缺少对生态移民与后续产业发展之间相互关系的深入研究。这一点，在连片特困地区生态移民问题的研究中，表现得更为突出，大部分文章都属于工作调研或者报刊宣传，而对生态移民可持续发展以及后续产业发展的问题，进行系统性研究的论文和专著还不多。

（二）研究方法方面

从研究方法上看，目前大多数学者对生态移民问题的研究，主要采用的是文献分析和统计调研的方法，虽然部分成果也采用定量分析的方法，但基本上还是以定性分析为主，总体来看，定量分析与定性分析相结合的研究成果较少。生态移民作为一项庞大而复杂的系统工程，涉及的面比较广，必须运用马克思主义普遍联系的原理和系统分析的方法，研究生态移民及其后续产业发展问题，把定性分析和定量分析有机结合，显得尤为重要。如果仅限于大量的定性分析，就会因为缺乏实证的支持，研究的结果可能缺乏说服力。所以，在生态移民及后续产业发展问题的研究方法上，应该重视和加强定量分析，适当地采用实证分析方法。

对生态移民效果及影响的系统评估和研究，也是一个相对薄弱的环节。当前，国内生态移民的实践很多，但对移民搬迁任务完成之后的效果问题，缺乏系统的跟踪调查，对移民搬迁所造成的影响的相关研究也比较缺乏。

研究者采用文献分析法比较普遍，而在特定区域内采取参与观察、实地调研和深度访谈的研究相对较少，尤其缺乏对生态移民及其后续产业发展持续跟踪的深度调研。还应该看到，对生态移民效果的评估，现在各地都在进行，但是在实际操作中，应该重点关注哪些指标，对移民后续产业的发展，从哪些方面评价更为科学合理，这也是今后生态移民研究的重点问题。

（三）研究视角方面

从研究的视角来看，相当多的研究仍然集中在移民的安置也即

"移得出"的问题上，相关的文献资料也比较多，而对"留得住、能致富、不反弹"的问题，研究相对较少，而这一问题对生态移民来说则是至关重要的，直接关系到生态移民的成败。少数移民工程由于没有对可持续发展问题给予应有的关注，未能解决好后续产业发展的问题，不仅使移民的生产生活受到了影响，而且给当地社会的稳定带来了不利的影响。

因此，本书试图从中西部连片特困地区生态移民可持续发展的角度，着重研究移民后续产业发展的问题，以期提出适合连片特困地区实际情况的后续产业发展的途径与对策。

第四节　研究的基本内容与研究方法

一　基本内容

（一）绪论

在介绍中西部地区生态移民背景的基础上，提出了中西部连片特困地区生态移民后续产业发展研究的问题，分析其研究的目的及意义；对国内外相关文献进行了综述，在此基础上勾勒出本书所要研究的基本内容、方法以及研究的基本思路。

（二）连片特困地区移民后续产业发展的理论基础与影响因素

其主要包括产业经济理论、生态经济理论、区域经济理论、制度经济理论、人口迁移理论以及中国共产党人的反贫困理论等。对中西部连片特困地区生态移民后续产业发展的因素分析，主要从产业发展区位视角、生态移民可持续生计视角和市场竞争视角进行了分析。

（三）我国扶贫开发的历程与连片特困地区的确立

回顾了我国扶贫开发的历程以及14个国家集中连片特困地区的确立，分析了我国扶贫攻坚政策的演变、深化和完善的过程；同时，对中西部连片特困地区的分布及其主要特征进行了分析。

（四）连片特困地区移民的动因与现实困境

从生态环境恶化和脱贫攻坚现实需要两个方面，分析了我国中西部连片特困地区生态移民的动因，并从"三西"地区"吊庄移民"开始，结合实地调研的情况，归纳出生态移民当前面临的现实困境。

（五）连片特困地区脱贫攻坚的成就与产业发展状况分析

结合国家统计局农村贫困状况监测的相关数据，在分析我国以及中西部连片特困地区脱贫攻坚成效的基础上，对当前生态移民后续产业发展的总体状况进行了初步分析。

（六）连片特困地区移民后续产业发展的调查与分析

主要对六盘山片区的同心县、四省藏区的三江源地区、秦巴山片区的陕南地区、秦巴山片区的留坝县、秦巴山片区宁强县舒家坝镇的宝珠观村、吕梁山区的吉县和隰县移民后续产业及相关问题进行了调查分析。

（七）连片特困地区移民后续产业发展的实证分析

实证分析主要是对移民群众发展后续产业的意愿和能力进行了分析，从移民户的角度探讨后续产业发展问题，主要从动机方面进行分析，并探寻主要动机。

（八）连片特困地区移民后续产业发展的绩效评价与分析

其主要结合陕西秦巴连片特困地区留坝县贫困村的脱贫退出问题，综合运用贫困户退出和贫困村退出的相关指标，构建指标体系，分析探讨了移民后续产业发展的绩效评价问题。

（九）连片特困地区移民后续产业发展的挑战与机遇

分析了中西部连片特困地区在生态移民后续产业发展中面临的挑战，诸如人力资本、物质资源、生态环境保护、市场经济发展、融资困难等方面的挑战，并分析了面临国家高度重视生态文明建设、加快实施"一带一路"倡议、决胜全面小康和实施乡村振兴战略的历史机遇。

（十）连片特困地区移民后续产业发展的主要对策

根据中西部连片特困地区生态移民后续产业发展的现状和面临的挑战与机遇，本书从八个方面提出了对策建议，包括进一步提高对生态移民后续产业发展意义作用的认识；以提升人力资本水平为突破口，奠定后续产业发展的能力基础；依靠科技创新，转换发展动能，实现绿色发展；密切关注市场需求，大力发展优势特色产业和农产品加工业；促进合作经济和中小微企业发展，充分发挥龙头企业的带动作用；完善移民安置地的基础设施，为后续产业发展提供保障；强化移民安置地的社会治理，促进社会和谐稳定，保障后续产业的顺利发展；进一步完善移民后续产业发展的相关政策法规，增加制度供给。

二 研究方法

本书研究以习近平总书记提出的"创新、协调、绿色、开放、共享"五大发展理念为指导，坚持马克思辩证唯物主义实事求是的根本原则，运用产业经济学、生态经济学、发展经济学、人口迁移理论以及扶贫开发理论等多学科的理论与方法，探讨中西部连片特困地区生态移民后续产业发展问题，具体涉及的方法：

（一）实地调查研究的方法

作为一种传统的调查研究方法，实地调查研究方法是其他的研究方法所不能取代的。对生态移民相关问题的研究，通过与移民群众的直接接触和观察了解，才可能获得最有价值的信息，进而得出正确的结论。

（二）文献分析法

通过收集尽可能全面的与生态移民后续产业发展相关的文献资料，包括历史文献资料和现实文献资料，对其进行比较深入的分析，有助于弄清楚事物的来龙去脉，发现问题的症结，以便提出相应的解决办法。

（三）问卷调查法

为了对问题在定性分析的基础上进行定量分析，结合实地调研开展问卷调查是必不可少的一个环节。本书在入户访谈和座谈时，部分地采取了问卷调查的方法。在问卷调查过程中，尽可能消除各方面的干扰因素，尽量提高其客观性。

（四）案例分析法

案例分析实际上就是"解剖麻雀"，从对个别对象的深入分析中，找出一般性的规律。本书主要是选择生态移民后续产业发展的典型案例，进行具体地分析研究，得出一般的结论。

（五）制度经济学分析方法

对中西部连片特困地区生态移民后续产业发展中相关的制度因素，运用制度经济学的研究方法进行分析，阐释其制度政策设计方面的原因和机理，提出制度创新的相关建议。

第五节 基本思路、创新之处和不足

一 基本思路

本书选取中西部连片特困地区生态移民后续产业发展涉及的省区，抽取有一定代表性的区域开展重点调研，具体研究思路：对生态移民后续产业发展的相关概念、文献进行梳理和综述→分析中西部连片特困地区自然状况及社会经济发展的基础→阐述生态移民及其后续产业发展的背景、意义及其特点→生态移民后续产业发展现状和问题→生态移民后续产业发展面临的挑战与机遇→提出中西部连片特困地区生态移民后续产业发展的对策建议（见图1-1）。

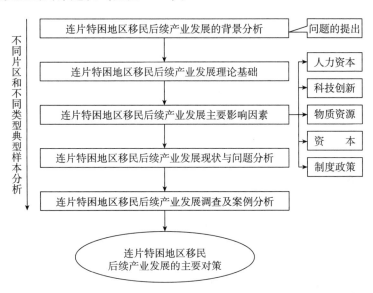

图1-1 连片特困地区移民后续产业发展研究思路框架

二 创新之处

（一）研究内容上的创新

（1）本书通过对影响中西部连片特困地区生态移民后续产业相关因素的调查分析，得出了人力资本水平低下、科技推广与应用能力不足、市场化程度低是影响移民后续产业发展的主要因素，有针对性地提出了提高移民安置地的人力资本水平、科技推广与应用能力以及市场化程度的对策建议。

（2）本书更多地注重分析研究中西部连片特困地区生态移民后续产业发展中"稳得住""能致富""不反弹"的问题，以及几个方面相互制约、相互影响的关系。

（3）本书强调解决中西部连片特困地区生态移民后续产业发展过程中出现的突出问题，更注重移民搬迁之后"造血"功能的提高，即依靠产业发展带动移民就业，提升移民的收入水平和生活水平，以避免"等靠要"现象的出现。

（二）研究方法上的创新

（1）和以往的相关研究相比较，本书尝试将产业经济学、发展经济学、区域经济学、制度经济学以及反贫困理论等相关学科不同的研究方法，应用于中西部连片特困地区生态移民后续产业发展问题的研究，在多学科交叉研究的基础上，提升研究成果的系统性。

（2）本书更加注重实地调查研究和实证分析方法的运用。本书研究的大部分资料，都来自实地调研和问卷调查，除入户访谈外，还通过与移民地的干部和群众座谈，获取了有价值的信息资料。

三 研究存在的不足

本书研究虽然有一定的创新，但由于水平所限、部分资料获取难度大以及时间紧迫的原因，研究仍然存在一些不足和欠缺：

（1）因为目前多数连片特困地区生态移民的时间相对较短，更多的还处在移民安置阶段，后续产业的发展刚刚起步，因此研究主要集中在第一产业和有土安置的移民及其生产生活方面，第二、第三产业发展的状况因为资料缺乏，研究相对欠缺。

（2）对于连片特困地区如何因地制宜，选择适宜的后续产业发展模式，尤其是绿色、循环、低碳经济的发展模式，鉴于不同地区、不同类型的移民地条件差异过大的原因，研究分析也相对薄弱。

（3）定量分析相对不足。主要是相关统计资料还不健全，加之移民后续产业往往和区域其他产业交织在一起，一些重要数据的统计残缺不全，对分析造成较大困难。

这些不足，将尽力在后续的研究中加以克服。

第二章

连片特困地区移民后续产业发展的理论基础与影响因素

第一节　中西部连片特困地区生态移民后续产业发展的理论基础

一　产业经济学理论

（一）产业经济学的基本内容

经济学中所讲的产业，通常被定义为生产同一种（严格来说是具有较强替代性）商品的企业集合。产业经济学（Industrial Economics）研究具有某些相同特征的经济组织集团的发展规律及其相互作用的规律，是从微观经济学中衍生发展出来的一门相对独立的经济学科。

一个国家的经济，总是由不同的产业所构成的一个有机的整体，离开不同的产业就谈不上国民经济。产业经济学以国民经济中的产业作为研究对象，主要涉及产业的组织形式、产业结构、产业关联、产业布局以及国家的产业政策等内容。

（1）产业结构理论。产业结构就是指在社会再生产的过程中，不同的产业之间以及产业内部相互之间所占的比例及其关系。产业结构理论研究涉及的具体内容主要有：决定和影响产业结构的相关因素、产业结构的演变及其规律、产业结构的升级与优化、战略产业的选择和产业结构政策、产业结构规划与调整，等等。

（2）产业组织理论。该理论主要研究特定产业内部的市场结构、市场行为和市场绩效及其内在的联系。通过揭示产业组织活动内在的规律性，研究在产业发展过程中，企业应该采取的组织形式和适度的规模，目的是为了解决马歇尔冲突的难题，保护企业在市场上进行有序的竞争，防止垄断，为企业参与者的决策和政府制定相关的产业政策提供参考依据。

（3）产业关联理论。产业关联实际上就是产业之间的相互影响的关系，主要是指产业之间以中间产品为纽带而形成的技术经济联系，也称为产业联系理论。一个国家的经济活动，要求每个产业都必须在一定的技术水平上进行生产活动，这就必定要求产业与产业之间建立相互的联系。产业关联理论的主要内容，包括产业之间产品或者服务的关联、产业之间就业的关联、产业之间价格的关联、产业之间投资的关联、产业之间技术的关联等。

（4）产业布局理论。产业布局是指一个国家或者某一个区域内，产业在空间上的分布和组合的经济现象。这一理论不仅是某一国家或区域经济发展规划的基础，也是其经济发展战略的重要组成部分；同时，也是其实现国民经济健康发展的前提条件。产业布局理论主要涉及产业布局的影响因素、基本原理、一般规律、基本原则、指向性以及与经济发展之间的关系和相关政策的制定等。产业布局理论研究的目的，是尽量使产业分布合理化，实现一个国家或者区域经济整体综合利益的最大化。

（5）产业发展理论。产业发展理论主要研究产业发展过程中的规律、发展周期、影响因素、资源配置、产业转移的原因以及产业发展政策的制定等问题。通过对这些问题的研究，有利于政府决策部门根据产业发展不同阶段的发展规律，制定不同的产业政策，提高政策的有效性，增强产业的竞争能力，更好地促进产业的发展，进而促进整个国民经济的发展。对产业内的企业来说，掌握产业的发展规律，提高预测的准确性，以便采取针对性的发展战略，能够使企业经济效益最大化。

（6）产业政策理论。产业政策是政府为了实现经济目标和社会目标，对产业活动能够进行干预而制定的各种政策的总和，其实质是针对产业活动中出现的"市场失灵"现象而进行的政策干预。产业政策理论可以从纵向、横向和作用特征三个维度来加以考察和分析。

（二）产业经济学理论对生态移民后续产业发展的借鉴

生态移民搬迁是一项复杂的系统工程，移民搬迁之后后续产业能否顺利的发展，是在"搬得出"之后，能不能"稳得住""能致富"和"不反弹"的关键。产业经济学的相关理论，对提前规划布局好移民后续产业，提高产业之间的关联度，及时制定符合实际的产业政策，根据市场需求不断优化产业结构，都具有重要的借鉴和指导意义。主要表现在以下方面：

（1）产业结构理论的借鉴。结构决定了功能，产业的发展也是如此，产业结构的状况可以反映出一个国家或者一个区域内产业发展的状况和水平。经济发展的历史经验证明，先进合理的产业结构，是经济快速发展的前提和保障。目前，大部分中西部连片特困地区生态移民产业的发展，仍然处在以种植业和养殖业为基础的产业低端，基本上以粗放型为主。种植业多以粮食和水果为主，粮食虽然连年丰收，但价格持续走弱，加上农药、化肥、种子的价格上涨，侵蚀了种粮农户的收益；种植水果的农户，大部分没有向深加工环节发展，产业链没有更好地延伸，相当多的农户在市场上直接销售水果，在水果大丰收的年份因为市场上供大于求，导致价格下跌，农户的收入减少。作为村集体经济的代表，虽然大部分贫困村都有一到两个养殖场，但是规模相对较小，养殖业的发展主要还是以家庭为单位，规模更小，而且沿袭了传统的养殖方法，增收效果也不明显。这种较为单一的低层次的产业结构，使大部分移民后的家庭增收潜力十分有限，基本上是维持一个简单再生产的过程。要彻底脱贫致富，就需要借鉴产业结构理论，加快区域产业结构调整和优化的步伐，促进产业升级，尤其要增强移民群众以及相关管理部门的"产业链"意识，在农产品的种植和养殖环节，尽量延伸产业链，通过深加工提升产品的附加值，突出特色，进而提升农产品的收益，使移民群众的增收具有可持续性，这样才能从根本上脱贫致富。

（2）在产业发展模式方面的借鉴。中西部连片特困地区生态移民后续产业的发展，应该采取什么样的产业发展模式，尽管在总体上需要坚持因地制宜、突出特色的基本原则，但是，在市场经济条件下，连片特困地区基于各种因素的限制，面对产业项目的选择和采取什么样的组织形式的（模式）问题，就需要具体研究和借鉴相关的理论。从现有产业发展的情况看，虽然大部分地区都在借鉴不同的产业组织模式，以"公司+"为主，但是因为没有协调好各方的利益，成效显著的为数并不多。所以，中西部连片特困地区生态移民后续产业发展，应该以产业经济学的相关理论为指导，尤其是在产业发展的方向、规模和模式的选择上，既要因地制宜，又要尊重客观经济规律，尽可能地选择符合当地实际情况的产业项目、组织形式以及发展模式。同时必须重视对市场的研究，产业经济学是市场经济条件下的经济学理论，不同于原有计划经济条件下的生产力布局理论，产业发展必须要考虑市场的需求，在产业组织形式上要注重适度规模经营，以便获取更好的效益，促进产业更好的发展。

（3）产业关联理论的借鉴。社会不同产业之间和同一产业内部之间，都存在密切的关联关系，这就要求中西部连片特困地区在移民后续产业的发展上，一定要避免"单打一"的思维模式和短期行为的倾向，摒弃小农经济模式，在产业发展思路上必须建立系统的观点，特别要考虑某一个产业与其他产业之间的相互关系以及对其他产业的影响。中西部连片特困地区在生态移民搬迁过程中，建设移民社区、移民村或者集中安置点，注重集中安置，这就为搬迁以后提升产业发展的关联度奠定了良好的基础。在移民后续产业发展中，除了重视第一、第二、第三产业之间的关联之外，也要重视产业内部以及不同产业之间的融合。从产业内部来看，要尽量延伸农产品的产业链，把农产品的种植养殖、加工、销售以及服务等各个环节，组成一个有机的整体，提高附加值，共享资源，降低成本。从不同产业之间的关系来看，农业产业的组织管理，也需要借助企业管理的方法，比如经营和管理的理念。从经营方面来讲，农产品因为生产周期较长，受自然因素的影响较大，相对来说，风险就大，所以就要研究市场，了解国家的宏观经济政策，研究农业技术的发展趋势，以及消费者需求的变化。在全球化背景下，不仅需要了解国内市场，还需要了解国际市场的相关信息，做好预测，以便做出正确的决策。从管理方面来讲，就是要克服小农意识观念，在农产品的生产和加工过程中，要严格制定和坚持标准、建立精确的观念和严密的组织观念等，提高第一产业的投入产出比，不断促进农业和信息技术产业、生物高新技术产业、旅游业以及工业之间的融合，促进中西部连片特困地区生态移民后续产业的规模化和集约化经营，加快脱贫的进程。

（4）产业布局和产业发展理论的借鉴。产业布局理论强调产业分布的合理化，通过产业合理化的布局来实现国家或者一个区域整体综合利益的最大化。这一理论的借鉴意义，在于中西部连片特困地区生态移民在后续产业的规划中，一定要因地制宜，对产业园区的规划，不仅要考虑产业的关联度，还要考虑空间分布是不是合理。从产业发展的角度来讲，要研究产业的发展规律、产业发展的周期以及相关的影响因素，以便合理配置资源，为制定产业发展政策提供参考。

（5）产业政策理论的借鉴。在中西部连片特困地区生态移民后续产业的发展中，为了促进移民增收，各级政府会出台相关的政策，包括各项补贴政策、金融贴息贷款政策、技能培训政策、子女教育和医疗保障政策等。要使政策效果能够充分地显现，就要加强宣传的力度，通过多种形式提高移民群众对政策的知晓度。影响移民后续产业发展的因素较多，而产业政策的制定主体即各级政府的治理水平和能力也是一个重要的方面。相关管理部门需要深入实际开展扎实的调查研究，检查产业政策的具体落实和执行情况，及时评估和反馈产业政策的实施效果，并及时纠正执行过程中产生的偏差，这些对于实现政策目标都是至关重要的。

二 生态经济学理论

（一）生态经济问题的提出

生态经济学是一门新兴的边缘学科，至今还没有形成完整的理论体系。但是，由于人类现在共同面临着环境污染、生态被破坏的问题，迫使人们必须深入思考和研究生态环境包括生态经济问题。而生态经济学所研究的，就是如何消除污染，恢复生态，从而使人口、自然、社会和经济实现协调发展，即人类的可持续发展问题，因而受到了全世界越来越多国家的政府、社会团体、学术界和企业界的重视。从 20 世纪 80 年代开始，我国经济学家许涤新就提出，必须加强对生态经济的研究，必须建立我国的生态经济学。我国对生态经济问题的研究从此拉开了序幕。1984 年建立了中国生态经济学会，关注生态环境和生态经济的人越来越多，学者们也出版了相关的研究成果，有些高等院校的经济学专业也开设了生态经济学及其相关的课程，以期引起更多的人对生态经济的重视。进入 21 世纪之后，生态经济学的重要性再一次被人们认识，我国政府和学术界也高度重视，对生态经济学应用的研究取得了不少成果。

科学技术的快速发展，直接推动了经济的增长速度，改善了人类的生产生活条件，推动了人类的文明和进步，这些都成为人类的骄傲。但是，随着科学技术的进步，人口的增长，自然资源的过度开发，同时带来了危害人类生存环境和经济发展的严重后果，在悠悠乐土上潜藏着毁灭人类的危机。人类面临的生态环境危机主要表现有：

（1）环境污染。随着工业的迅速发展，大量的有毒气体和有害物质被排泄到自然界，污染了生态环境，不仅危害了人类的健康，同时也造成了巨大的经济损失。美国的相关部门曾经报道，由于大气污染带来的死亡、疾病以及资产、材料、植物等方面的损失，非常惨重。据初步估计，全世界约有 10 亿人口的饮水不符合卫生条件，每年有 5 亿多人由于饮水卫生条件差而导致疾病，至少有 1000 万人死于饮水不干净而引起的各种传染病。因为科学技术的快速发展，现在每年有 1000 种以上新的化学物质通过各种途径，在人体内积累起来，往往影响几代人的身体健康。而环境的污染，对经济造成的损失更为严重。

（2）森林面积减少，水土流失，土地沙化，导致耕地减少。由于人口增长迅速，人们生产生活中所需要的食物和能源迅速增加，森林被过度采伐，荒地被开辟成农田，结果造成了水土流失的加剧，土地的沙化面积也在不断扩大，最终导致了耕地面积的减少，同时也引起了气候的恶变。根据荷兰詹森和德国佩因特建立的模型分析，全地球陆地表面每年平均约有 270 亿吨土壤流失。联合国的资料也表明，全世界平均每年沙化的面积扩大到 5 万—7 万平方千米，每年有 500 多万公顷的土地因为沙漠化、盐渍化和各种污染而不能用于再生产，全世界因此而失去的耕地面积已经超过了 5 亿公顷。

面对如此严峻的生态问题，世界上出现了积极解决和消极解决这些问题的不同的理论派别，这些派别还进行了较长时间的争论，最后，以积极态度研究人类与自然、经济社会发展与环境保护的关系，求得经济可持续发展这一理论观点居于主导地位，得到了绝大多数人的认可。人们普遍认识到，必须在生态发展的费用及其产生的利益之间求得平衡，并且认为"发展"应该是一个综合指标，不仅应该包括产品的数量和质量，还应该包括环境素质等。基于此，首先在发达国家产生了一门边缘科学——环境经济学。

（二）生态经济学的产生

如前所述，正是在人口、资源、环境以及生态平衡矛盾突出的背景下，从污染经济学、公害经济学、资源经济学和环境经济学中孕育产生出了生态经济学。

在20世纪40年代，苏联经济学家斯特鲁米林曾考虑把环境、生态和资源经济结合起来进行研究，体现了生态经济体系内容的经济观；在50年代初期，美国、英国和日本相继发生的几起严重公害事件震惊整个世界；60年代初期，由美国女生物学家卡逊所著的《寂静的春天》一书的出版，产生了极大的社会影响，唤醒了人类对生态环境保护的意识；60年代后期，美国经济学家肯尼斯·鲍尔丁首次明确提出"生态经济学"的概念；70年代初，美国的莱斯特·布朗、弗莱德·辛格、哈里森·布朗三位科学家，较早地从生产力方面把人类社会生产和生物圈的物质能量循环作为一个整体过程紧密地联结在一起，产生了较为广泛的影响；1972年，英国生态学家哥尔德·史密斯等科学家发表了《生存的蓝图》这部生态经济名著；1976年，日本坂本藤良的第一部《生态经济学》专集出版。上述成果，都标志着人们对生态经济学的重视。

20世纪70年代中期以后，以生态经济为内容的理论观点和对未来社会设想的方案不断涌现，著名的经济理论有"零增长论"、英国哥尔德·史密斯的"平衡稳定的社会论"，舒梅克也从过去只重视市场，转向对人与自然的关系的研究，提出了"小型化经济论"等观点。1981年，苏联出版了《生态经济系统动态》，表明了他们从理论研究到数学模型的应用，已经逐渐完善。我国在对生态经济广泛研究的基础上，于1985年出版了第一部生态经济学著作，即许涤新所著的《生态经济学探索》。

（三）生态经济学的主要内容

生态经济学是把生态学和经济学相结合产生的一门综合性学科。它所研究观察的问题，是生态经济系统，这一系统是由生态系统和经济系统组成的，但却不是两者的简单相加，而是两者的有机统一及其内在的规律性。现代社会物质资料再生产的过程，是一个生态经济的有机体系，其最直接的一般过程是通过人们的劳动，不断运用各种技术手段干预生态系统，即向生态系统持续地输入物质和能量，在促进生态系统自然物流、能流向经济物流、能流循环、转化、积累的同时，人类的劳动凝结在其中，最终形成了价值流，并在经济系统循环中实现了不断增值。通过这样的形式，使生态系统与经济系统联结为一个有机的整体，这一整体的运动既受自然规律的制约，也受经济规律的制约。概括地说，生态经济学的研究对象，是生态系统、经济系统和技术系统所构成的复合系统的结构、功能、行为及其规律性。[1]

生态经济学主要研究生态经济系统，包括生态系统、经济系统和技术系统，它们之间相互影响、相互依赖，并且相互依存。

（1）生态系统。生态系统是指由植物、动物以及微生物构成的生命系统与由气候、土壤、地貌、纬度等因素构成的环境系统所组成的，相互促进、相互制约的多要素、多层次的复合整体。是地球生物圈内生物与生物之间、生物与环境之间实行物质循环和能量转化功能过程的一个地段，如水域生态系统、草原生态系统、荒漠生态系统等。生态系统中的各种成分不是杂乱无章的，而是具有一定的结构。其结构一般从形态结构和营养结构两个方面进行研究。形态结构包括生态系统的生物种类、种群数量、种的空间配置（水平分布、垂直分布）、种的时间变化（发育等）；营养结构由生态系统各个组成成分之间建立起来的营养关系所构成。当从食物对象的角度研究营养结构时，又可以将营养结构称作食物链结构。能量转化、物质循环和信息传递是生态系统最基本的功能。能量转化和物质循环的功能过程是由能、物、流过程组成的相互联系的复杂的网络结构，具体包括三个过程：一是绿色植物通过光合作

---

① 史雯：《经济系统的持续发展研究：以太原农业生态系统为例》，《山西科技》2010年第6期。

用，把无机物质、二氧化碳和水转化为有机质和生物能；二是复杂的生物体，通过细菌的分解，还原为水和二氧化碳等无机物质；三是贮存过程，能量物质在转化和循环的过程中，有个相对稳定的停留阶段。每一个生态系统都包括交流机制、适应机制和反馈机制。生态系统就是通过这三个基本机制以维持自身的动态平衡。总之，生态系统就是以太阳能为动力，以绿色植物为基础，以物质循环和能量转化为中心的整体。

（2）经济系统。经济系统是一个相互联系、相互作用、相互交织的若干经济元素组成的复合系统。广义的经济系统指物质生产系统和非物质生产系统中相互联系、相互作用的若干元素所构成的有机整体；狭义的经济系统则是指社会再生产的动态过程，是不同的经济成分最终构成的国民经济的统一体。[①] 这个统一体具有多层次的结构，并具有实现多个经济目标的功能。对于经济系统的概念，学术界有两种不同的看法，一是认为经济系统就是社会生产关系与生产力构成的有机整体；二是认为经济系统是指国民经济中第一、第二、第三产业或主要经济部门（工业、农业、商业、交通运输业与建筑业等）的有序组合体。

（3）技术系统。技术系统也是生态经济大系统中的一个重要的组成部分。人类生产和生活中应用的各种技术，无论是在同一级技术的相互关系中，还是在低一级的技术和高一级技术的相互关系中，都是相互联系和相互制约的，最终形成一个把所有技术部门从低级向高级联系在一起的、复杂的、立体的网络结构的技术体系。这个技术体系最终就构成了一个技术系统。

（4）三者之间的关系。在生态经济这个大系统中，生态系统与经济系统有密切的关系。首先，生态系统与经济系统具有同一性。单从表面来看，这虽然是两个性质不同的子系统，但是，如果从系统以及系统内部物质运动的一般规律来看，两者实际上具有许多共同之处，表现出两大系统的同一性。一是两个系统的物质动力都是太阳能或太阳能的转化形态；二是两个系统内部都有一个物质交换的机制；三是两个系统都有随着时间更替而形成的系统成分和具有立体特点的空间分布；四是生

---

① 吴晓凡：《调整经济关系是推动循环经济发展的根本点》，《发展研究》2011 年第 7 期。

态系统与经济系统都具有开放性。由于两者的同一性，使生态系统和经济系统融合为一个更高级、层次更多、功能更为复杂的超级生态经济系统。其次，生态系统是经济系统发展的基础。生态系统是经济系统的一个组成部分，是构成经济系统的基础，而经济系统是建立在生态系统基础上的高级系统。最后，经济系统对生态系统具有反馈功能。社会再生产过程是社会活动和自然过程的有机结合，人们在从事生产活动的过程中，就要尊重自然规律和经济规律，同时也不能违背社会规律，但是社会再生产过程从客观上，又要求人们干预生态系统以获得再生产的物质和能量，但这种干预的结果带有不确定性。经济系统通过各种经济措施以及政策、方针、计划和法规法令等，对生态系统进行间接的反馈，从而构成了一个相互耦合的体系①，这一过程实质上就是经济系统对生态系统的反馈过程，从而融合为一个生态经济系统。

在现代社会再生产过程中，经济系统对生态系统反馈的直接物质，就是技术系统，包括生物技术、物理技术和工程技术。具体来说，技术系统在生态系统中的功能，就是在掌握自然规律、正确认识人类对自然过程的干预所引起的后果的基础上，有计划、有目的地调节和控制人类改造自然的活动，防止和消除有害的后果，创造一个适合于人类生存和发展的自然环境，使人与自然能够和谐相处。还需要指出的是，技术系统的应用，应该有所选择，有所控制，最终才能保证技术系统应用的结果有利于整个生态经济系统的良性循环。

（5）生态平衡与生态经济平衡。通常我们所讲的生态平衡，就是生态结构依靠外来能量的冲击，从一种稳定状态到另一种稳定状态的过程。生态平衡有三种形式：一是相对静止的稳态。如生产者和消费者之间的数量比例基本上适当，物质和能量的输入与输出大体上能够接近平衡。这种稳态是自然生态系统的顶极群落。二是动态平衡，这是相对于顶极群落的静态而言的。在动态平衡阶段，固定能量大于消耗的能量，净生产力的水平高。三是"非平衡"稳态。这是生态平衡的最基本的形式。从物质输入和输出的关系来看，两者不仅大体上不相当，甚至也

---

① 蒋敏元、王兆君：《以现代林业理论指导林业跨越式发展》，《世界林业研究》2003年第1期。

不围绕一个饱和量上下波动，而是输入大于输出，积累大于消耗。经济平衡就是国民经济的平衡，是从国民经济总体上反映和处理社会的人力（劳动力）、物力（物质、能量）、财力（资金）与社会需要的相互适应的关系，因为这种适应性，从而能够处理好社会生产各部门和各环节（生产、分配、交换、消费）之间的相互关系。因此，这种平衡实质上也就是经济的协调发展和产业结构的优化。

社会经济系统是一个开放的系统，它只有不断地从生态系统输入化学潜能（各种农、林、牧、渔产品）和能量，才能驱动国民经济这部巨型机器的运转。但是，经济平衡不可能只是简单的物质、能量输入和输出上的大体相等，而必须使物质和能量的投入大于输出（损耗和消费），只有这样，才能使经济系统维持稳态和不断发展。经济平衡永远是一个远离平衡态的"非平衡"稳态结构。也就是说，一个经济系统只有实现财政上的收大于支，从生态系统输入的物质能量大于对它投入的物质和能量，才是一个不断发展的、稳定的经济系统。

生态经济平衡是指生产过程中生态系统投入与产出的关系，或投入与产出的比例应该适当，具体包括物质投入与产出的比例、能量投入与产出的比例、资金投入与产出的比例。由于投入物质与产出物质的可比性比较差，所以在实际工作中，往往都是根据多年的经验估计出一个参数作为衡量的标准。而能量的可比性相对较强，在经济生活中使用得也比较多。另外，资金的产出使价格等社会经济因子的影响，真实性较差。在建立衡量生态经济平衡的指标体系方面，还需要进一步加强研究。

（四）生态经济理论对生态移民后续产业发展的意义

生态经济理论研究的意义在于，在经济活动中，如何通过保持生态系统、经济系统和技术系统的平衡，以及生态平衡与生态经济的平衡，进而获得生态效益和经济效益。所以生态经济理论对于生态移民及其后续产业的发展，具有极为重要的意义。主要表现在：

（1）在移民迁入地选址问题上必须重视生态环境的保护。实施移民搬迁，在移民安置地选址问题上，必须进行科学的规划，牢固树立以保护生态环境为出发点的观念。对西部连片特困地区来讲，因为大部分在山区，自然灾害多发，生态脆弱，从迁出地来讲，通过生态移民的方式，把原来居住在恶劣生态环境条件下的居民搬迁到居住条件较好的地区，减少人类对生态环境原本就脆弱的地区继续破坏，使当地的生态系统得以恢复；通过移民搬迁减轻迁出地生态环境的压力，使自然保护区的生物多样性、自然生态和自然景观能够得到有效的保护。对迁入地来说，合理规划移民安置点，不仅能使移民群众的生命安全和财产安全得到保护，还要通过产业发展，实现移民的脱贫和增收。同时还要考虑迁入地人口和生态的平衡问题。生态移民作为人口迁移对于调整人口分布状况和劳动力的供给，可以发挥重要的作用。

（2）对移民迁入地建立绿色农业，实现绿色发展具有重要的指导意义。农业是一个最为明显的生态经济系统，农业对生态经济学的应用最为广泛。根据生态经济学的原理，合理利用资源，建立合理的农业产业结构，选择合理的技术系统，对于我国农业的绿色发展、协调发展以及乡村振兴都有十分重要的应用价值。建立绿色、循环、低碳、高效的农业生态经济系统，不仅是农业发展的重要目标，也是实现乡村振兴战略的重要举措。根据生态平衡与社会经济发展相互适应的原理，要建立绿色农业生态经济系统，就是要落实习近平总书记所讲的"绿水青山就是金山银山"的发展理念。从宏观的角度来看，在移民后续产业发展中，应该采取的措施包括：大力种草种树，促进退耕还林，促进农业生态的良性循环；保护农业资源特别是土地资源，合理开发利用资源；调整农业产业结构，实现农业产业结构和布局结构的优化；大力开发农村能源，特别要重视再生能源和清洁能源的开发和利用；净化环境，减少环境污染；建立多种形式的生态农业系统，大力发展循环经济；加强生态环境保护相关的法治建设。

（3）依靠农业科技进步，大力发展立体农业和循环经济。生态系统中生物种群之间的关系十分复杂，既相互依存、互为条件，又相互制约、互相牵制，从而维持了系统的稳定状态。立体农业结构就是根据生物种群之间这种相生相克的原理建立的。立体农业结构是构成农业生物群落的各种生物种群，依其各自对环境的生态适应性，占据同一立体空间中的不同层次，所构成的相互依存的立体物质循环体系。它是以生态结构为基础的人工生态系统，也是一个能量、物质"自我循环"的无废弃物的高效系统，能够充分利用不同层次的生态资源和经济资源，不仅能够使生态进行良性循环，还具有良好的经济循环功能，同时也具有较好的生态经济效益。例如，桑基鱼塘、林粮间作套种等形式的立体农业结构，就具有较好的生态经济效益。所谓循环经济，实际上就是突破产业之间的界限，在更大范围内实现生态资源和经济资源的良性循环的经济。科技进步已经为人类实现循环发展提供了可能性，循环经济也应该作为移民地后续产业发展的基本方向。

（4）建立符合移民迁入区特点的农业生态技术系统。技术系统是由一个多层次的技术网络构成的复杂系统。技术的应用，必须具有相应的物质基础。处于不同经济条件下，要采用不同级别的适用技术。就移民迁入区农业生态经济系统的构建来说，要充分发挥技术的作用，就应该在战略上做出前瞻性的规划，选择一个既适合当地的实际情况，又能保证农业生产持续发展的技术系统。尤其应该注意的是以下几点：①注重传统技术和现代技术之间的相互结合；②注重生物技术与信息技术之间的相互结合，以生物技术为基础；③注重现有技术改造和开发新技术的协调发展；④注重"硬"技术和"软"技术的协调发展。

三 发展经济学理论

（一）发展经济学的基本内容

发展经济学是经济学的一个分支学科，产生于第二次世界大战之后，学说理论在欧美国家逐步形成，主要针对发展中国家的经济发展问题进行研究，即研究贫困落后的农业国家或者发展中国家，如何从不发达状态向发达状态演变，实现工业化，进而摆脱贫困，走向富裕的一门学科。

发展经济学主要研究经济发展的规律、经济发展与社会发展之间的相互关系的规律和以经济发展为基础的社会发展的规律等。具体来说，主要研究不发达国家贫穷落后的原因以及如何摆脱贫困的状态，注重不发达国家经济长期的、动态的发展过程，关注发展政策以及相关的战略；从不同国家的特殊性出发，注重研究发展中国家经济的一般规律，进而探寻发展中国家加快发展的途径。发展经济学所分析研究的发展中国家的发展过程的经验教训，其本身就具有参考和借鉴价值。尽管发展经济学的研究者多数为欧美发达国家的学者，他们由于所处环境和立场的局限，对发展中国家的一些局部的、具体的问题的分析，不可避免地会带有一定的片面性，但有些观点还是具有借鉴作用的，他们对发展中国家经济的各个侧面如人口、教育、农业、工业、贸易、财政、金融等问题做了相当细致的研究，一些观点很值得关注，如两缺口模型、发展极理论以及经济增长因素和模型分析，对发展中国家经济社会发展确有借鉴意义。值得一提的是，我国著名经济学家张培刚先生的著作《农业与工业化》，被公认为是发展经济学的开山之作。

（二）发展经济学对生态移民后续产业发展的借鉴

发展经济学的理论中揭示的经济发展的规律，对我国连片特困地区生态移民后续产业的发展，同样也有重要的借鉴意义。

（1）发展经济学中发展的理念对不发达地区的经济发展有借鉴意义。发展经济学虽然研究的是发展中国家的经济发展问题，但一些新的发展理念如强调聚集效应、强调比较优势、强调资本积累、强调制度变革等理念对我国不发达地区的经济发展同样具有适用性。原因在于，我国连片特困地区范围较广，生态移民以及后续产业的发展问题，既有共性也有差异性。因此，在移民安置点的建设以及产业发展模式的选择上，要因地制宜，以集中安置为主，发挥人口的集聚效应；在后续产业的发展上，在发展种植养殖业的同时，还应该重视科学技术的应用，尽量向深加工方面发展，既要突出各地的特色，又要增加附加值。

（2）重视人力资源及人力资本的借鉴意义。现代发展经济学在经济发展的资源中，更加看重人力资源的地位和作用，特别是舒尔茨的人力资本理论，对于连片特困地区后续产业的发展有着重要的启示。作为贫困地区，因为现有劳动者文化程度普遍较低，技能提升受到限制，所以更要重视教育和培训工作，把现有的人力通过培训开发变成资源，改变小农意识的观念和等靠要的思想，与时俱进，提升劳动者的专业化技能和综合素质，学习经营和管理的相关知识，让移民群众成为具有一技之长的专业化人力资源或人力资本，以适应工业化和现代化农业发展的需要，用自己的聪明才智和勤奋努力增收脱贫。

（3）"中心—外围"理论的借鉴意义。发展经济学的发展极理论说明，经济发展必须有中心城市或者中心城镇的带动，而不能平铺直叙、不分重点地进行发展，这对于连片特困地区后续产业的发展同样有着现实的指导意义。这一理论要求连片特困地区在移民后续产业的布局中，要集中各种资源，以城市和城镇为主，在城市和城镇周边或者附近建设移民安置区，推进产城融合，加快城乡一体化发展，发挥好不同层级中心城市以及中心城镇对周围地区的辐射带动作用，以点带面，使移民后续产业健康发展，带动移民脱贫致富。

四 区域经济学理论

（一）区域经济学的研究对象

区域经济学最早源于 1826 年德国经济学家杜能提出的农业区位论，作为一门相对独立的科学，大体形成于 20 世纪 50 年代。自 60 年代开始，经济学研究的领域逐渐出现了一些变化，从原来注重对微观层面的研究逐渐向宏观领域发展，同时为了加强对区域经济活动的干预，各国政府不同程度地开展各种区域规划工作，推动了区域经济学的发展。就研究对象来看，区域经济学也有广义和狭义的区分。广义的区域经济学侧重于研究区域经济发展的一般规律，而狭义的区域经济学则侧重于研究区域经济发展和区际之间的关系。① 如果就区域经济学与相关学科的关系来讲，地理学与区域经济学的关系尤为密切，所以有人把区域经济学看作地理学与经济学相结合的产物。

（二）区域经济学研究的主要内容

（1）区位理论。区位理论主要研究人类经济活动在空间上的分布。这一理论是 19 世纪初由德国经济学者杜能提出来的。他认为，由于土地距离城市市场的远近不同，导致农业生产成本在空间上就具有了差异性，因而对地租产生了影响。这就是著名的位置、地租和土地利用三者之间的关系。20 世纪初，龙哈德和德国经济学者韦伯提出了以研究成本和运输费用为内涵的工业区位论。之后，美国经济学家费特尔提出了贸易区边界区位理论。30 年代初，德国地理学者克里斯塔勒根据聚落和市场的区位，提出了中心地理论学说。之后，德国经济学者廖什利用克里斯塔勒理论的框架，把市场需求作为空间变量，来研究区位理论，进而探讨了市场区位体系和工业企业最大利润的区位，提出了产业的市场区位理论。在这些研究的基础上，学者们又做了大量的补充完善工作，使区位理论研究和应用的领域不断扩展，而且更加具有了可操作

---

① 饶毅：《对区域经济学的一个解读》，《产业与科技论坛》2013 年第 7 期。

性。60—80年代，区位理论与行为经济学、结构主义以及制度经济学等学科相互交叉融合，产生了一批新的成果，使区位理论的研究内容更加完善。

（2）区域经济发展理论。20世纪50—70年代，欧美国家战后在经历了经济快速增长之后，各国区域经济在不同程度上相继出现了不平衡的问题，区域经济理论开始注重研究经济增长与经济发展的关系问题。进入80年代以后，我国对区域经济的发展也越来越重视，学者们更多地引进和介绍了这一理论，有的甚至将区域经济发展理论与其他经济学科如发展经济学的内容相互交叉融合，典型的如大推进理论、平衡增长理论、循环累积理论、不平衡增长理论、增长极理论、中心—外围理论、梯度转移理论、倒"U"形理论等。这些理论之间尽管各有差异，侧重点不同，但共同点都是在研究一定区域内，如何优化配置有效的资源，从而使产出最大化。

（3）新经济地理理论。该理论主要研究"报酬递增规律"对产业空间集聚的影响，也就是市场和地理之间的相互联系，认为推动经济发展的动力机制，主要是集聚力和分散力。某一地区产业结构的形成和演变，在一定程度上取决促进企业集中化生产的集聚力，以及与运输相关的促进企业分散化生产的分散力之间的平衡关系。经济的发展取决于很多因素，其中人口基数、历史文化传统以及资源是否相对集中，是其中比较重要的影响因素。因而新经济地理理论强调，经济发展依赖于某一国家或者某一地区初期的发展状态。

进入20世纪90年代，阿德尔和克鲁格曼等经济学家，强调收益递增在经济理论中的重要作用，因而形成了"新经济地理学"及"新区域经济学"等新的研究领域。

（三）区域经济学理论对生态移民后续产业发展的借鉴意义

（1）中西部连片特困地区生态移民后续产业的发展，必须注重区域之间的联合与协作。我国是一个地域面积辽阔，经济区域众多，各地包括连片特困地区之间条件千差万别，因而其经济发展的水平和状况也存在较大的差异。在连片特困地区生态移民后续产业的发展中，怎样才能使各个区域移民后续产业都能够更好地发展起来，提高区域产业发展的整体效益，这些都属于区域经济学研究的重点问题。区域和产业之间又是密切联系、不可分割的，区域的经济发展首先表现为产业的兴旺。因此，连片特困地区生态移民后续产业的发展，必须注重建立一个统一、开放、竞争、有序的市场体系，这样才能把不同的区域很好地联结起来，成为一个统一的大市场，从而实现因地制宜、分工协作、优势互补，从整体上加快脱贫的进程。

（2）中西部连片特困地区生态移民后续产业的发展，离不开国家的大力支持。我国是个发展中的大国，地区差距大，发展不平衡是基本特征。连片特困地区自然条件恶劣，贫困程度较深，从整体情况来看，产业发展的难度相对较大。目前，连片特困地区脱贫攻坚已经进入到了"攻城拔寨"阶段，产业发展面临的困难和压力也是巨大的，从某种意义上来讲，连片特困地区要打破"贫困的恶性循环"，单靠自身的力量是不够的，还必须借助于外力的推动。这正是区域经济学的重要观点。这种外力，从资金方面来看，除了社会资金的进入，主要依靠国家财政的支持。因此，国家对连片特困地区尤其是中西部连片特困地区的发展，应该给予更多的支持和帮助，增强其发展的动力和发展后劲。当然，从连片特困地区自身来讲，更需要采取有效的措施，在实现脱贫增收的过程中努力提高内生动力。

（3）高度重视生态移民后续产业发展的区位选择。区位研究是区域经济学研究的一个重要内容，区位研究除去特定条件下特定制度的目的，更多地属于科学的东西，对生态移民后续产业发展的区位选择有重要的指导意义，比如厂商的区位选择、移民安置地的区位选择、公共设施的区位选择、区域劳动力市场、城市土地市场、区域技术市场、人口移动对区域各种要素市场的影响等方面的内容，在连片特困地区生态移民及后续产业发展中，都有着重要的借鉴意义。

（4）正确处理好生态移民后续产业发展与城镇化的关系。区域经济学特别重视对区域内产业聚集效应以及产业集群相关问题的研究，这已经成为近年来区域经济研究的一个趋势。在产业聚集、人口聚集的基础上，必然推动城镇化的发展，这也是社会经济发展的一个重要规律。因此，生态移民后续产业的发展，必须顺应社会经济的发展规律和趋势，在规划和战略的部署上应该具有一定的前瞻性思维，包括移民地的产业规划、城镇规划、基础设施的规划等，都需要做到未雨绸缪、从长计议，以利于经济社会的可持续发展。

五 反贫困理论

（一）贫困及其分类

贫困是一个社会经济、政治和文化等落后的总称，贫困不仅影响人的基本生存，而且也会影响人的未来发展。贫困既是一个社会的经济现象，也是一个非常复杂的社会问题，涉及社会、经济、文化等各个领域，造成贫困的原因也很复杂，衡量贫困的标准也具有差异性。不同的国家，因为经济发展水平的差异性，对贫困的认定标准不同；即使同一个国家，在不同的发展时期，对贫困的认定标准也会有差异。

贫困有广义与狭义之分，贫困从狭义的角度来理解，就是指因为物质的缺乏所产生的贫困，主要侧重于物质层面，指维持生活与生产的最低标准；而广义的贫困既包含物质的缺乏，也包含精神层面即社会、环境、精神文化等方面的缺乏所产生的贫困。① 贫困还可以划分为绝对贫困与相对贫困。绝对贫困是指仅能维持生理效能的最低需要的状况，比如食物、衣服、住房等物质方面的短缺；而相对贫困则是指一部分人的收入比社会平均收入少到社会认可的一定程度时，所表现出的贫困状况，它是根据低收入者与社会其他成员收入的差距为标准，来判定贫困程度的。一般来说，相对贫困的判断较为复杂，更侧重依赖于一定的主观价值来进行判断。也就是说，对贫困的感受更多地来自人的感觉，某种程度上这种感觉就缺乏客观性，比如在攀比之风盛行的地区，重视物质的享受和对金钱的占有，有时比较的结果就会使本来不算贫困的家庭也会自我感觉贫困。

（二）反贫困实践与扶贫

所谓反贫困实践，就是人类与贫困进行不断斗争的整个行为和持续的过程。反贫困实践反映的是人和自然的矛盾，从世界范围来看，人类的历史就是不断反贫困的历史。从理论的角度来看，关于反贫困的表述主要有三种观点：一是减少贫困，这种观点主要是从数量上来讲的；二是减缓贫困，主要是从贫困程度和贫困发生率的角度而言的；三是消除贫困，这是解决贫困问题最根本的方法。比如，我国通过生态移民以及

---

① 王碧玉：《中国农村反贫困问题研究》，硕士学位论文，东北林业大学，2006 年。

后续产业的发展，就是从根本上消除贫困问题。

"扶贫"是中文特有的词汇，也是一个具有中国特色的专有概念，在一定程度上表达了人类在反贫困过程中的主动性，通过帮扶活动助力于脱贫工作，使贫困户彻底脱贫，是一种主动的、具体的行为。由于中国的贫困人口主要集中在农村，因而农村扶贫瞄准的贫困对象，也是在动态中不断变化的，在不同时期表现形式也有差异。从我国整个扶贫过程来看，在不同时期出现了不同层级的概念，诸如集中连片特困地区、深度贫困地区、贫困县、贫困村、贫困户、贫困人口等特有的概念。

就扶贫模式来看，同样有广义与狭义的区别。广义的扶贫模式包括四个基本环节，首先需要根据内外部环境，制订扶贫的战略决策；其次需要对扶贫的资源进行传递；再次需要确定贫困人口以及贫困地区具体的受益方式；最后对整个扶贫过程和扶贫的结果进行系统的监测和科学的评估。相对而言，狭义的扶贫模式只是指在整个的扶贫行为过程中，在不同环节的各种具体的做法。

（三）国外反贫困的相关理论

（1）制度致贫理论。马克思的反贫困理论是制度致贫理论的主要代表。在《资本论》中，马克思从早期资本主义国家的贫困对象入手进行分析，从制度层面来研究贫困产生的原因，并且指出了在资本主义条件下，随着资本的积累必然导致财富的增长和贫困的增长同步发生，这种现象最终必然造成大量的产业后备军或者相对过剩的人口。"在一极是财富的积累，同时在另一极，即在把自己的产品作为资本来生产的阶级方面，是贫困、劳动折磨、受奴役、无知、粗野和道德堕落的积累。"[1]

（2）人口数量贫困理论。①人口数量挤压贫困论。马尔萨斯认为，人口增长的规律，是按照几何级数增长的，但是人类生活资料的增长规律，却是按照算术级数增长的。因为人口增长的规律和人类生活资料的增长规律的差异性，就会导致人类生活资料的增长速度，无论如何也赶不上人口增长的速度，这样就必然会造成贫困。因此，要解决贫困问题，就必须保证人类生活资料的增长和人口的增长大体平衡，如果生活

---

① 马克思：《资本论》（第 1 卷），人民出版社 1975 年版，第 708 页。

资料增长速度太慢，就只能采取限制人口增长的措施，以实现人口增长与生活资料增长的平衡。他还认为，资本主义社会中的贫困与资本主义私有制无关，他把贫困人口贫困的原因，归咎于贫困人口自身。[①] ②劳动力数量挤压贫困论。这一理论实际上是供求理论在劳动力市场的具体运用，用供求理论解释贫困问题。劳动力数量挤压贫困论认为，如果劳动总供给大于劳动力需求，进而导致劳动力的价格下降，这种廉价劳动力的存在，就会出现在农村落后地区，用劳动力替代技术的现象。这就会造成农村大量过剩的劳动力，最终导致农业生产率的下降。[②] 劳动力数量挤压贫困，在人口迅速膨胀的国家表现得尤为明显。

（3）要素短缺贫困论。这种贫困理论是把贫困现象的产生归因于一种或者多种生产要素的短缺，主要理论有资本短缺论、资源短缺论以及二元结构理论。特别是二元结构理论，指出了城乡之间的巨大鸿沟，必然造成农村和农业的落后，加剧其资源的短缺。资源短缺不仅仅是自然资源的短缺，还包括物质资本、人力资本以及制度等资源的短缺。[③]

（4）低收入贫困论。这种理论主要包括：①低收入与"低水平均衡陷阱"理论。这一理论强调发展中国家的经济中存在一个人均收入的理论值，这个理论值就像一个"魔咒"影响发展中国家的经济。只要人均收入低于这一理论值，就会出现国民收入的增长被更快的人口增长率抵消的现象，而这一现象就会导致人均收入又只能退回到维持生存的水平上，而且最终保持固定不变。[④] "低水平均衡陷阱"理论主张，对发展中国家来说，想要避免"低水平均衡陷阱"，因为国内资本有限，所以就必须大规模地吸引国外资本投资，这样才能使投资和产出的增长速度，超过人口的增长速度。②"临界最小努力"理论。1957年，美国经济学家哈维·莱宾斯坦提出了"临界最小努力"理论。他认为，发展中国家要打破"贫困恶性循环"的困境，在经济发展中就应该进行大规模的投资，尤其是在经济发展的开始阶段，这种大规模投资的水

---

① ［英］马尔萨斯：《人口论》，郭大力译，北京大学出版社2008年版。

② M. P. 托达罗：《第三世界的经济发展》，中国人民大学出版社1988年版。

③ 杨秋宝：《短缺致贫成因和反贫困方略》，《前进》1997年第4期。

④ 德怀特·H. 波金斯、斯蒂芬·拉德勒等：《发展经济学》，中国人民大学出版社2005年版。

平，必须要能够使国民收入的增长速度超过人口的增长速度，而且要使人均收入得到大幅度的提高，只有这样，才能产生一个"临界最小努力"[1]，对发展中国家来说，只有足够大的投资力量，才能推动经济发展，也才能避免"低水平均衡陷阱"，最终实现经济长期地、稳定地增长。[2] ③低收入与贫困的"循环积累因果关系"论。这一理论是瑞典经济学家缪尔达尔提出的。缪尔达尔认为，发展中国家的低产出造成了低收入，低收入又使贫困进一步恶化。这样就使发展中国家在低收入和贫困所构成的循环积累的困境中越陷越深。[3] 他认为，资本形成不足和收入分配的不平等，是造成发展中国家贫困最重要的因素，但绝非纯粹的经济现象，而是政治、经济与文化等因素综合作用的结果，因而必须重视用经济之外的其他因素，系统地研究和解决贫困问题。

（5）能力贫困理论。能力贫困是贫困的一个新的维度，是指由自然和社会环境造成的个体健康状况差、知识水平低、缺乏生活和工作的基本能力的状况。20 世纪 70 年代，特别是 1971 年舒尔茨提出的人力资本理论产生了巨大的社会影响。舒尔茨认为，贫穷国家之所以落后的原因，从本质上来看，不在于物质资本的短缺，关键是因为人力资本的匮乏，更为重要的是根本不重视对人力资本的投资[4]，同时，各国在反贫困和减贫工作的实践中，也逐渐达成了共识：教育和医疗的缺失，是造成能力贫困的根本原因。因为教育开发人的智力，是提升技能的保障；而良好的医疗保障是身体健康所必需的。因此，制定减贫政策，首先应该向贫困地区的基础教育与医疗保障倾斜。

（6）权利贫困理论。权利贫困理论由印度学者阿玛蒂亚·森 1983 年提出的。阿玛蒂亚·森认为，贫困不仅仅是指一个人处在贫困的状态，从更大的范围来看，还应该包括因为各种原因所造成的机会缺失，因为缺失机会从而使其失去了更多的选择权利。人们之所以贫困，是由于缺少获得正常生活条件的权利。因此，贫困不完全是价格问题，也不

---

[1]　金祥荣：《经济发展的临界最小努力理论》，《经济学动态》1987 年第 5 期。
[2]　王碧玉：《中国农村反贫困问题研究》，硕士学位论文，东北林业大学，2006 年。
[3]　缪尔达尔：《世界贫困的挑战：世界反贫困大纲》，北京经济学院出版社1994 年版。
[4]　舒尔茨：《论人力资本投资》，北京经济学院出版社1992 年版。

完全是政策问题，而是人的权利问题。① 西方经济学者从人性的角度，先后提出了多种人性假设，逐渐认识到了人的需要的复杂性和多样性。作为社会的人，应该享有各种社会权利，包括接受社会教育的权利、作为公民的政治权利、开展社会活动的权利、参加劳动生产的权利以及享受社会福利保障的权利等。人们这些发展的权利如果得不到实现或者实现不够，就会陷入贫困的境地，引发权利贫困。

（7）社会资本贫困理论。"社会资本"这一概念是1980年由法国社会学家布迪厄（Bourdieu）首次提出来的，社会资本是和经济资本以及人力资本概念相比较而言的，社会资本是指社会主体（包括个人、群体、社会甚至国家）之间紧密联系的状态及其特征，这种状态和特征有多种表现形式，比如社会网络、社会规范、信任程度、权威、行动的共识以及社会道德等多个方面。② 尽管对社会资本之间的看法不一致，但一般认为，社会资本也就是社会主体所能够获得的各种社会资源。在国人的意识里也就是一个组织或个人所拥有的"人脉关系"。1990年科尔曼（Coleman）在《社会理论的基础》一书中对社会资本理论做了较为详细和系统的分析论述。在此之后，这种理论就成为当代西方最有影响力的理论。③ 世界银行《2000—2001年世界发展报告——与贫困作斗争》这一公开发表的报告中，也提出要把支持穷人积累社会资本作为反贫困的重要行动之一。④

六　中国共产党的扶贫开发理论

中华人民共和国成立后，面对贫穷与落后的基本国情，中国共产党一直致力于反贫困工作，不仅为全球的减贫事业做出了巨大的贡献，而且在这一过程中，也逐步形成了富有中国特色的扶贫开发理论。

在我国反贫困的过程中，历代党和国家的领导人都高度重视这项工作，毛泽东在中华人民共和国成立初期提出的"一化三改"也是反贫

---

① 高燕：《中国农村的贫困问题研究——基于阿玛蒂亚·森的能力视角》，《劳动保障世界》（理论版）2013年第1期。
② 曹永辉：《社会资本理论及其发展脉络》，《中国流通经济》2013年第27期。
③ Coleman, "Social Capital in the Creation of Human Capital", *American Journal of Sociology*, No. 5, 1988, p. 126.
④ 吕青：《低保：操作失当减损社会资本》，《中国社会保障》2007年第5期。

困的重大举措。从毛泽东、邓小平、江泽民、胡锦涛历代党和国家领导人对反贫困都结合当时的具体历史情况提出了不同时期的战略指导方针。毛泽东强调中国共产党是消除贫困的坚定的领导力量，全体中国人民尤其农民群众是反贫困的主导力量，并强调要在"一穷二白"的一张白纸上绘制出最新最美的图画；邓小平强调通过农村经济体制的全面改革特别是解决农民的利益关系问题，充分调动农民的积极性使之摆脱贫困，并主张将农村经济发展、农民生活水平的提高与中国经济发展、摆脱贫困紧密地结合起来；江泽民提出"他扶"与"自扶"的有机统一，以及坚持开发式扶贫、坚持科技先行、坚持正确领导、坚持因地制宜、坚持可持续发展"五个坚持"的理论；胡锦涛提出"以人为本"的科学发展观，指出扶贫开发是建设中国特色社会主义事业的一项历史任务，是构建社会主义和谐社会的一项重要内容等，这些观点都为新时代习近平扶贫开发理论的形成和发展奠定了理论基础。[①] 习近平扶贫开发理论是新时代中国特色社会主义思想的重要组成部分，中国共产党的反贫困理论的精髓，在习近平近年来扶贫开发相关论述中得到了集中体现。

（一）反贫困是古今中外治国理政的一件大事

消除贫困、改善民生、逐步实现共同富裕，是社会主义的本质要求，是我们党的重要使命。中华人民共和国成立前，党领导广大农民"打土豪、分田地"，就是要让广大农民翻身得解放。现在我们党领导广大农民"脱贫困、奔小康"，就是要让广大农民过上好日子。[②] 只有摆脱贫困，才能充分体现社会主义制度的优越性，才能够得到广大人民群众的拥护和支持，也才能够筑牢我们党治国理政的基础。

（二）农村贫困人口脱贫是全面建成小康社会最艰巨的任务

习近平总书记近年来多次强调，小康不小康，关键看老乡。农村贫困人口如期脱贫、贫困县全部"摘帽"、解决区域性整体贫困问题，是

---

① 黄承伟：《习近平扶贫思想论纲》，《福建论坛》（人文社会科学版）2018 年第 1 期。
② 中共中央党史和文献研究院：《习近平扶贫论述摘编》，中央文献出版社 2018 年版，第 31 页。

全面建成小康社会的底线任务，是我们党对人民群众做出的庄严承诺。[①] 精准扶贫、精准脱贫不仅是全面建成小康社会目标的现实需要，更是实现社会主义共同富裕目标的前提和基础。

（三）扶贫开发要有好的思路

习近平总书记指出，推进扶贫开发、推动经济社会发展，首先要有一个好思路、好路子。要坚持从实际出发，因地制宜，厘清思路、完善规划、找准突破口。[②] 他还在不同的场合多次强调，要继续加大贫困地区基础设施建设的力度；要把贫困地区孩子培养出来才是根本的扶贫之策；要因地制宜，发展特色经济；要实行易地搬迁，从根本上解决"一方水土养不起一方人的问题"；扶贫开发要与生态环境保护相结合，"绿水青山就是金山银山"；要编织好"社会安全网"，体现社会主义制度的优越性。

（四）扶贫贵在精准，重在精准

随着我国脱贫攻坚工作的深入开展，少数深度贫困地区扶贫的难度越来越大。针对这种状况，习近平总书记指出，扶贫开发推进到今天这样的程度，贵在精准，重在精准，成败之举在于精准。要找准"穷根"、明确靶向，量身定做、对症下药，真正扶到点上、扶到根上。[③] 他还强调，要认真解决好"扶持谁、谁来扶、怎么扶、如何退"的问题，全过程都要精准。防止返贫和继续攻坚同样重要，已经"摘帽"的贫困县、贫困村、贫困户，要继续巩固，增强"造血"功能，建立健全稳定脱贫的长效机制，坚决制止扶贫工作中的形式主义。[④]

（五）扶贫重在扶志扶智，扶贫必扶智

让贫困地区的孩子们接受良好的教育，是扶贫开发的重要任务，也是阻断贫困代际传递的重要途径。党和国家已经采取了一系列措施，推动贫困地区的教育事业加快发展，教师队伍素质能力不断提高，让贫困

① 中共中央党史和文献研究院：《习近平扶贫论述摘编》，中央文献出版社2018年版，第29—30页。

② 中共中央党史和文献研究院：《习近平扶贫论述摘编》，中央文献出版社2018年版，第17页。

③ 习近平：《在重庆调研时的讲话》，《人民日报》2016年1月7日。

④ 习近平：《在参加十二届全国人大五次会议四川代表团审议时的讲话》，《人民日报》2017年3月9日。

地区每一个孩子都能接受良好的教育，实现德智体美全面发展，成为社会的有用之才。① 脱贫致富贵在立志，只要有志气、有信心，就没有迈不过去的坎。② "只要有信心，黄土变成金。"贫穷不是不可改变的宿命。人穷志不能短，扶贫必先扶志。"没有比人更高的山，没有比脚更长的路。"要引导贫困地区群众确立自力更生、艰苦奋斗的观念，靠辛勤劳动改变贫困落后面貌。③

（六）充分发挥社会扶贫的作用

脱贫致富不仅仅是贫困地区的事，也是全社会的事。扶贫开发是全党全社会的共同责任，要动员和凝聚全社会的力量广泛参与。社会扶贫的重要作用具有不可替代性，为进一步发挥我们党的政治优势，应该不断动员和凝聚各方面的力量，加大社会扶贫工作的力度，构建大扶贫格局，形成脱贫攻坚的强大合力。

（七）要扶真贫、真扶贫

针对扶贫工作中的某些偏向，特别是形式主义在一些地方泛滥的问题，习近平总书记强调，要把握好脱贫攻坚的正确方向，防止层层加码，要量力而行、真实可靠、保证质量。要防止形式主义，扶真贫、真扶贫，扶贫工作必须要务实。要实行严格的评估制度，按照摘帽标准进行验收。要加强对脱贫工作绩效的社会监督，可以让当地群众自己来评价，也可以建立第三方评估机制，以增强脱贫工作绩效的可信度。④

（八）共建一个没有贫困的人类命运共同体

消除贫困不仅是我国建成全面小康社会目标的要求，同时也是全人类的共同使命。我国在致力于自身摆脱贫困和加大脱贫步伐的同时，还要积极开展南南合作，支持和帮助发展中国家，特别是最不发达的国家消除贫困。在国际减贫领域积极作为，树立负责任大国的形象。特别是"一带一路"等重大倡议提出以后，我国与其他国家在国际减贫合作领

---

① 习近平：《给"国培计划（二〇一四）"北师大贵州研修班参训教师的回信》，《人民日报》2015 年 9 月 10 日。
② 习近平：《在湖南考察时的讲话》，《人民日报》2013 年 11 月 6 日。
③ 中共中央党史和文献研究院：《十八大以来重要文献选编》（下），中央文献出版社 2018 年版，第 49 页。
④ 中共中央党史和文献研究院：《十八大以来重要文献选编》（下），中央文献出版社 2018 年版，第 44—45 页。

域有更大的潜力，可以为其他国家提供中国减贫的成功经验，为人类减贫事业做出贡献。同时，为全球 2030 年可持续发展议程的推进，提出中国方案，贡献中国智慧，更加有效地促进广大发展中国家交流分享中国的减贫经验，树立负责任的大国形象。

第二节 中西部连片特困地区生态移民后续产业发展的影响因素

一 产业发展影响因素概述

关于产业发展的影响因素，实际上就是人们常说的生产要素或者生产力要素。对这一问题的认识，由于人们在分析时关注的对象和所站的角度不同，理解上历来就存在差异。马克思在《资本论》中，从对资本主义劳动过程的分析及其要素的角度，指出，"劳动过程的简单要素是：有目的的活动或劳动本身，劳动对象和劳动资料"。[1] 不难看出，这里的要素既包含了劳动者即人的因素，也包含了物的因素：即劳动对象和劳动资料。在谈到劳动生产力的决定因素时，马克思认为："劳动生产力是由多种情况决定的，其中包括工人的平均熟练程度、科学的发展水平和在工艺上的应用程度、生产过程的社会结合，生产资料的规模和效能以及自然条件。"[2] 在这里可以看出，马克思也是从动态和发展中把握生产力的要素的，并且对科学的发展在他那个时代也给予了密切的关注。在西方经济学的辞典里，虽从未涉及生产力要素这一范畴，但对生产要素的涉及比较多，而且在不同时期有着不一样的内涵。在通常情况下，劳动、资本、土地、企业家才能这四个方面组成了生产的基本要素，也是产业发展所应该具备的基本要素，诺贝尔经济学奖获得者库兹涅茨在分析研究中，将经济增长因素概括为六个方面，即总产量和人口的快速增长、生产效率的增长率的提高、经济结构的改变即从以农业生产为主导转向以制造业和服务业为主导、社会结构的改变以及人们思

---

[1] 马克思、恩格斯：《马克思恩格斯全集》（第 23 卷），人民出版社 1973 年版，第 202 页。

[2] 马克思、恩格斯：《马克思恩格斯全集》（第 23 卷），人民出版社 1973 年版，第 53 页。

维方式的转变、由于通信以及运输技术的改进而引起的国家之间的相互依赖关系、世界经济中的分化迹象。由此可见，库兹涅茨对经济增长因素的分析，也是从动态和变化之中来把握的。随后，丹尼森把经济增长的因素划分成了生产要素投入量与生产要素生产率。所谓生产要素投入量也就是资本、劳动和土地的投入量，其中土地可以当作一个不变的要素，而其余两个要素劳动和资本则是可变的。对要素生产率的解释，丹尼森将其定义为产量和投入量之比，也就是单位投入量的产出量。要素生产率的高低主要由资源配置状况、规模经济作用的大小和知识的提高程度决定的。具体而言，丹尼森把影响经济增长的因素归结为六个方面，即劳动、资本存量的规模、资源配置状况、规模经济状况、知识进展程度、其他影响单位投入产量的因素。

不难看出，随着环境的变化，在科学技术发展和资源配置国际化的条件下，人们对经济增长和产业发展影响因素的认识，也是不断深化的。对于一个国家或地区的经济发展来说，产业发展既要受到传统因素的影响，也会受到新的因素的影响；既受国内因素的影响，也受国际因素的影响；既要受经济因素的影响，也要受经济因素之外非经济因素的影响。但值得注意的是，科学技术的发展，使区域经济发展中的能源、矿产资源、地理位置等传统影响因素的作用正在逐渐削弱，而信息、技术、市场以及人力资本等新的因素的影响作用显著上升。上述诸因素之间的相互关联，共同对区域经济的发展产生影响，并决定区域产业的发展格局。

连片特困地区是一个特殊的区域，其生态移民后续产业的发展，本质上也是一个区域经济发展的问题，所不同的是连片特困地区区域发展中，在一定程度上所面临的限制因素和一般地区相比较，可能会更多。尽管如此，对连片特困地区生态移民后续产业发展影响因素进行分析，仍然是十分必要的。

二　产业区位视角的因素分析

产业区位视角的因素分析，实际上就是考察影响产业选择的区位因素。所谓区位因素，也就是在特定的地点或者在某几个同类地点进行经济活动，比其他地区进行同种经济活动可能获得更大利益的各种影响因素的集合。① 对于连片特困地区来讲，生态移民安置点的选择和移民后续产业发展的选择，都不可避免地会涉及区位因素。

（一）产业区位选择的标准

区位理论在因素分析的基础上，提出了产业区位选择的三个基本标准，即成本最低、市场份额最大和获得聚集效益。

产业区位选择要实现成本最低，首先要考虑的应该是寻求运费的最低点。在一个市场和多个原料、燃料来源地的情况下，运费最低点可以从区位三角形或区位多边形当中去寻找。其次是寻求劳动力成本也即劳动费用的最低点，因为劳动费用对某些产品生产成本的影响，往往会超过运费的影响②，尤其是在物流欠发达和劳动力成本不断提高的条件下，劳动费用对成本的影响加大。当劳动费用也就是人力成本带来的生产成本增加时，企业很可能做出放弃寻找最低的运费的选择，而转向去寻求劳动力成本低廉的区位。

产业区位选择要做到市场份额最大，就必须把生产的重要目的确定为提高市场占有率。德国经济学家奥古斯特·廖什指出，在企业进行区位选择时，不仅要考虑原材料的运输费用，还要考虑市场因素、竞争因素、历史因素这些对政府有重要作用的因素，其中市场因素更为重要。对市场的高度重视标志着古典区位理论向现代区位理论的转变，对某个产业或者企业而言，只有市场占有的份额提高了，才能够体现利润最大化的原则。

产业发展到一定程度必然出现聚集的要求。聚集是把成本和市场两个要素结合并集中优势的体现。聚集效应就是指某些产业部门或者某些企业，集中于某个特定地域后所带来的节省，这种节省主要依靠各企业之间的分工协作和扩大生产规模来实现，表现为联合化或者协作化。在某些时候，由聚集所产生的效益，将会高于由于偏离运费最低点和劳动费用最低点所增加的运费和劳动费用，由此实现盈利。

现代产业区位的选择，是综合考虑成本最低、市场份额最大和获得聚集效益三个标准，将区位选择作为区域总体发展的一个重要内容，站

---

① 孙久文、叶裕民：《区域经济学教程》，中国人民大学出版社 2010 年版，第 46 页。
② 孙久文、叶裕民：《区域经济学教程》，中国人民大学出版社 2010 年版，第 62 页。

在区域总体发展的视角去衡量区位选择，即把区位发展的经济目标、社会目标和生态目标的实现作为产业选择的最后目标，而上述三个标准则是实现目标的途径。

（二）产业区位选择的影响因素

（1）自然因素。自然因素主要指自然环境和自然资源。自然环境包括自然条件，其对一个区域第一、第二、第三产业的布局会产生重大影响。自然条件直接影响农业的区位选择，在各种自然条件中，降雨量的多少和气温的高低等因素，在很大程度上可以决定某种农产品的布局区域和农产品的特色。自然条件对工业布局也有重要影响，在一定程度上能够决定某些工业部门的地域布局。此外，自然因素对服务业的发展和城市建设同样也有重要的影响，城市发展离不开相对好的水源地，就是最好的明证。

自然资源是指人类可以直接从自然界获得的，并用于生产和生活的物质和能量。它既是自然环境的重要组成部分，又是自然环境和人类活动的连接纽带。自然资源通常包括土地资源、水资源、气候资源、生物资源、矿产资源等。在现有的技术条件下，特定区域产业发展的选择，必须考虑当地自然资源的状况，因为资源状况如何，无论是对第一产业的发展，还是对第二产业、第三产业的发展都有着重要的影响，资源禀赋是大自然对特定区域的恩赐。但是，也应当看到，随着现代科学技术的发展，企业区位选择逐渐摆脱了资源的束缚，选择的自由度也在不断加大。具体表现在：一方面，科学技术的发展改变了自然资源的经济意义，不仅改善了各类矿物资源的平衡状况和地理分布，而且弱化了资源对产业区位选择的影响，从而扩展了产业布局的地域范围。我国的宝钢选址在上海，其原料基本来自海外，就充分说明了资源对产业选择的制约性在降低。另一方面，在知识经济时代，自然资源对于产业选择和区域经济发展的地位和作用也在不断下降，产业发展在很大程度上取决于智力资源和社会资源。因此，在有限的自然资源衰竭和减少的同时，智力资源和社会资源变得更加丰富，产业选择的自由度也会进一步增大。

（2）社会经济因素。社会经济因素包括人口及劳动力、资金、市场和运输等。①人口及劳动力。对于一个区域而言，其人口数量特别是劳动力的数量是产业选择的必要条件，而劳动力的质量对于产业选择有着更重要的作用，甚至会制约某些产业的发展。②资金。一定数量的资金是产业发展的必要条件。就资金的来源来讲，主要由内部资金和外部资金构成。现代社会足够数量的内部资金对一个产业的发展是必不可少的，其重要性是不言而喻的；外部资金主要是指国家投入的资金和通过招商引资吸引的外部资金，相对而言，外部资金投入的重要性也在不断增强。③市场。现代经济是市场经济，因此市场因素对于产业选择尤为重要。市场因素的集中表现，是消费区成为产业区位选择的首选地。换句话说，市场在哪里，就把企业建在哪里。市场因素地位的上升，与影响区位选择的传统因素地位和作用的减弱、物流运输的发达有直接的关系，市场已经成为对农业和工业以及第三产业指向性最大的影响因素。目前，无论从全球经济还是从区域经济的发展来看，第三产业越来越发达，在三大类产业中也是发展最快的一个产业，发达国家第三产业的产值有的已经占到 GDP 的 70% 以上。第三产业快速发展的原因，是因为它属于消费区产业，与当地居民数量的多少和生活水平的高低直接相关。同时，第三产业绝大部分行业对区位并无特别要求，而且对环境的污染小，因而随着市场的扩大可以得到快速的发展。④运输。距离因素在农业区位理论和工业区位理论中，一直是产业区位选择的最大因素，也是影响企业成本的重要因素。但是，在知识经济时代，距离因素的地位和作用不断减弱。一方面，随着交通设施不断地改进，交通运输工具越来越趋向多元化，运输效率也大幅度提高；另一方面，知识经济的发展使经济活动更加依赖于智力资源，网络技术的广泛运用，改变了人们的生活方式和贸易方式，使运输的必要性在一定程度上减少。尽管如此，运费在产品成本中仍然是一个不可忽视的因素。

还值得注意的是，传统农业和工业主要是对实物资源和人的体力进行开发利用，产业如何选择和如何布局，主要会受到原料、燃料、运费、劳动力、市场以及资金等因素的影响。而在当今时代，高新技术产业逐步成为主导产业，主要生产知识产品，以开发利用智力资源和信息资源为主，知识产品生产和脑力劳动在整个社会生产系统中越来越居于主导地位，传统区位因素所带来的影响和作用已经在发生变化，区域产业选择的因素也随之发生了变化。

（3）科学技术因素。科学技术也对区域内发展什么样的产业有很大的影响，而且，随着时间的推移，科学技术在产业选择和产业布局中的地位和作用越来越重要。首先，科学技术的发展，使自然资源在经济方面的作用发生变化，产业在不同地域布局的灵活性加大。同时，科学技术的发展使人类对各类矿物资源的分布状况重新认识，并不断发现和开发新的资源和能源，因此增大了产业选择空间的可能性。其次，科学技术的进步促进了产业分布状况的变化，各类生产技术的进步，减少了生产投入，突破了时空的限制，从而使原有产业可以进行重新分布。一方面，产业内部的结构发生了变化，新的产业部门不断涌现，而原有的产业部门伴随着新技术的发展也出现了新的变化，所使用的原料、燃料等和以前相比也大不相同，因此在产业区位选择时也出现了不同于以前的情况。最后，科技进步使生产要素形态发生了变化，表现为从过去主要依靠有形的自然资源转变为现在主要依靠无形的智力资源。以往农业的发展严重受到自然条件的制约，基本属于"靠天吃饭"，而工业的发展严重依赖于能源和原材料，无论是农业发展还是工业发展所依赖的资源主要是有形资源；否则，发展就会面临困难或者危机。而在知识经济时代，基因农业、无土栽培等依靠高新科技从事农业生产的工厂化农业已经出现，正在改变着传统的"土里刨食"的生产形式，自然资源包括土地对农业生产的影响正在逐步减弱；在工业生产领域，主要依靠智力资源的高新技术产业已经成为主导产业，产业结构正在由从以劳动、资金密集型产业为主向以知识、技术密集型产业为主转变，产业中心也逐渐发生了转移，由有形财物的生产转变为无形的服务性产品生产，大数据、电子商务、金融、通信、保险、文化等产业将成为主导产业。当今时代，创新已经成为经济增长的强大动力，而创新依托的则是人类的智力或知识。智力不仅是个人的特殊财富，而且是企业最重要的资源和生产要素，同时也是企业立于不败之地的法宝。

三 "可持续性生计"视角的因素分析

"可持续生计"这一概念，最早是在 20 世纪 80 年代由世界环境与发展委员会提出的，用以解释和说明贫困人口脱贫的持续性。1992 年，这一概念被引入联合国行动议程并作为消除贫困的主要目标。"可持续生计"的内涵，主要是指谋生能力、获得收入活动、持续性资产和能力。1995 年，《哥本哈根宣言》将可持续生计的内涵总结为"使所有男人和妇女通过自由选择的生产性就业和工作，获得可靠和稳定的生计"①，并据此提出社会发展的八大目标。"生计"一词强调了对人们生存关注点的转变，即从开始的只强调生活目标本身，进而转向实现生活目标所需要的过程和手段。也就是说，关注人们获得的收入或者达到的消费水平，只是作为其中的结果。② 斯库恩斯（Scoones）强调：一个完整的生计维持系统，包括能力、资产（物质资源和社会资源）以及维持生计所必需的活动。之后，英国国际发展机构着手建立了可持续生计框架（SLA），使斯库恩斯的观点得到了最广泛的认可和运用。③ 对于可持续生计分析框架，目前使用最为广泛的是英国国际发展署于 2000 年提出的 SLA 框架，其基本内容主要有：

（一）脆弱性背景

脆弱性背景实际上就是指因为外部环境的不利变化所带来的致贫因素。归纳起来，这些外部环境的不利变化主要来自两个方面：一是宏观环境方面变化，包括人口、资源、技术、政府管理的政策变化可能带来的不利因素，都可能给人们的生计活动造成不同程度的影响，甚至导致部分个人或者家庭直接变穷；二是市场环境方面的变化，包括价格、生产、就业等的周期性变化，会影响个人或家庭成员的就业和收入，从而也会对人们的生计活动和资产状况产生影响。脆弱性背景作为外部环境因素，是人们无法控制甚至是无法选择的，因此脆弱性背景会直接影响人们所处的生计环境，这种影响也会使人们在面对生计机会时进行不同的选择。按照脆弱性背景提出者的分析，脆弱性背景也可能由政策、制度、法律、文化、组织规则等引起。

（二）生计资本

在可持续生计的分析框架中，生计资本是其最为核心内容。从生计资本理论的结构来看，由五个部分组成：自然资本、金融资本、物资资本、人力资本和社会资本。在生计资本理论中，这些不同类型的资本之间是可以相互转换的。

---

① 肖祥：《国内外可持续生计理论研究及其在农村生态治理中的运用趋向》，《云南农业大学学报》（社会科学版）2017 年第 3 期。

② 苏芳等：《可持续生计分析研究综述》，《地球科学进展》2009 年第 24 期。

③ DFID, *Sustainable Livelihoods Guidance Sheets*, London：DFID, 2001, p. 127.

（1）自然资本，是指个人能够利用和维持生计的自然资源。包括土地、水和生物资源等。自然资本是否丰富充足以及到达市场的便捷程度，会直接决定农户生计的类别和数量选择，越是贫困的地方，其生存越要依附于自然资源，如果自然资源遭到破坏，一个农村家庭很可能因此而陷入贫困的泥潭。

（2）金融资本，是指一个家庭年收入及储蓄的总额。其内容涉及开支、收入所得、财政补贴等，是农户生计运行的"血脉"系统。

（3）物质资本，是指农户在维持生计的过程中，需要使用的最基本的生产资料和基础设施。一般包括房屋、生产工具、农用机械、灌溉系统等，是农户必须具备的生产生活设施。这种设施的数量和质量如何，往往决定着农户的生产效率。

（4）社会资本，是指个人与他人以及团体之间的关联程度，包括社会网络、互惠性规范和因此而产生的信任，也就是个人在社会结构中所处的位置或者"人脉关系"给他们带来的资源。当个人在实现生计目标时，社会资本越多，越有利于获得人们之间的信任，也越容易建立合作关系，进而获得社会机构的支援和帮扶，也就更容易实现生计目标。

（5）人力资本，是指个人拥有的用于解决生计问题的知识、技能和健康状况。在知识经济条件下，人力资本投资的收益率，大大地高于金融资本和物质资本投资的收益率，由于人类的创新性特征也赋予了人力资本这一特性，使其能够合理地选择不同用途的资源，提高其适应市场和社会的能力。

（三）组织机构和规则

组织机构和规则，就是指人们在进行生计活动时所面临的外部环境中的制度性因素，主要包括政府的相关政策、组织机构、制度规则、相关法律、社会文化等。这些外部环境中的制度性因素，不同于自然因素，它或多或少地都会受到人的意志或者行为的影响，既可能有利于生计活动的开展，同时也可能是开展生计活动时的障碍因素。在生产实践中较为有效的做法是，随着环境的不断变化，需要对组织机构和过程规则进行改进或者改革，从而促进人们生计活动的开展。组织机构和过程规则改进的过程，也就是组织制度创新的过程。

（四）生计策略

生计策略是要回答人们如何选择运用自己所拥有的生计资本的问题。在经济活动中，人们为了实现利润最大化，对生计资本需要进行组合和不断优化，只有这样，生计策略才能在生计活动中得以实现。生计策略绝不是一次性行为，而是一个在生计活动中持续不断的选择调整过程。由此可见，生计策略主要是对生计资本的一种谋划，它必须要以生计资本作为前提。在从事经济活动时，人们总是会根据自己所拥有的生计资本，进而选择生计策略，并且在选择过程中，会根据不同的脆弱性背景等外部环境，再结合内部因素，综合权衡，来进一步选择适合的生计策略。

（五）生计结果

生计结果是人们通过生计策略和生计活动，运用自身所拥有的生计资本最终产生的效果，也就是生计活动的输出结果。生计结果一般有两种表现形态：一种是正向的结果，也许表现为个人就业有了保障，或者拥有了稳定的住所，或者收入水平得到了提高，从而使个人的生计资本得到增加，能力得到提升；一种是负向的结果，或许是个人收入来源依旧没有保证，生活也未得到改善，甚至生计资本减少，或者导致生计状况的恶化。

四　市场竞争视角的因素分析

对于连片特困地区发展已经有了一定基础的产业或者企业而言，在生态移民的背景下，产业的发展则面临一个重构或者如何应对激烈竞争的问题，因此必须从产业竞争的视角出发，来分析后续产业的发展环境。迈克尔·波特站在市场竞争的视角，构建了五力模型，他把行业竞争的因素划分为五类，即产业内的企业、潜在进入者、替代品、供应商、顾客。其中产业内的企业构成竞争关系，潜在进入者和替代品对行业内企业构成威胁，供应商和顾客与行业内企业谈价还价。在生态移民后续产业选择和发展时，也可以借鉴五力模型来分析市场的竞争因素。

（一）现有企业之间的竞争强度分析

产业选择要考虑是否进入某一行业，首先必须考虑特定行业企业的数量以及竞争的激烈程度以及可能的获利水平，最终权衡可否进入。现有企业竞争强度分析涉及的内容具体包括：现有竞争企业的数量和力量对比、竞争者的战略及成本结构、产品差异、退出障碍、转移成本等。在对上述方面进行分析的基础上，才能确定主要的竞争对手。竞争对手总是相对而言的，也只能选择主要的对手。即便是在同一个产业内，企业一般不会将所有的企业都视为竞争对手，哪怕是处于同一价值环节上的企业也是如此，通常是按照某一标志把企业划分成不同的群，在这些群中可以看作竞争对手的是：在诸因素分子中和本企业资源及实力相当或者接近的企业。综合来看，企业的发展能力、市场竞争力和获利能力等是衡量企业竞争实力的几个关键性指标。企业所在产业的结构特征，决定了企业所面对的选择与约束的范围。在完全竞争的产业中，企业是单纯的价格接受者，它们对供求变化做出反应而不能影响供求水平，因此可选择的范围较少而受到的约束较多。处于完全竞争产业中的企业，最多只能从市场上获取正常利润，而社会福利达到最大化。因此，如果一个产业的结构为完全竞争，则企业行为是确定的，企业长期绩效也是确定的。但在现实中，纯粹意义上的完全竞争几乎是不存在的，所有产业都不同程度地存在一定的垄断因素，这对企业的组织结构的选择也提出了相应的要求。

（二）潜在进入者的威胁分析

一个行业除了现有的企业外，会不断地有新的企业进入和一些企业退出，尤其是新进入的企业，因为市场既定，潜在进入者如果进入会对现有企业构成一定的威胁。企业在竞争过程中需要分析，在众多企业中成为新进入者的可能性，重点关注进入可能性最大的企业。每个行业都有进入退出的"门槛"，"门槛"的高低在不同行业是不相同的，这些"门槛"构成了潜在进入者的进入障碍。一旦进入，对行业内的企业就会成为威胁，这种威胁的大小取决于多个因素，主要因素有：规模经济、政策因素、行业联合的反击、专利或品牌优势等，都会对新进入者形成进入障碍，同时退出障碍也会是潜在进入者需要考虑的问题。尽管如此，总有一些潜在进入者能够进入。成功的潜在进入者具有以下特征：具有独特的优势，能够突破进入障碍的企业；或者和产业内的企业具有显著的协同效应的企业；具有创新能力，能在技术领域有所突破或者具有品牌优势的企业。在竞争程度较弱的产业中，由于外部环境给企业带来的竞争压力较小，从而使企业在进行选择时自由度较大，甚至某些时候企业的选择会带来一定的竞争优势，并产生高于正常的绩效。

（三）供应商分析

在一个行业中，除了企业之间的竞争关系之外，来自供应商的竞争也是一个不可忽视的因素。供应商是关键供应物包括生产设备、原材料、劳动力、技术及特定工艺、服务等供应能力的控制者。在进行供应能力分析时，首先需要分析产业的生产能力，劳动力的供应则受人力在短期内移动困难的特征影响，设备供应状况不但受现有市场可获得设备与企业对设备的要求间差别的影响，还受设备能力形成期长度的影响，原材料的供应最终受自然环境和政府进口政策的影响。在供应商分析中，还需要分析其他具有替代作用的供应物、供应商的组织结构和互相之间的关系，供应物的变化趋势等产业组织的发展方向，以及未来产业价值链的构成变化，预计由产业组织的改变可能引起的供应关系的变化因素。

供应商分析，不仅要分析其供应能力，而且还要分析其产业价值的占有力。包括供应商的集中程度、前向一体化的可能性、供应物的差异性、供应物的替代情况以及供应物的重要性等。这些因素分析，对移民后续产业的选择也是必须认真考虑的。

（四）买方分析

买方和本企业谈价还价，目的是让企业提供质优价廉的产品或者服务。买方分析的要素，主要包括对买方的需求状况及价值占有能力的分析，分析的要点主要涉及买方的总需求、需求结构和购买能力等。在对总需求进行分析时，应该考虑市场容量的大小，购买者的支付能力强弱，购买者还有哪些潜在的未满足的需求等；需求结构的分析，主要包括不同大类的产业或者产品的需求类别，不同需求类别之间的相互关系，用户的不同特征以及不同地区的分布情况等；购买力分析实际上是对需求进行更为深入的分析，考察的重点是该产业的一般购买力水平、购买力大小的变动状况以及变动的趋势和影响因素等。一般来说，向购买力强的用户提供产品和服务，企业能够获得较好的盈利。

（五）替代品分析

替代品是指功能相同或者相近的产品。客户在选择产品时，会对原产品和替代品的价格和功能进行比较，一旦替代品比原产品更具优势时，性价比更高时，客户就有可能选择替代品，从而舍弃原来的产品。随着科学技术的快速发展，新材料、新产品层出不穷，所以，替代品使现有产业的价值很难超越一定的限制，同时也制约了现有产业获取更高的利润，技术的创新有时迫使企业自我替代，替代品的产生，对产业选择的稳定性不断构成威胁。

五 生态移民后续产业发展的主要影响因素

产业从一般意义上讲，是介于宏观经济与微观经济之间的中观经济。就产业发展的内涵而言，既包括量的增加，也包括质的飞跃；既包括绝对的增长，也包括相对的增长。就产业发展的影响因素而言，既受宏观因素的影响，也受微观因素的制约，而且许多因素是相互交织在一起的，因此对移民后续产业发展的主要影响因素的分析，应该从系统的角度来进行把握。比如，生态移民后续产业发展问题，是从区域经济发展的角度来看的，而对于移民户或者移民个人来讲，则是其生计问题，因此它们之间的影响因素也是密切相关的；而影响移民户或者移民个人生计的诸因素，也与移民安置地贫困群众的致贫因素紧密相关。

从以上的分析中可以看出，区域产业发展的影响因素是多方面的，对于连片特困地区生态移民后续产业的发展来讲，上述的相关因素都是需要综合考虑的。但是，上述诸多因素不仅对区域产业选择的影响程度各不相同，而且在不同的区域其影响因素的表现形式和影响强度也不相同。从总的趋势来看，连片特困地区生态移民后续产业发展需要重点把握的因素有：

（一）人力资本因素

随着科学技术的进步，人力资本的地位和作用越来越重要。世界银行相关专家认为，如果一个国家对教育投资的力度不断加大，使劳动力的平均受教育年限增加一年，一个国家的 GDP 将增长 9%。[1] 舒尔茨强调："提高贫困人口福利的关键因素不是空间、能源和耕地，而是提高人口质量，提高文化程度。"[2] 对于连片特困地区移民后续产业的发展

---

[1] 王鸿、刘汉利：《改革农村教育：农村可持续发展的根本出路》，《发展》2004 年第 1 期。

[2] ［美］西奥多·舒尔茨：《论人力资本投资》，北京经济学院出版社 1990 年版，第 18 页。

来讲，人力资本同样是不容忽视的因素。人力资本的形成，一方面需要一定数量的人口及劳动力作为基础；另一方面，也离不开高质量的教育和培训。教育和培训的重要性在于，改变观念，提升技能，是保证区域劳动力成为人力资源和成长为人力资本的前提，也是能够提高高素质人力资本的有效供给的前提。总人口的数量会决定劳动力资源的数量，即总人口数越多，劳动力资源的数量也就越多；反之，则越少。劳动力是最基本的人力资源，人力资源经过培训和开发，具备以解决问题能力为代表的专业技能型资产和以积极主动、爱岗敬业为代表的态度性资产，才能形成人力资本。从一定意义上讲，人力资本是优质的或者高素质的人力资源。对于连片特困地区生态移民后续产业的发展来讲，人力资本是首先需要考虑的一个重要因素。

人力资本状况与区域劳动力资源状况紧密相关。如果某区域的劳动力资源充足，就会有利于人力资本的形成，这样，人力资本就为某个区域的经济增长奠定了良好的基础。相反，如果某个区域出现劳动力资源匮乏，从根本上保证不了经济发展所需要的人力资本，就有可能成为区域经济增长中的制约因素。从人力资本对区域经济增长所产生的作用来看，主要体现在以下方面：首先，增加人力资本投入会提高区域经济的产出水平。在通常情况下，人力资本对经济增长具有较强的推动作用，即增加生产中的人力资本投入，就会提高生产的效率，促进经济的增长。尤其是在知识经济条件下，现代化的大生产条件需要人力资本投入的数量，必须能够匹配现有的资金和生产资料；否则，可能会造成不必要的浪费，使企业蒙受损失，也不利于区域社会的再生产活动的进行。其次，高效的人力资本投入，对区域劳动生产率来说，是一条非常重要的途径。人力资本包括劳动者的科学文化素质、思想素质和身体素质。尤其是科学文化素质，对生产力有着极为重要的影响，因为科学文化素质的高低，直接决定着劳动者能否将"知识形态的生产力"，很快地转化为"现实的生产力"，道德素质对于人力资本拥有者来说，则是决定其愿不愿意成为先进生产力的代表问题；身体素质的强弱则反映着人力资本拥有者生产能力的高低。所以，通过提高劳动力的素质，提升其人力资本水平，可以比较显著地提高劳动生产率，从而促进区域经济的快速发展。

（二）科学技术因素

人类进入 21 世纪以来，经济增长受科学技术进步的影响越来越显著，对区域经济增长的影响也是如此。因为现代化生产的发展，在知识经济条件下，从劳动生产率的提高这个角度来看，更多地依赖于科学技术，科技对生产力的发展，推动作用越来越明显。

科学技术进步就其内容来说，包括技术的改进、创造发明以及应用，科学技术要发挥作用，必须要求科技转化能力和管理能力的提升。肯德里把技术进步归结为"要素生产率的增长"。科学技术的普及与应用，不仅可以提高劳动者的素质并形成人力资本，而且能够促使资本装备水平的提高，同时还可以通过新能源、新材料的开发，为人类提供新的劳动对象，从而使生产要素的产出能力发生质的飞跃。而且，企业如果采用了先进的科学技术方法，不仅会大大提高生产的效率，提高产品质量，降低生产成本，而且会促使企业不断提高经营管理水平，使企业原有的资源配置得到进一步的优化，区域生产力组织也会得以改善，从而推动了区域经济的快速增长。

科学技术在农业领域的应用与普及，在很大程度上改变了农业的生产方式，先进的智能化的农业机械、农用设施、良种的培育技术、无土栽培技术的应用，预示着农业向工厂化、标准化过渡的趋势。这种变化，大幅度地提高了农业劳动生产率，对传统农业向现代农业的转变发挥了显著的促进作用。科技进步对区域经济增长的作用，一般是由科学技术成果在企业的生产实际中被重视的程度，推广应用的程度和生产技术的革新决定的。因为科学技术成果一般是作为知识形态出现的，要想转化为生产力，必须要能够推广并应用到企业的实际生产中，产生了一定的效果时，才能推动区域经济的增长。

（三）资本因素

按照发展经济学的观点，贫困地区之所以贫困，主要原因是资本的短缺，资本的短缺始终使区域经济发展难以达到突破的临界点，因此要摆脱贫困，必须投入足够数量的资本，以突破导致贫困恶性循环的临界点。一定数量的资本，对于区域经济的发展，尤其对连片特困地区生态移民后续产业的发展是必不可少的。

资本对区域经济增长的作用主要表现在：

首先，增加资本的投入能够提升区域的产出水平。一般来说，如果在一个区域内投入更多数量的资本，则能容纳更多的劳动力就业，从而经济增长的速度就会越快，因此，经济增长的程度和资本投入的数量成正比例关系。对于连片特困地区来讲，一方面政府财政转移支付包括生态补偿，这是增加资本的一个重要途径；另一方面，资本的增加也要依靠自身的积累，特别要通过增收节支，扩大财源，增加自有资本的数量。同时，也要创造条件通过招商引资，来解决区域经济发展资本不足的问题。

其次，通过提升资本的产出率来促进区域经济的快速增长。资本产出率是指资本与产出量的比值，表示在一定经济条件下的产出量需要投入多少资本，是反映资本效率的一个重要指标。如何提升资本的产出率，使生产资料的利用效率更加充分，进一步降低单位产品在物质消耗方面的系数，农业生产中提高耕地复种指数等，在投入同样多的生产资料或者等量资本的情况下，产出更多数量的产品。对区域经济而言，实现一定的经济增长率所需的资本数量越少，就意味着资本的产出率越高，也就越有利于区域经济的发展。

最后，通过提高固定资本投资来保障区域经济的持续增长水平。固定资本投资对于区域经济发展来说，是非常重要的物质基础。特定区域固定资本投资的增加，实际上也就意味着基础设施条件的改善，说明企业技术装备水平的不断提高，必然会增强其生产能力，减少物质的消耗，对促进产品的更新换代、产业结构及产品结构的优化升级、生态环境的保护以及产业布局的合理化，都发挥积极的促进作用。

（四）市场因素

市场因素对区域产业的发展也有极为重要的作用，在现代市场经济条件下，市场的地位和作用进一步得到凸显。对于一个区域来讲，市场化的程度决定着经济发展的规模和水平。连片特困地区之所以贫困，与市场发育程度低是密切相关的。从生产者的角度来讲，产品找不到市场，生产也就难以为继。对于移民群众来讲，没有一个比较完善的市场体系，解决其生计问题就会面临很多难以克服的困难。市场之所以重要，其原因在于：

（1）市场竞争的法则，就是优胜劣汰。所以通过市场竞争，不仅可以优化区域产业结构，而且能够促进区域劳动生产率的提高，从而促进区域产业的发展。对于企业而言，只有竞争才能产生激励、产生效率、产生活力。具体表现在：市场竞争可以促使企业不断改进技术，研究开发新的产品，加快产品更新换代的步伐，确保其为消费者提供优质的产品；市场竞争要求企业不断采用最先进的科学技术，才能提高生产的速度和效率，也才能在市场竞争中立于不败之地。市场竞争要求企业不断创新，密切关注技术、环境的变化，研究消费者的需求变化趋势，使企业在技术市场上保持领先地位；市场竞争也要求企业必须高度重视市场研究，并不断开拓新的市场，通过多种方式方法宣传新产品或增加原有产品的新功能；市场竞争迫使企业必须为顾客提供高质量的服务，必须坚持"顾客至上"的理念，才能拥有一定的竞争优势。总之，只有竞争才能够产生活力，能够激发人们在生产生活领域，创业、创新和创造的欲望。

（2）区域市场规模对经济活动的持续性有直接的影响，并且会影响区域经济的合理性。在区域经济活动中，无论是生产活动还是服务活动，都对其规模有一定的要求，这种要求也就是通常所说的需求"门槛"。不同经济活动的性质和类型不同，决定了需求"门槛"的高低不同。一般来讲，资本有机构成较高的技术密集型和资本密集型行业需求门槛高，而资本有机构成相对较低的劳动密集型，如农业部门、服务部门、轻工业部门的需求门槛相对较低。只有当市场规模扩大到一定程度时，才可能实现经济活动的持续运行。经济活动是否合理，也会受到市场规模的影响，这是因为规模经济在起作用。

（3）市场观念对于区域产业发展也有不可忽视的影响。如国内改革开放较早的沿海地区，人们的市场观念相对较强，创业、创新和创造的意识也较强，经营理念也比较超前，因此，在市场竞争中就比较主动。相反，而在一些经济相对落后的地区包括连片特困地区，至今仍然摆脱不了自然经济的影响和计划经济时代的烙印，人们的市场观念淡薄，创业、创新和创造的意识缺失，小农意识的观念依然顽固地存在，甚至少部分贫困户在脱贫过程中"等靠要"的思想极为严重，脱贫增收的内生动力不强，这恰恰也是贫困地区长期摆脱不了贫困落后面貌的一个重要原因。

（五）制度因素

制度因素也是影响区域经济增长的重要因素。所谓制度，按照新制度经济学的观点，就是指人际交往中的规则以及社会组织的结构和机制。在通常情况下，制度主要是指一个国家或者地区的经济体制和与之相关的政府政策，它们构成了某一国家或者地区的经济基础。好的制度会使促进经济社会的发展，而坏的制度则会成为经济社会发展的障碍，制度的重要性由此可见一斑。对于中西部连片特困地区生态移民后续产业的发展而言，制度因素是不容忽视的。

对于区域经济发展来说，建立有效的市场激励机制和高效的经济管理体制，营造健康良好的制度环境，对激发经济主体的活力都有着重要的意义。同时，良好的制度设计和合理的政策法规，对于经济增长和产业发展可以产生积极的促进作用；反之，则会产生阻碍作用。制度经济学在研究制度因素对不同区域经济增长所产生的差异时，也是依赖于对制度变迁的关注来完成的，通过制度变迁来实现区域经济增长的变化。制度变迁的内容主要包括：产权制度的变迁、分配格局的变化、市场程度的提升、对外开放程度的扩大等方面，在研究分析相关问题时，以这些方面的制度变化为基础，来选择合适的相关指标。其中，产权制度的变迁集中体现在市场经济中非国有化比例的不断增加。由于市场经济中对经济成分所进行的改革，主要针对的是工业领域，因此在对产权制度的变迁进行分析时，可以选取非国有化率这一指标来进行。分配格局的变化，可以通过市场化收入分配的比重来反映。对外开放作为一个重要的制度因素，其开放程度的不断提升，直接影响区域经济的增长，通常通过区域外贸进出口的状况和在区域经济中的地位来反映。

第三章

我国扶贫开发的历程与连片
特困地区的确立

第一节 我国扶贫开发的历程

中华人民共和国成立后，面对"一穷二白"的局面，新中国迅速实施了国家工业化战略。这项战略的实施，实际上也是一个反贫困的过程。但是我国有组织、有计划、大规模的扶贫开发工作，则是和改革开放同步展开的，尤其是在 20 世纪 80 年代中期以后，国家扶贫开发的相关政策密集出台，扶贫开发的效果也逐步显现出来。在 20 世纪 90 年代，国务院制订并实施了《国家八七扶贫攻坚计划（1994—2000 年)》，这一计划的实施，取得了良好的效果，基本达到了预期的目标。进入 21 世纪以后，我国又先后颁布并实施了《中国农村扶贫开发纲要（2001—2010 年)》《中国农村扶贫开发纲要（2011—2020 年)》等扶贫工作的纲领性文件。由此，扶贫开发作为一项制度，成为中国特色社会主义实现共同富裕、促进社会公平正义的重要内容。总体来看，我国的扶贫开发历程大致可以划分为以下五个阶段。

一 农村改革扶贫阶段（1978—1985 年）

1978 年党的十一届三中全会的召开，标志着我国进入了改革开放的新时期。特别是以家庭承包责任制为中心的农村经营管理体制的改革，极大地调动了农民的生产积极性，使农村的生产力得到了极大的解放，1984 年我国粮食产量达到了历史最高水平，其他农副产品也大幅度增长，在此之后，粮食生产出现了稳步增长。随着改革开放进程的加快，国家几次提高了农副产品的收购价格，农民的收入水平也得到了持续的增长。这一阶段，国家还为扶持贫困地区经济发展采取了一系列的措施，1980 年设立"支援经济不发达地区发展资金"；1983 年中央政府组织实施以"三西"地区农业建设为主要内容的区域性扶贫开发计划；1984 年设立革命老区、少数民族地区和边远地区贷款；1984 年还专门设立了为解决贫困地区基础设施严重不足的以工代赈资金。这些政策的实施，不仅促进了部分极端贫困地区的经济发展，改善了当地贫困群众的生产生活条件，也为后来实施大规模农村扶贫开发计划以及精准扶贫，积累了经验。[①] 总之，这一阶段，由于家庭联产承包责任制为中心的农村改革的推动，使农民的生产积极性得到了充分发挥，减贫效果也快速释放出来，大约有一半的农村贫困人口是在这一个阶段实现脱贫的。农业部相关资料显示，这一阶段全国没有解决温饱的贫困人口，从 2.5 亿迅速下降到 1.25 亿，平均每年减少 1786 万人。同时，贫困发生率也从 30.7% 下降到了 14.8%。

二 开发式扶贫阶段（1986—1993 年）

20 世纪 80 年代中期，随着我国市场化改革的不断深入，在一部分地区和一部分人率先富起来的同时，社会收入的差距逐步拉开，工农、城乡和区域以及个人之间的收入差距不断拉大。按照当时的贫困标准和统计口径，全国还有 1.25 亿农村贫困人口尚未解决温饱问题，这些贫困人口主要分布在全国 18 个贫困地区，特别是革命老区、少数民族地区、边远地区和欠发达地区，因此也被简称为"老、少、边、穷"地区。和改革开放初减贫取得的明显效果相比，这一时期我国贫困人口的减贫速率减缓，部分地区贫困人口在特定时期反而出现了增加的趋势，这在一定程度上说明，通过全面改革和经济的快速增长，并不能完全消除贫困。因而，国家专门成立了国务院贫困地区经济开发领导小组及其办公室，重视和加强对贫困地区的经济开发工作，1993 年该机构更名为国务院扶贫开发领导小组及其办公室。与此同时，中央还拨付了专项

---

① 曾小溪、汪三贵：《中国大规模减贫的经验：基于扶贫战略和政策的历史考察》，《西北师大学报》（社会科学版）2017 年第 6 期。

资金，开始有针对性地进行扶贫活动。从我国贫困人口分布的情况来看，这一时期贫困人口呈现出"大分散，大集中"的特征，贫困问题从普遍性、区域性、绝对性的绝对贫困，向呈现"点（14.8 万个星星点点贫困村）、片（特殊困难贫困片区）、线（沿边境线贫困带）"结合的块状、网状分布和相对贫困演变。① 在"七五"时期，我国扶贫政策的特点是有重点的"点面结合"，在集中贫困地区划定了 331 个贫困县。"八五"时期，贫困县的总数增加至 567 个。总体来看，这一阶段的开发式扶贫效果明显，1993 年我国贫困人口减少至约 8000 万人，贫困发生率进一步下降到了 8.2%。

三 "八七"扶贫攻坚阶段（1994—2000 年）

1993 年，按照当时的贫困标准，我国尚有 8000 万农村的贫困人口，这仍然是一个不小的数目。因此，为了解决这一部分人口的贫困问题，国家专门制订了《"八七"扶贫攻坚计划》，至 1994 年正式予以公布。《"八七"扶贫攻坚计划》是新中国历史上第一次有明确目标、明确对象、明确措施和明确期限的扶贫开发行动纲领。在这个计划中，明确提出了集中人力、财力和物力，动员全社会的力量，争取用 7 年时间基本上解决 8000 万人贫困问题。为了实现这一宏伟目标，《"八七"扶贫攻坚计划》继续坚持开发式扶贫的方针，针对贫困地区的广大干部和群众，鼓励他们发扬勤劳节俭、自力更生和艰苦奋斗的精神，在国家相关政策的扶持下，坚持以市场需求为导向，重视科学技术的作用，并且依靠科技进步，更好地开发利用当地的资源，并要求重视商品生产，促进发展经济，解决温饱问题最终实现脱贫致富。到 2000 年年底，《"八七"扶贫攻坚计划》的目标基本实现，尤其是国家重点扶持的贫困县，脱贫效果更为明显。农村尚未解决温饱问题的贫困人口，减少到了 3000 万人，贫困发生率下降到 3% 左右，而同时期世界贫困人口却逐年增加 1000 万人。在 20 多年的时间里，我国通过扶贫政策的引导，解决了 2 亿多贫困人口的温饱问题，这一巨大的历史成就，获得了国内外的广泛认可，也充分体现了中国特色社会主义制度的优越性。

---

① 曾小溪、汪三贵：《中国大规模减贫的经验：基于扶贫战略和政策的历史考察》，《西北师大学报》（社会科学版）2017 年第 6 期。

按照曾小溪、汪三贵的分析，这一时期中国的扶贫开发工作经历了五个深刻的变化：一是扶贫工作从社会救助中分离出来，成为相对独立、有组织、有计划的社会工程；二是扶贫政策由人道主义扶贫，向有计划、有组织的制度性、专项性扶贫转变；三是扶贫资金的使用由分散向集中转变，扶贫资源的传递更加多元；四是建立了扶贫工作责任制并沿用下来；五是扶贫主体由单一的政府支援，向政府主导下的多元化、开放式扶贫参与主体转变。[①] 同时，这些变化也意味着我国对贫困治理认识水平的提升，即认识到需要逐渐降低临时性救济的比重，转向更加关注常规化的扶贫开发，强调社会参与。这一变化，同时也标志着强化了政府在扶贫开发工作中的职能，加强了政府对扶贫工作的领导，扶贫开发的机制逐步完善，扶贫工作进入到组织化、计划化、分工协作化的减贫阶段。[②]

四　专门扶贫阶段（2001—2010 年）

进入 21 世纪以来，我国的经济发展保持了持续较快的增长，综合国力也在不断增强。国家更加重视解决贫困问题，把扶贫开发纳入我国国民经济发展和社会发展的总体规划之中，制定和实施了帮助农村贫困地区发展的相关政策，在公共财政预算中优先安排扶贫投入资金，对贫困地区的扶持力度在不断加大，而且通过政策引导，不断提高各级政府对扶贫政策的执行力。

在这一阶段，我国不仅相继取消了涉农领域的相关税收，诸如农业税、牧业税、生猪屠宰税和农林特产税，而且对种粮农民全面实行各种补贴，诸如直接补贴、良种补贴、农机具购置补贴和农资综合补贴等，同时还在逐步建立和完善农村的社会保障体系，进一步推进农村的水、电、道、气等相关基础设施的建设，对农村的危房也进行了改造。这一系列强农惠农政策，有些首先在贫困地区实行，有些重点向贫困地区和贫困人口倾斜。除了这些强农惠农政策之外，国家在财政资金的投向上，也加大了向"三农"和扶贫开发领域倾斜的力度。单从数量上来

---

① 曾小溪、汪三贵：《中国大规模减贫的经验：基于扶贫战略和政策的历史考察》，《西北师大学报》（社会科学版）2017 年第 6 期。

② 曾小溪、汪三贵：《中国大规模减贫的经验：基于扶贫战略和政策的历史考察》，《西北师大学报》（社会科学版）2017 年第 6 期。

看，中央用于"三农"领域的财政支出，从 2003—2010 年，就从 2144.2 亿元增加到了 8579.7 亿元，年均增长幅度达到了 21.9%。加之相关政策的配合，农村经济社会的发展速度加快，农民收入水平大幅度提高。全国农村扶贫标准也随之从 2000 年的 865 元，提高到了 2010 年的 1274 元。以 1274 元的标准衡量贫困人口的数量，下降速度较快，2000 年年底的农村贫困人口数量 9422 万人，到 2010 年年底减少到了 2688 万人；再从下降的比例来看，2000 年农村贫困人口占农村人口的比重为 10.2%，到 2010 年这一比例下降为 2.8%。

2011 年国务院发布了《中国农村扶贫开发的新进展》白皮书，郑重宣布了这一阶段扶贫减贫的成效，在《中国农村扶贫开发纲要（2001—2010 年）》实施的 10 年中，基本上解决了中国农村居民的生存和温饱问题，中国也提前实现了联合国千年发展目标中贫困人口减半的目标，我国的扶贫减贫工作为全球减贫事业做出了重大的贡献。

五 精准扶贫阶段（2011—2020 年）

2011 年，我国公布了《中国农村扶贫开发纲要（2011—2020 年）》，标志着我国扶贫开发工作进入到了一个新的阶段。《中国农村扶贫开发纲要（2011—2020 年）》对扶贫开发形势作出了新的判断，指出 2010 年农村居民生存和温饱问题已经基本解决以后，扶贫工作面临新的转变，"我国扶贫开发已经从以解决温饱为主要任务的阶段转入巩固温饱成果、加快脱贫致富、改善生态环境、提高发展能力、缩小发展差距的新阶段"。《中国农村扶贫开发纲要（2011—2020 年）》提出了更加综合、更加明确的扶贫工作目标，要求"到 2020 年，稳定实现扶贫对象不愁吃、不愁穿，保障其义务教育、基本医疗和住房。贫困地区农民人均纯收入增长幅度高于全国平均水平，基本公共服务主要领域指标接近全国平均水平，扭转发展差距扩大趋势"。这一目标在脱贫攻坚工作中，被称为"两不愁、三保障"，这一目标，既包括了脱贫对象生存的需要，又包括了部分发展的需要。为了适应脱贫目标的要求，国家在 2011 年对贫困标准又一次作了调整，由 2009 年人均纯收入 1196 元，调整为人均纯收入 2300 元（2010 年的不变价格）。

在 2013 年，习近平总书记从建成全面小康社会的目标要求的高度，提出了精准扶贫的方略。所谓精准扶贫，是和过去"大水漫灌"粗放式的扶贫相对而言的，实际上就是扶贫工作的聚焦，使各种扶贫资源指向真正的贫困户和贫困人口，进一步增强了扶贫工作的针对性。就精准扶贫的对象而言，主要包括全国 14 个集中连片特困地区、832 个贫困县、12.8 万个贫困村、2949 万建档立卡贫困户、8962 万建档立卡贫困人口，尤其是深度贫困地区的贫困人口。

面对决胜全面建成小康社会的目标，习近平总书记特别强调，我国的精准扶贫工作已经进入到了"攻坚拔寨"的关键阶段，精准扶贫尤其要做到"六个精准"，即扶贫对象精准、项目安排精准、资金使用精准、措施到户精准、因村派人精准、脱贫成效精准。精准扶贫和精准脱贫的主要途径，就是依靠"五个一批"，即发展生产脱贫一批、易地扶贫搬迁脱贫一批、生态补偿脱贫一批、发展教育脱贫一批、社会保障兜底一批。

2017 年，中共中央办公厅、国务院办公厅印发了《关于支持深度贫困地区脱贫攻坚的实施意见》，确定西藏、四省藏区、南疆四地州和四川凉山州、云南怒江州、甘肃临夏州（以下简称"三区三州"），以及贫困发生率超过 18% 的贫困县和贫困发生率超过 20% 的贫困村为深度贫困地区，并强调这些自然条件差、经济基础弱、贫困程度深的区域，是脱贫攻坚中的"硬骨头"，补齐这些"短板"是脱贫攻坚决战决胜的关键之策。同时，对深度贫困地区脱贫攻坚工作作出了全面的部署。此外，有关方面还特别强调，深度贫困地区需要重点关注的三类人群，即因病致贫人群，特别是重病和慢性病群体，必须千方百计给予帮扶；因灾和市场行情变化返贫的人员，需要提高脱贫的稳定性；贫困老人，此群体由于年龄大、疾病多、没有劳动力，脱贫要有托底性的制度安排。

第二节　连片特困地区的确立与分布

一　我国集中连片特困地区的确立

随着我国扶贫开发工作的不断深入，贫困人口的数量不断减少，与此同时，贫困人口的分布也出现了新的特征，在空间分布上表现为"大分散、小集中"的态势，主要集中在一些连片特困地区。2011 年，国务院扶贫开发办公室颁布了《中国农村扶贫开发纲要（2011—2020）》，按照"集中连片、突出重点、全国统筹、区划完整"的原则，以 2007—2009 年 3 年的人均县域国内生产总值、人均县域财政一般预算收入、县域农民人均纯收入等与贫困程度高度相关的指标为基本依据，同时考虑到对革命老区、民族地区、边疆地区加大扶持力度的要求，在全国范围内共划分了 11 个集中连片特殊困难地区，加上此前已经明确实施特殊扶持政策的西藏、四省藏区、新疆南疆三地州，共 14 个片区，680 个县，作为 21 世纪第二个十年扶贫攻坚的主战场。

14 个集中连片特困地区分别为六盘山区、秦巴山区、武陵山区、乌蒙山区、滇桂黔石漠化区、滇西边境山区、大兴安岭南麓山区、燕山—太行山区、吕梁山区、大别山区、罗霄山区等区域的连片特困地区和已明确实施特殊扶持政策的西藏、四省藏区、新疆南疆三地州。从地理分布来看，这些集中连片特困地区大多数都处在"胡焕庸线"（瑷珲—腾冲线）两侧尤其是西侧，除大兴安岭南麓山区、燕山—太行山区、大别山区和罗霄山区少部分涉及中部或东部地区外，其他片区基本上都处在我国西部地区，其中，西南和西北地区的分布密度最高、覆盖面积最广，不同连片特困地区甚至相互毗邻。

二 我国各集中连片特困地区的基本情况

（一）六盘山区

六盘山片区地处黄土高原中西部及其与青藏高原的过渡地带，面积 16.6 万平方千米，横跨陕西、甘肃、青海和宁夏 4 省区 69 个县市区。属于六盘山片区的甘肃中部，自然条件尤为恶劣，定西、临夏等地古来就有"瘠苦甲于天下"之称（见表 3-1）。

表 3-1　　　　　　　　　六盘山区贫困县区分布情况

分区	省份	地市	县
六盘山区（69）	陕西（8）	宝鸡市	扶风县、陇县、千阳县、麟游县
		咸阳市	永寿县、长武县、淳化县、彬县
	甘肃（46）	兰州市	永登县、皋兰县、榆中县
		白银市	靖远县、会宁县、景泰县、白银区、平川区
		天水市	清水县、秦安县、甘谷县、武山县、张家川回族自治县、麦积区、秦州区

续表

分区	省份	地市	县
六盘山区 （69）	甘肃 （46）	武威市	古浪县
		平凉市	崆峒区、泾川县、灵台县、庄浪县、静宁县、崇信县、华亭县
		庆阳市	庆城县、环县、华池县、合水县、正宁县、宁县、镇原县、西峰区
		定西市	安定区、通渭县、陇西县、渭源县、临洮县、漳县、岷县
		临夏回族 自治州	临夏市、临夏县、康乐县、永靖县、广河县、和政县、东乡族自治县、积石山自治县
	青海 （8）	西宁市	湟中县、湟源县
		海东地区	民和回族土族自治县、乐都县、互助土族自治县、化隆回族自治县、循化撒拉族自治县、平安县
	宁夏 （7）	吴忠市	同心县
		固原市	原州区、西吉县、隆德县、泾源县、彭阳县
		中卫市	海原县

（二）秦巴山区

秦巴山片区西起青藏高原东缘，东至华北平原西南部，跨越秦岭和大巴山，面积 22.5 万平方千米，横跨河南、湖北、重庆、四川、陕西和甘肃 6 省市 80 个县市区，是 14 个集中连片特困地区中跨越省份最多的地区（见表 3-2）。

表 3-2　　　　　　　秦巴山区贫困县区分布情况

分区	省份	地市	县
秦巴山区 （80）	河南 （11）	洛阳市	嵩县、汝阳县、洛宁县、栾川县
		平顶山市	鲁山县
		三门峡市	卢氏县
		南阳市	南召县、内乡县、镇平县、淅川县、西峡县
	湖北 （9）	十堰市	郧县、郧西县、竹山县、竹溪县、房县、丹江口市、张湾区、茅箭区
		襄樊市	保康县

续表

分区	省份	地市	县
秦巴山区 （80）	重庆 （5）	重庆市	城口县、云阳县、奉节县、巫山县、巫溪县
	四川 （16）	绵阳市	北川羌族自治县、平武县
		广元市	元坝区、朝天区、旺苍县、青川县、剑阁县、苍溪县、利州区
		南充市	仪陇县
		达州市	宣汉县、万源市
		巴中市	巴州区、通江县、南江县、平昌县
	陕西 （30）	西安市	周至县
		宝鸡市	太白县
		汉中市	南郑县、城固县、洋县、西乡县、勉县、宁强县、略阳县、镇巴县、留坝县、佛坪县、汉台区
		安康市	汉滨区、汉阴县、石泉县、宁陕县、紫阳县、岚皋县、平利县、镇坪县、旬阳县、白河县
		商洛市	商州区、洛南县、丹凤县、商南县、山阳县、镇安县、柞水县
	甘肃 （9）	陇南市	武都区、成县、文县、宕昌县、康县、西和县、礼县、徽县、两当县

（三）武陵山区

武陵山片区地处湘鄂渝黔四省份交界的武陵山脉，面积17.18万平方千米，横跨湖南、湖北、贵州和重庆3省1市71县市区（见表3－3）。

表3－3　　　　　　　　武陵山区贫困县区分布情况

分区	省份	地市	县
武陵山区 （71）	湖北 （11）	宜昌市	秭归县、长阳土家族自治县、五峰土家族自治县
		恩施土家族 苗族自治州	恩施市、利川市、建始县、巴东县、宣恩县、咸丰县、来凤县、鹤峰县

续表

分区	省份	地市	县
武陵山区 (71)	湖南 (37)	邵阳市	新邵县、邵阳县、隆回县、洞口县、绥宁县、新宁县、城步苗族自治县、武冈市
		常德市	石门县
		张家界市	慈利县、桑植县、武陵源区、永定区
		益阳市	安化县
		怀化市	中方县、沅陵县、辰溪县、溆浦县、会同县、麻阳苗族自治县、新晃侗族自治县、芷江侗族自治县、靖州苗族侗族自治县、通道侗族自治县、鹤城区、洪江市
		娄底市	新化县、涟源市、冷水江市
		湘西土家族苗族自治州	泸溪县、凤凰县、保靖县、古丈县、永顺县、龙山县、花垣县、吉首市
	重庆 (7)	重庆市	丰都县、石柱土家族自治县、秀山土家族苗族自治县、酉阳土家族苗族自治县、彭水苗族土家族自治县、黔江区、武隆县
	贵州 (16)	遵义市	正安县、道真仡佬族苗族自治县、务川仡佬族苗族自治县、凤冈县、湄潭县、余庆县
		铜仁地区	铜仁市、江口县、玉屏侗族自治县、石阡县、思南县、印江土家族苗族自治县、德江县、沿河土家族自治县、松桃苗族自治县、万山特区

（四）乌蒙山区

乌蒙山片区位于云贵高原与四川盆地的接合部，面积为10.7万平方千米，横跨四川、贵州和云南3省38个县市区（见表3-4）。

（五）滇桂黔石漠化区

滇桂黔石漠化片区地处云贵高原东南部及其与广西盆地的过渡地带，面积22.8万平方千米，横跨广西、贵州和云南3省区91个县市区，在14个集中连片特困地区中包含的区县最多（见表3-5）。

表3-4　　　　　　　　乌蒙山区贫困县区分布情况

分区	省份	地市	县
乌蒙山区 (38)	四川 (13)	泸州市	叙永县、古蔺县
		乐山市	沐川县、马边彝族自治县
		宜宾市	屏山县
		凉山彝族 自治州	普格县、布拖县、金阳县、昭觉县、喜德县、越西县、美姑县、雷波县
	贵州 (10)	遵义市	桐梓县、习水县、赤水市
		毕节地区	毕节市、大方县、黔西县、织金县、纳雍县、威宁彝族回族苗族自治县、赫章县
	云南 (15)	昆明市	禄劝彝族苗族自治县、寻甸回族彝族自治县
		曲靖市	会泽县、宣威市
		昭通市	昭阳区、鲁甸县、巧家县、盐津县、大关县、永善县、绥江县、镇雄县、彝良县、威信县
		楚雄彝族 自治州	武定县

表3-5　　　　　　　滇桂黔石漠化区贫困县区分布情况

分区	省份	地市	县
滇桂黔 石漠化区 (91)	广西 (35)	柳州市	融安县、融水苗族自治县、三江侗族自治县
		桂林市	龙胜各族自治县、资源县
		南宁市	隆安县、马山县、上林县
		百色市	田阳县、德保县、靖西县、那坡县、凌云县、乐业县、田林县、西林县、隆林各族自治县、右江区、田东县、平果县
		河池市	凤山县、东兰县、罗城仫佬族自治县、环江毛南族自治县、巴马瑶族自治县、都安瑶族自治县、大化瑶族自治县、金城江区、南丹县、天峨县
		来宾市	忻城县
		崇左市	宁明县、龙州县、大新县、天等县
	贵州 (44)	六盘水市	六枝特区、水城县、钟山区
		安顺市	西秀区、平坝县、普定县、镇宁布依族苗族自治县、关岭布依族苗族自治县、紫云苗族布依族自治县

续表

分区	省份	地市	县
滇桂黔石漠化区 (91)	贵州 (44)	黔西南布依族苗族自治州	兴仁县、普安县、晴隆县、贞丰县、望谟县、册亨县、安龙县、兴文市
		黔东南苗族侗族自治州	黄平县、施秉县、三穗县、镇远县、岑巩县、天柱县、锦屏县、剑河县、台江县、黎平县、榕江县、从江县、雷山县、麻江县、丹寨县、凯里市
		黔南布依族苗族自治州	荔波县、贵定县、独山县、平塘县、罗甸县、长顺县、龙里县、惠水县、三都水族自治县、瓮安县、都匀市
	云南 (12)	曲靖市	师宗县、罗平县
		红河哈尼族彝族自治州	屏边苗族自治县、泸西县
		文山壮族苗族自治州	砚山县、西畴县、麻栗坡县、马关县、丘北县、广南县、富宁县、文山市

（六）滇西边境山区

滇西边境片区位于横断山区南部和滇南山间盆地，面积为 20.9 万平方千米，由云南省与缅甸、老挝和越南等国交界地区的 61 个县市区组成（见表 3 - 6）。

表 3 - 6　　　　　　　　滇西边境山区贫困县区分布情况

分区	省份	地市	县
滇西边境山区 (61)	云南 (61)	保山市	隆阳区、施甸县、龙陵县、昌宁县、腾冲县
		丽江市	玉龙纳西族自治县、永胜县、宁蒗彝族自治县、古城区
		普洱市	宁洱哈尼族彝族自治县、墨江哈尼族自治县、景东彝族自治县、景谷傣族彝族自治县、镇沅彝族哈尼族拉祜族自治县、江城哈尼族彝族自治县、孟连傣族拉祜族佤族自治县、澜沧拉祜族自治县、西盟佤族自治县、思茅区
		临沧市	临翔区、凤庆县、云县、永德县、镇康县、双江拉祜族佤族布朗族傣族自治县、耿马傣族佤族自治县、沧源佤族自治县

续表

分区	省份	地市	县
滇西边境山区（61）	云南（61）	楚雄彝族自治州	双柏县、牟定县、南华县、姚安县、大姚县、永仁县、楚雄市
		红河哈尼族彝族自治州	石屏县、元阳县、红河县、金平苗族瑶族傣族自治县、绿春县
		西双版纳傣族自治州	勐海县、勐腊县
		大理白族自治州	漾濞彝族自治县、祥云县、宾川县、弥渡县、南涧彝族自治县、巍山彝族回族自治县、永平县、云龙县、洱源县、剑川县、鹤庆县、大理市
		德宏傣族景颇族自治州	潞西市、梁河县、盈江县、陇川县
		怒江傈僳族自治州	泸水县、福贡县、贡山独龙族怒族自治县、兰坪白族普米族自治县

（七）大兴安岭南麓山区

大兴安岭南麓片区地处大兴安岭中段及其相连的松嫩平原西北部，地貌以低山丘陵和平原为主，面积为 14.5 万平方千米，横跨内蒙古、吉林和黑龙江 3 省区 19 个县市区（见表 3-7）。

表 3-7　　　　　　　大兴安岭南麓山区贫困县区分布情况

分区	省份	地市	县
大兴安岭南麓山区（19）	内蒙古（5）	兴安盟	阿尔山市、科尔沁右翼前旗、科尔沁右翼中旗、扎赉特旗、突泉县
	吉林（3）	白城市	镇赉县、通榆县、大安市
	黑龙江（11）	齐齐哈尔市	龙江县、泰来县、甘南县、富裕县、林甸县、克东县、拜泉县
		绥化市	明水县、青冈县、望奎县、兰西县

（八）燕山—太行山区

燕山—太行山片区地处燕山和太行山腹地，属内蒙古高原和黄土高原向华北平原的过渡地带，面积为9.3万平方千米，辖河北、山西和内蒙古3省区33个县市区（见表3-8）。

表3-8 燕山—太行山区贫困县区分布情况

分区	省份	地市	县
燕山—太行山区（33）	河北（22）	保定市	涞水县、阜平县、唐县、涞源县、望都县、易县、曲阳县、顺平县
		张家口市	宜化县、张北县、康保县、沽源县、尚义县、蔚县、阳原县、怀安县、万全县
		承德市	承德县、平泉县、隆化县、丰宁满族自治县、围场满族蒙古族自治县
	山西（8）	大同市	阳高县、天镇县、广灵县、灵丘县、浑源县、大同县
		忻州市	五台县、繁峙县
	内蒙古（3）	乌兰察布市	化德县、商都县、兴和县

（九）吕梁山区

吕梁山片区地处黄土高原的中东部，内接毛乌素沙地，东跨吕梁山脉，黄河干流从北到南纵贯而过，总面积为3.6万平方千米，辖山西、陕西2省20个县区（见表3-9）

表3-9 吕梁山区贫困县区分布情况

分区	省份	地市	县
吕梁山区（20）	山西（13）	忻州市	静乐县、神池县、五寨县、岢岚县
		临汾市	吉县、大宁县、隰县、永和县、汾西县
		吕梁市	兴县、临县、石楼县、岚县
	陕西（7）	榆林市	横山县、绥德县、米脂县、佳县、吴堡县、清涧县、子洲县

（十）大别山区

大别山片区地处鄂豫皖交界地带，北抵黄河，南临长江，面积6.7万平方千米，横跨安徽、河南和湖北3省36个县市区（见表3-10）。

表 3 – 10 大别山区贫困县区分布情况

分区	省份	地市	县
大别山区 （36）	安徽 （12）	安庆市	潜山县、太湖县、宿松县、望江县、岳西县
		阜阳市	临泉县、阜南县、颍上县
		六安市	寿县、霍邱县、金寨县
		亳州市	利辛县
	河南 （16）	信阳市	光山县、新县、固始县、淮滨县、商城县、潢川县
		驻马店市	新蔡县
		开封市	兰考县
		商丘市	民权县、宁陵县、柘城县
		周口市	商水县、沈丘县、郸城县、淮阳县、太康县
	湖北 （8）	孝感市	孝昌县、大悟县
		黄冈市	团风县、红安县、罗田县、英山县、蕲春县、麻城市

（十一）罗霄山区

罗霄山片区地处罗霄山脉中南段及其与南岭、武夷山连接的地区，面积为 5.3 万平方千米，辖江西和湖南 2 省 24 个县市区（见表 3 – 11）。

表 3 – 11 罗霄山区贫困县区分布情况

分区	省份	地市	县
罗霄山区 （24）	江西 （18）	萍乡市	莲花县
		抚州市	乐安县
		赣州市	赣县、上犹县、安远县、宁都县、于都县、兴国县、会昌县、寻乌县、石城县、瑞金市、南康市、章贡区
		吉安市	遂川县、万安县、永新县、井冈山市
	湖南（6）	株洲市	茶陵县、炎陵县
		郴州市	宜章县、汝城县、桂东县、安仁县

（十二）四省藏区

四省藏区包括云南、四川、甘肃和青海 4 省共 77 个县市区（见表 3 – 12）。

表 3 - 12   四省藏区贫困县区分布情况

分区	省份	地市	县
四省藏区 (77)	云南 (3)	迪庆藏族 自治州	香格里拉县、德钦县、维西傈僳族自治县
	四川 (32)	阿坝藏族 羌族自治州	汶川县、理县、茂县、松潘县、九寨沟县、金川县、小金县、黑水县、马尔康县、壤塘县、阿坝县、若尔盖县、红原县
		甘孜藏族 自治州	康定县、泸定县、丹巴县、九龙县、雅江县、道孚县、炉霍县、甘孜县、新龙县、德格县、白玉县、石渠县、色达县、理塘县、巴塘县、乡城县、稻城县、得荣县
		凉山彝族 自治州	木里藏族自治县
	甘肃 (9)	武威市	天祝藏族自治县
		甘南藏族 自治州	合作市、临潭县、卓尼县、舟曲县、迭部县、玛曲县、碌曲县、夏河县
	青海 (33)	海北藏族 自治州	门源回族自治县、祁连县、海晏县、刚察县
		黄南藏族 自治州	同仁县、尖扎县、泽库县、河南蒙古族自治县
		海南藏族 自治州	共和县、同德县、贵德县、兴海县、贵南县
		果洛藏族 自治州	玛沁县、班玛县、甘德县、达日县、久治县、玛多县
		玉树藏族 自治州	玉树县、杂多县、称多县、治多县、囊谦县、曲麻莱县
		海西蒙古族 藏族自治州	格尔木市、德令哈市、乌兰县、都兰县、天峻县、冷湖行委、大柴旦行委、茫崖行委

（十三）新疆南疆三地州

新疆南疆三地州位于塔克拉玛干大沙漠的西南端，依昆仑山而列，其中和田位于自治区南端，南依喀喇昆仑山和南天山的交会处，主要包括24个县市（见表3－13）。

表3-13 新疆南疆三地州贫困县区分布情况

分区	省份	地市	县
新疆南疆三地州（24）	新疆（24）	克孜勒苏柯尔克孜自治州	阿图什市、阿克陶县、阿合奇县、乌恰县
		喀什地区	喀什市、疏附县、疏勒县、英吉沙县、泽普县、莎车县、叶城县、麦盖提县、岳普湖县、伽师县、巴楚县、塔什库尔干塔吉克自治县
		和田地区	和田市、和田县、墨玉县、皮山县、洛浦县、策勒县、于田县、民丰县

（十四）西藏片区

西藏片区包含西藏自治区的74个县市区（见表3-14）。

表3-14 西藏片区贫困县区分布情况

分区	省份	地市	县
西藏片区（74）	西藏（74）	拉萨市	城关区、林周县、当雄县、尼木县、曲水县、堆龙德庆县、达孜县、墨竹工卡县
		昌都地区	昌都县、江达县、贡觉县、类乌齐县、丁青县、察雅县、八宿县、左贡县、芒康县、洛隆县、边坝县
		山南地区	乃东县、扎囊县、贡嘎县、桑日县、琼结县、曲松县、措美县、洛扎县、加查县、隆子县、错那县、浪卡子县
		日喀则地区	日喀则市、南木林县、江孜县、定日县、萨迦县、拉孜县、昂仁县、谢通门县、白朗县、仁布县、康马县、定结县、仲巴县、亚东县、吉隆县、聂拉木县、萨嘎县、岗巴县
		那曲地区	那曲县、嘉黎县、比如县、聂荣县、安多县、申扎县、索县、班戈县、巴青县、尼玛县、双湖办事处
		阿里地区	普兰县、札达县、喝尔县、日土县、革吉县、改则县、措勤县
		林芝地区	林芝县、工布江达县、米林县、墨脱县、波密县、察隅县、朗县

第三节　集中连片特困地区的基本特征

我国 14 个集中连片特困地区覆盖了全国 21 个省（自治区、直辖市）680 多个县，9823 个乡镇。2015 年行政区划面积 402 万平方千米，约占全国行政区划总面积的 40%；户籍人口数 24287 万人，占全国总人口的 17.7%。2011 年《中国农村扶贫开发纲要（2011—2020 年)》出台，强调要进一步把集中连片特困地区作为扶贫攻坚的主战场。集中连片特困地区包括片区县和扶贫开发工作重点县，一共将 832 个县作为贫困地区，成为我国扶贫开发的重点区域。党的十八大以来，我国在贫困地区大力实施精准扶贫和精准脱贫，在脱贫攻坚中不断加大投入的力度，这些措施使贫困地区农村居民的收入持续保持了较快的增长，如果和全国农村居民收入平均水平相比较，差距也在逐渐缩小，更为显著的成效，表现为贫困地区农村居民的生活消费水平明显提高。贫困人口脱贫的速度明显加快，2017 年年末，集中连片特困地区农村贫困人口为 1540 万人，和 2012 年年末相比，贫困人口减少了 3527 万人，下降的幅度为 69.6%。[①]

根据国家统计局县（市）社会经济基本情况统计，2015 年，14 个连片特困地区生产总值为 41808 亿元，占全国 GDP 总量的 6.06%，其中，第一产业增加值 9664 亿元，占全国第一产业增加值的 15.9%；第二产业增加值 16240 亿元，占全国第二产业增加值的 5.76%；第三产业增加值 15904 亿元，占全国第三产业增加值的 4.59%。公共财政收入为 2759 亿元，占全国公共财政总收入的 1.81%；公共财政支出为 15326 亿元，占全国公共财政总支出的 8.72%。[②]

2015 年，连片特困地区粮食总产量为 10055 万吨，占全国粮食总产量的 16.2%，比 2012 年累计增长了 17%；棉花总产量 96 万吨，占

① 国家统计局住户调查办公室：《扶贫开发成就举世瞩目　脱贫攻坚取得决定性进展——改革开放 40 年经济社会发展成就系列报告之五》，国家统计局网，http://www.stats.gov.cn/ztjc/ztfx/ggkf40n/201809/t20180903 - 1620407.html，2018 年 9 月 3 日。
② 国家统计局住户调查办公室：《中国农村贫困监测报告（2016)》，中国统计出版社 2016 年版，第 52 页。

全国棉花总产量的 17.1%，比 2012 年累计增长了 47.7%；油料总产量 692 万吨，占全国油料总产量的 19.5%，比 2012 年累计增长了 9.1%；肉类总产量 1937 万吨，占全国肉类总产量的 22.5%，比 2012 年累计增长了 5.6%。[①]

2015 年，集中连片特困地区普通小学在校学生人数为 1763 万人，占全国普通小学在校学生人数的 18.2%；普通中学在校学生人数为 1164 万人，占全国普通中学在校学生人数的 17.4%；医疗卫生机构床位数 84 万张，占全国医疗卫生机构床位数的 11.9%。[②]

连片特困地区作为某种或几种特殊原因导致的特殊贫困地区，有其共同的特征，集中表现在自然条件恶劣，生产效率低下，人均收入水平低，社会保障程度低，文盲半文盲的比重高，部分贫困群众由于长期处于封闭状态，思想观念陈旧保守、安于现状、不求进取。

一 连片特困地区的自然特征

（一）自然条件恶劣，灾害频发

14 个集中连片特困地区基本上都分布在我国"胡焕庸线"的左侧或西侧，地处偏远山区和省际交界地带，地形地貌复杂，生存条件恶劣，大部分县属于地质和其他灾害多发区，泥石流、滑坡、石漠化、水土流失、涝灾、旱灾、冻灾、风灾等自然灾害频繁发生。这些都是导致这些片区长期贫困的最直接、最主要的原因。

灾害不仅导致贫困，同时也使这些片区已经脱贫的群众往往在不长时间又会返贫，致使脱贫的成效大打折扣。表 3 – 15 是根据 2012 年国务院发布的各个集中连片特困地区区域发展与扶贫攻坚规划，对各地主要自然灾害类型进行了汇总。从表 3 – 15 中可以看出除了滇西边境片区，其余 13 个集中连片特困地区的自然条件恶劣，而且灾害类型多样。

以六盘山片区为例，其片区内的西海固地区，曾被联合国世界粮食计划署列为"最不适宜人类生存"的地区之一，十年九旱，年降水量

[①] 国家统计局住户调查办公室：《中国农村贫困监测报告（2016）》，中国统计出版社 2016 年版，第 56 页。

[②] 国家统计局住户调查办公室：《中国农村贫困监测报告（2016）》，中国统计出版社 2016 年版，第 62 页。

仅300毫米，蒸发量为2000毫米，基本上不具备从事生产的条件。① 秦巴山片区的地形也极为复杂，是我国六大泥石流的高发区之一，因灾致贫返贫的现象非常严重，51个汶川地震极重灾害县和重灾县中，有20个在该片区。

表3-15　　　　　　我国集中连片特困地区主要自然灾害类型

集中连片特困地区	自然灾害类型
六盘山片区	干旱、冰雹、霜冻、沙尘暴、泥石流
秦巴山片区	洪涝、干旱、山体滑坡、泥石流
武陵山片区	旱涝灾害并存，泥石流、风灾、雨雪冰冻等灾害易发多发，部分地区水土流失、石漠化现象较为严重
乌蒙山片区	干旱、洪涝、滑坡、雪灾、泥石流、风雹、凝冻、低温冷害
滇桂黔石漠化片区	洪涝、干旱、石漠化
大兴安岭南麓片区	旱灾、风灾较为突出，雪灾、冰雹、霜冻、洪涝和沙尘暴等多发
燕山—太行山片区	沙尘暴和风沙灾害
吕梁山片区	水土流失和泥石流
大别山片区	洪涝和干旱
罗霄山片区	山洪、滑坡、塌方、泥石流等自然灾害频发，部分地区水土流失、石漠化潜在风险大

西藏因为地处高原地带，和其他集中连片特困地区相比较，"高原病"及地方病的发病率较高，致使部分牧民因病致贫和返贫。在致贫原因分析中，每年仅因灾因病返贫的人口大约占15%，个别地方比例较高，甚至达到20%以上。南疆三地州年均降水量小，蒸发量却远大于降水量，地震等地质灾害以及大风、干旱、冰雹等自然灾害频发。四省藏区的青海藏区，由于海拔高、气温低，空气稀薄，生产生活条件极为恶劣，加之自然灾害连年不断，因灾返贫率高达25%，远远高于全国的平均水平。

2017年民政部减灾办的统计数据显示，2017年各类自然灾害共造成西部地区545人死亡（含失踪），占全国因灾死亡失踪人口总数近6

---

① 张立群：《连片特困地区贫困的类型及对策》，《红旗文稿》2012年第22期。

成；5人以上死亡失踪的重大自然灾害事件共计39次，涉及19个省份，其中6成以上发生在西部地区。集中连片特困地区受自然环境和抗灾能力等因素的影响，全国特困县几乎全部受灾，县均重复受灾近5次，各项灾害损失占全国总损失约五成。

（二）地理位置偏远，土地贫瘠

从空间分布来看，14个集中连片特困区远离未来重点发展的20个城市群，大都分布在各省际交界地区，与各省会城市、省域次增长极城市的距离较远，因此，也被称为边缘地带或边缘地区。从地形地貌来看，多属于高原、山地、丘陵、沟壑等海拔高、落差大、沙漠化、石漠化和盐碱化程度严重的地区。

六盘山片区地处黄土高原中西部及其与青藏高原的过渡地带，地形复杂，植被稀少；区域干旱缺水的矛盾十分突出，人均水资源的占有量仅为全国平均水平的16.7%，而且水土流失现象非常严重，片区内属于全国严重水土流失县的就有64个。秦巴山片区跨越了秦岭和大巴山，地貌类型主要以山地丘陵为主。武陵山片区地处武陵山脉，90%以上都是山地，人均耕地面积仅为0.81亩，相当于全国平均水平的60%。乌蒙山片区位于云贵高原与四川盆地的接合部，地形属于典型的高原山地构造，石漠化程度严重，坡地面积所占比重较大。滇桂黔石漠化片区属于典型的高原山地构造地形，碳酸盐类岩石分布较广，是全国石漠化问题最为严重的地区，片区内属于国家石漠化综合治理重点县的就有80个。滇西边境片区位于横断山区南部和滇南山间盆地，山高谷深，起伏较大，海拔相差悬殊。西藏区域属于"世界屋脊"，海拔在4500米以上土地占到86.1%，占总面积13%的土地是难以开发，有的地方被视为"生命禁区"。[①] 大兴安岭南麓片区地貌类型虽然以低山丘陵和平原为主，但是土地沙化、耕地盐碱化程度也比较严重。燕山—太行山片区地处燕山和太行山腹地，属内蒙古高原和黄土高原向华北平原过渡地带，土地贫瘠，高低不平，地形地貌也不适合农业生产。吕梁山片区地处黄土高原中东部，属于典型的黄土丘陵沟壑区，水土流失较为严重，

---

① 游俊等：《中国连片特困区发展报告（2014—2015）》，社会科学文献出版社2015年版，第127页。

片区内属于全国严重的水土流失县就有 20 个。罗霄山片区地处罗霄山脉中南段及其与南岭、武夷山连接地区，地貌类型以山地、丘陵为主。南疆三地州位于塔克拉玛干大沙漠西南端，大部分地区为沙漠戈壁和山地，其中，和田地区沙漠戈壁和山地面积占到 96.3%，克州山地面积也占到了 90% 以上。①

（三）生态环境脆弱，保护任务艰巨

集中连片特困地区大多位于湖泊、水库的源头或者江河的上游地区，绝大多数都是重要的生态功能区，因而生态地位都十分重要，但是生态环境却相当脆弱。目前，连片特困地区中许多县在国家主体功能区规划中被列为限制开发区或禁止开发区，经济发展、资源开发与环境保护的矛盾十分突出。六盘山片区森林覆盖率仅为 18.8%，生态环境极为脆弱，其中有 21 个县区年平均降水量都远远小于蒸发量。秦巴山片区作为重要的生态功能区，生态建设的任务非常繁重，承担着国家南水北调中线工程水源保护、生物多样性保护、水源涵养、水土保持和三峡库区生态建设等重大任务，受国家生态红线的控制，禁止开发的区域就有 85 处，片区内属于国家限制开发的就有 55 个县，开发与保护的矛盾极为突出。武陵山片区是长江流域重要的水源涵养区和生态屏障，也是亚热带森林系统的核心区，当地经济发展同样面临严峻的生态环境的挑战。乌蒙山片区是长江、珠江上游重要的生态保护区，生态环境保护的任务十分艰巨。滇桂黔石漠化片区是全国石漠化问题最严重的地区，石漠化的治理仍然面临很多困难。滇西边境片区属于川滇森林生态及生物多样性生态功能区的有 9 个县，有世界文化自然遗产 2 处，国家级风景名胜区 6 处，国家级自然保护区 11 个，国家森林公园 11 个，是我国重要的生物多样性宝库和西南生态安全屏障，生态环境保护的任务比较艰巨。② 大兴安岭南麓片区土地退化严重，土地沙化和耕地盐碱化程度严重。燕山—太行山片区生态建设和环境保护任务艰巨，属于京津风沙源治理区就有 25 个县，属于限制开发的国家重点生态功能区有 6 个县，

---

① 游俊等：《中国连片特困区发展报告（2014—2015）》，社会科学文献出版社 2015 年版，第 153 页。

② 游俊等：《中国连片特困区发展报告（2014—2015）》，社会科学文献出版社 2015 年版，第 204 页。

国家级自然保护区有6处，国家级风景名胜区有3处，还有12个国家森林公园和5个国家地质公园。吕梁山片区是限制开发的黄土高原丘陵沟壑水土保持生态功能区，森林覆盖率低，水土流失严重。罗霄山片区作为赣江、东江河、湘江等流域重要的生态安全屏障，水源涵养、水土保持和环境污染防治任务繁重。西藏片区低垦殖耕地面积较大，草场退化现象严重，鲜草产量急剧下降，森林资源中有25%的林地需要保护。南疆三地州受塔克拉玛干沙漠的影响，生态条件相当脆弱，沙漠化风险较高。

二 连片特困地区的经济特征

（一）劳动生产率低，经济增长缓慢

中华人民共和国成立后尤其是改革开放以来，我国实际上就开始了反贫困的历程，在党的正确领导和全国各族人民的共同努力下，我国有一大批原来贫困的地区得以摆脱贫困，走上了富裕之路，尤其是沿海发达地区，已经彻底告别了贫困，提前达到全面小康的目标。相比之下，我国中西部地区尤其是连片特困地区，目前仍然存在比较突出的贫困问题。这种贫困在经济上的一个突出表现，就是经济增长速度缓慢，有的甚至停滞不前。导致贫困的原因固然是多方面的，也是复杂的，但与这些地区劳动生产率十分低下有密切的关系。从劳动者的数量来看，集中连片特困地区一般的劳动力并不"短缺"，甚至有的地方至今仍然相对过剩，表现为劳动者没事可干，有的地方当地劳动力不得不外出打工，另谋出路。相对于劳动力，集中连片特困地区的资本和技术却是严重缺乏的。一方面，人均耕地面积十分有限，有的地方人均耕地面积还赶不上全国人均耕地面积的水平；另一方面，资本也严重缺乏，生产工具简单原始。由于投入要素资源配合中劳动投入比重较大，加上劳动力的技术水平低，管理水平跟不上，致使有限的土地上劳动生产率十分低下，导致区域经济增长缓慢。

（二）区域产业结构不尽合理，市场化程度低

从总体上看，集中连片特困地区产业结构仍然不尽合理，表现在第一产业比重过高，生产方式单一落后。农业生产多以低层次平面垦殖的方式为主要特征，由于劳动力素质所限，只能凭借传统简单的农耕技术和经营方式，以人口数量的增加和体力劳动为主，进行传统农业的生

产，所使用的生产工具多为锄头、犁耙等原始的农业工具，动力则经常以畜力和人力为主，刀耕火种式的农业生产方式甚至在某些少数民族贫困地区中仍然比较普遍。① 生产技术的落后、耕作方式的粗放，使农业简单再生产的维持都难以为继，生产后劲严重不足。由于传统农业在这些地区产业中仍然占据着主导地位，有的地方农业产值和就业人数几乎占了生产总值和就业总人数的一半以上。农业以种植业和养殖业为主体，种植业又以粮食生产为主体，第二、三产业的发展相对滞后。尽管近年来在脱贫攻坚过程中，各片区也在不断加大调整产业结构的步伐，但是，连片特困地区第一产业在产业结构中所占的比重仍然较高，不仅高出全国的平均水平，也高出全国贫困地区的平均水平（见表3-16）。

表3-16　　2011—2015年第一、第二、第三次产业结构变化情况

年度	全国	全国贫困地区	连片特困地区
2011	9.5 : 46.1 : 44.3	24.5 : 43.7 : 31.8	25.2 : 41.5 : 33.3
2012	9.5 : 45.0 : 45.5	24.0 : 44.3 : 31.7	25.2 : 41.5 : 33.3
2013	9.4 : 43.7 : 46.9	23.3 : 44.1 : 32.6	23.8 : 42.0 : 34.2
2014	9.2 : 42.7 : 48.1	22.7 : 43.1 : 34.2	23.1 : 38.8 : 38.1
2015	9.0 : 40.5 : 50.5	22.8 : 40.0 : 36.8	23.2 : 38.8 : 38.0

资料来源：依据中国农村贫困监测报告和中国统计年鉴数据计算而得。

由于工业和服务业发展缓慢，农业在连片特困地区区域经济中仍然占有重要地位，仍然是区域主要的就业渠道和收入来源，而其他部门的经济活动，包括一些简单的农产品的粗加工的发展也十分有限。不合理的产业结构也是经济封闭的产物，由于市场化程度较低，市场竞争力也较弱。一方面，技术含量低的农产品由于经济结构趋同的原因，在局部地区处于供大于求的状态，甚至卖不出去；另一方面，由于资金的缺乏，相关的加工工业也发展不起来，这种现状反过来又使产业结构优化和调整显得步履维艰。

（三）农村居民收入水平低，贫困面大

从总体上看，14个集中连片特困地区与全国平均收入水平相比，

---

① 严江：《四川贫困地区基本特征及扶贫思路》，《农村经济》2005年第12期。

还有较大的差距。因为收入水平的低下，衍生出了一系列贫困地区所特有的贫困现象，包括基本生活水平的低下、营养不良、各种患病人口增加、受教育年限普遍较短、居住的条件恶劣，等等。随着我国脱贫攻坚步伐的加快，连片特困地区人民生活水平虽然有了一定的改善，但反映在收入水平上仍然是比较低的。2015 年全国农村居民人均可支配收入为 11422 元，全国贫困地区人均可支配收入为 7653 元，而 14 个集中连片特困地区农村居民人均可支配收入为 7525 元，可见，集中连片特困地区农村居民人均可支配收入不仅低于全国农村居民人均可支配收入，仅占全国平均水平的 66%（见表 3 – 17），而且也低于全国贫困地区人均可支配收入。截至 2015 年年底，14 个集中连片特困地区尚有贫困人口 2875 万人，贫困发生率约为 14%，其中贫困发生率超过 15% 的有六盘山区、乌蒙山区、滇桂黔石漠化片区、滇西边境山区、西藏区以及新疆南疆三地州这 6 个片区。

表 3 – 17　　　　　2015 年连片特困地区农村居民人均可支配收入　　　　　单位：元

地区	农村居民人均可支配收入
全国	11422
全国贫困地区	7653
集中连片特困地区	7525

资料来源：依据《中国农村贫困监测报告》和《中国统计年鉴》数据计算而得。

三　集中连片特困地区的社会文化特征

（一）少数民族聚集

连片特困区大多是我国少数民族聚居区，其中，西藏片区、四省藏区和新疆南疆三地州分别是藏族和维吾尔族贫困居民的集聚地，除了吕梁山片区、大别山片区和罗霄山片区基本不涉及少数民族聚居之外，其他连片特困区则主要为多个少数民族的杂居区。以 2010 年的人口统计数据来看，六盘山片区少数民族人口为 390.1 万人，占总人口 2356.1 万的 16% 以上，主要为回族聚居区。秦巴山片区，2010 年年末，总人口 3765 万人，区域内有少数民族人口 156.3 万人。武陵山片区、乌蒙山片区、滇桂黔片区、滇西边境片区、大兴安岭南麓片区以及燕山—太行山片区，都不同程度存在不同少数民族聚居地。有的片区如武陵山片区、滇西边境片区的少数民族人口所占的比重，与汉族人口所占比重比较接近，有的如西藏区、新疆南疆三地州、四省藏区和滇桂黔片区主要居住着一个或多个少数民族。连片特困地区少数民族贫困人口及比重见表3-18。

表3-18　　　　连片特困地区少数民族贫困人口及比重　　单位：万人、%

片区	总人口	少数民族人口	少数民族占总人口比重
1. 六盘山区	2356.1	390.1	16
2. 秦巴山区	3765	156.3	4.1
3. 武陵山区	3645	1782.4	48.9
4. 乌蒙山区	2292	46.99	20.5
5. 滇桂黔石漠化区	3427.2	2129.3	62.13
6. 滇西边境山区	1751.1	831.5	47.48
7. 大兴安岭南麓山区	833.3	111.4	13.37
8. 燕山—太行山区	1097.5	146	13.31
9. 西藏区	300.6	275.6	91.83
10. 四省藏区	628.2	356.58	56.76
11. 新疆南疆三地州	670	604.3	90.2

资料来源：根据2010年人口普查资料整理。

2015年，在14个集中连片特困地区中，属于民族自治地方的农村贫困人口为1358万人，占全部片区农村贫困人口的47.2%，比2011年上升了2.5个百分点，而且呈逐年上升趋势（见表3-19）。分片区来看，民族自治地方贫困人口在400万以上的有1个，为滇桂黔石漠化片区；贫困人口在100万—400万的有5个，包括武陵山区、乌蒙山区、新疆南疆三地州、滇西边境山区、六盘山区（见表3-19、表3-20）。

（二）教育科技文化相对落后

14个集中连片特困地区，贫困人口大多居住在比较偏僻的地方，也比较分散，有的仍然属于牧区，办学条件较差，许多村寨没有学校，适龄儿童就学十分不便。另一方面，因为贫困户生活困难，即便是子女就学需要缴纳的学杂费，有的家庭也负担不起，导致儿童失学、辍学率相对比较高，入学率、巩固率、升学率偏低。

表3-19　　　　2011—2015年片区农村贫困人口　　　　单位：万人，%

指标	年份	2011	2012	2013	2014	2015
贫困人口	14个片区内民族自治地方	2697	2293	1911	1645	1358
	全国14个连片特困地区	6035	5067	4141	3518	2875
	民族自治地方片区占全国片区比重	44.7	45.3	46.1	46.8	47.2

资料来源：国家民委民族自治地方农村贫困监测。

表3-20　　　2011—2015年民族自治地方分片区农村贫困人口

指标	年份 2011	2012	2013	2014	2015
合计	2697	2293	1911	1645	1358
1. 六盘山区	220	184	152	120	111
2. 秦巴山区	5	4	3	2	1
3. 武陵山区	490	400	314	264	199
4. 乌蒙山区	268	235	200	183	168
5. 滇桂黔石漠化区	846	767	632	542	442
6. 滇西边境山区	289	201	171	155	126
7. 大兴安岭南麓山区	30	27	17	15	10
8. 燕山—太行山区	61	49	33	30	22
9. 西藏区	71	59	80	69	59
10. 四省藏区	146	120	89	76	61
11. 新疆南疆四地州	272	248	219	190	160

资料来源：国家民委民族自治地方农村贫困监测。

从现有的劳动力来看，由于长期以来教育普及率低，教育质量差，导致文盲、半文盲的比重较大，劳动力文化素质总体低下，同时也缺乏现代农牧业科学技术知识，具有工副业生产技术人员的能工巧匠和管理人才，更是奇缺。文化教育的落后，还导致了现有劳动力因为学习接受能力差，对其培训提高也变得较为困难，农业科学技术的推广进程十分缓慢。从区域发展的角度来看，当地人才严重不足，因为各种条件的限制，从外部引进人才又十分艰难，这就使连片特困地区区域内懂经营，会管理，敢闯市场，真正愿意为脱贫攻坚和乡村振兴做出贡献的带头人更是十分缺乏。教育与科技是紧密相连的，教育的落后也带来了科技的落后。

文化的落后在连片特困地区有突出的表现，一方面基本的文化设施如文化站、图书馆（室）、博物馆、纪念馆等比较短缺，有的则是年久失修；另一方面，从事文化工作的人才短缺，特别是少数民族地区的文化研究、传承与保护人才十分紧缺。由于先进文化的弘扬未引起足够重视，一些地方封建文化却甚嚣尘上，宗族势力和封建迷信活动比较猖獗。

（三）社会保障水平较低

改革开放以来，我国在农村地区逐步建立起农村养老保险、农村合作医疗和农村最低生活保障制度，农民也真正享受到了改革所带来的实惠。但是不得不承认，贫困地区包括连片特困地区农村的社会保障制度还不够完善，部分贫困人口的生活还得不到足够的保障。其中，社会保障滞后的突出表现，是医疗保障不到位。我国由于医患比例低，即使在城市看病难也成为比较普遍的现象，连片特困地区的医疗保障就可想而知。连片特困地区患地方病的人口比例较高，而现有的医疗卫生设施和条件，无法满足现有贫困人口的健康需求，由于贫困和交通不便等原因，贫困群众的身体素质普遍较差，一些地方因为水土条件造成的地方病，加剧了贫困人口的身体素质的恶性循环。还有少数地方有近亲结婚的陋习，不仅造成部分贫困人口智力低下，更是导致贫困人口难以脱贫或者重新返贫的重要原因。此外，连片特困地区来自政府的基本医疗卫生服务非常有限，基层医疗单位普遍缺医生、缺设备、缺药品，导致医疗保障的程度与城镇差距较大。截至2015年，全国每1000人口医疗卫生机构的床位数为5张，而832个贫困县平均仅为3.28张。同时，贫困人口由于贫困难以负担医疗费用，导致地方病高发现象表现得十分突出，甚至一些贫困户有些常见病有时也难以得到及时的治疗，以致小病拖成大病。国务院扶贫办建档立卡统计数据显示①，因病致贫、因病返贫的贫困户占建档立卡贫困户总数的42.2%，尤其是患大病和患长期慢性病的贫困人口疾病负担较重。

（四）思想观念相对保守陈旧

集中连片特困地区由于环境封闭，交通不便，经济不发达，产业结构单一，人们活动的范围狭小，人口流动性较低，生产生活方式变化也相对缓慢，与外界隔绝的社会文化机制，在一定程度上阻滞了科学文化和现代经济信息的传播，由此决定了贫困地区人们的需求层次较低，基本停留在满足基本生存需要的阶段，无暇顾及更多、更高层次的精神需要，加之社会发育程度较低，文明、健康、积极向上的，特别是能够反映社会主义核心价值观的精神文化生活在贫困地区相当缺乏。总体上讲，集中连片特困地区群众的思想观念比较守旧，少部分群众的价值观比较消极，大多表现为听天由命、消极无为、安于现状、不思进取，不愿接受现代市场经济意识、竞争意识，习惯于"等靠要"或"小富即安"的状态。有的甚至养成了懒散怠惰、好逸恶劳的恶劣习气，极少部分人已经形成了一种自甘落后、以穷为荣、不愿苦干、不思进取、眼睛向上、依赖国家救济的惰性。

（五）基础设施建设薄弱

由于受到地理条件的限制，集中连片特困地区的基础设施建设面临诸多困难，基础设施总体上比较薄弱，乡村道路有的年久失修，通过率差，农田灌溉设施严重老化，人畜饮水极为不便，抗御自然灾害的能力普遍不足。连片特困地区基础设施建设落后的原因，与其偏离经济中心以及交通不便、信息不灵有着极大的关系，因此难以享受到中心城市的辐射和带动，不仅使当地经济功能出现弱化，而且逐渐出现了被边缘化的趋势。

从区域经济学的视角来看，不发达地区在市场化条件下面临着自身累积能力弱、资源转换率低、对外开放程度低、回流效应冲击大等挑

---

① 国家卫生计生委、国务院扶贫办等：《2020年实现贫困地区人人享有基本医疗卫生服务》，中国政府网，http://www.gov.cn/xinwen/2016－06/22/content_5084241.htm，2016年6月27日。

战。而对经济技术发展程度更低的集中连片特困地区来说，所面临的冲击将会更大，所遇到的矛盾将更加尖锐。随着国家产业结构调整步伐的加快，集中连片特困地区经济社会发展面临的挑战将会更加严峻，特别是区域经济发展过程中回流效应带来的冲击，可能会更加猛烈。如若缺乏有效的措施干预，集中连片特困地区的资金和劳动力会不断流向回报率更高的发达地区。

因此，加强基础设施建设，将是这些地区未来长期发展的保障，也是今后扶贫工作的重要内容。

第四章

连片特困地区移民的
动因与现实困境

第一节　中西部连片特困地区生态移民的动因

中西部连片特困地区为什么要开展生态移民，其原因是多方面的，但就其动因而言主要有两个方面，首先是基于中西部地区严峻的生态环境形势，其次是因为中西部贫困地区如果就地解决贫困问题，几乎没有可能性。因此，通过生态移民的方式解决贫困问题，就成为一种必然选择。

一　中西部地区生态环境形势严峻

中西部地区面临的生态环境问题在西部地区更为明显，因此本节主要分析西部地区生态环境面临的突出问题。中国西部地区地域辽阔，自然条件复杂，气候条件差异显著，地形地貌类型多样，沙漠、戈壁、岩石和砾质地等难以利用的土地，不仅面积大，而且分布也广。山地、丘陵、台地、平原和高原分别占到西部地区面积的 49.7%、14.9%、1.7%、17.1% 和 16.6%[①]（见图 4-1）。

中国西部地区总面积约 680 万平方千米，约占全国总面积的 71%，但在西部地区土地总面积中，约有 34% 为未利用土地，主要原因在于这些土地不可利用或难以利用；草地面积约占西部地区土地总面积的 38%，

---

① 高吉喜：《西部生态环境问题及对策建议》，《环境科学研究》2005 年第 3 期。

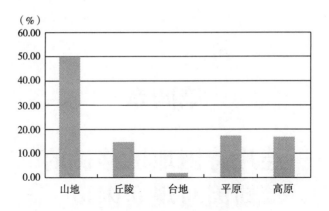

图 4-1　西部地区地貌类型比例

主要分布在西藏和西北地区，占西部草地总面积的 92.2%；林地面积约占西部地区土地总面积的 17%，主要分布在内蒙古和西南地区；耕地面积约占西部地区土地总面积的 7%，人均耕地面积约为 2.34 亩，高于全国人均 1.14 亩的平均数值。水域、居民点所占比例相对较小，分别只占西部地区土地总面积的 3% 和 1%；园地和交通用地所占比例最小，不到西部地区土地总面积的 1%。西部地区国土构成现状见图 4-2。①

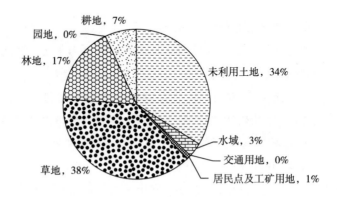

图 4-2　西部地区国土构成现状

---

① 高吉喜：《西部生态环境问题及对策建议》，《环境科学研究》2005 年第 3 期。

多年来，生态环境一直是制约中西部地区经济社会发展的一个突出问题，尤其是"胡焕庸线"以西的西部地区，形势更为严峻。中西部地区因为地域辽阔，生态环境状况不仅关系到西部地区本身，而且直接关系到全国生态环境以及整个国民经济社会的可持续发展。因此，中西部地区生态环境的问题，应该引起全社会的高度重视，并且能够采取有效对策，尽快缓解西部地区生态环境的压力。中西部地区面临的生态环境问题就其表现形式来看，主要有：

（一）水资源严重短缺

西部地区水资源总量较为可观，但分布极不均匀，水质堪忧。近年来，西部地区水资源的问题较为突出，一方面水的总量在减少，数据显示，西部地区水资源总量从 2005 年的 15349.1 亿立方米减少到 2012 年的 15291.3 亿立方米，7 年间减少了 0.38%；而另一方面，因为人类活动的增加，用水总量在持续增加，从 2005 年的 1867.5 亿立方米增加到 2012 年的 1984.4 亿立方米，7 年间增长了 6.26%。两组数字对比，可以看出水资源的供需缺口在不断扩大。由于气候变化、人口增长，加之对水资源不合理地规划利用，西北内陆干旱区的许多河流存在过度开发的现象。水资源已成为制约西部地区尤其是西北地区生态环境改善以及经济社会发展的重要因素。

和沿海城市相比，西部地区由于人口密度相对较低，人均水资源拥有量高于全国人均 2300 立方米的平均水平。但是，西部地区水资源分布却严重不均，部分地区人均水资源拥有量极少，如宁夏回族自治区人均水资源拥有量仅为 177 立方米，陕西省关中地区人均水资源的拥有量也不丰富，仅为 446 立方米，陕北为 888 立方米，而国际公认的人均水资源紧张的警戒线为 1700 立方米（世界上同类地区：埃及为 923 立方米/人，以色列为 380 立方米/人，均包括境外流入的水资源），显然我们远远低于这个警戒线。

西北地区河流分布多以内陆河为主。因为该区域干旱少雨且蒸发量大，河流水系对维护当地的自然生态和社会经济发展，具有非常重要的意义。20 世纪末期，因为河流断流加剧，使西北地区原本脆弱的生态环境进一步恶化，比如塔里木河下游的干枯。作为我国最大的内陆河流，塔里木河上游由于农业开发需要大量用水，加之相应的水利建设工程用水，最终导致下游的干枯和胡杨林的死亡，植被沙化或荒漠化，最终使湿地也变成荒漠。黑河是内蒙古西部最大的内陆河，由于甘肃处在上游，出于水利建设的需要和大量的农业用水，造成下游河流干枯，居延海也竟然在 1992 年干枯，致使原来的湿地也变成了荒漠，不仅严重影响了当地的经济发展，而且导致当地生态环境极度恶化。① 由于降水量小、蒸发量大，由青海注入黄河的水量减少了 23.2%。黄河源头的扎陵湖、鄂陵湖之间已经出现了断流。② 20 世纪 90 年代以来，黄河也多次出现了断流，1997 年黄河发生过 13 次断流，断流时间竟然长达226 天，断流河道长度最长的一次竟达 704 千米。③ 西南地区虽然水资源相对比较丰富，广西、云南、贵州、四川、重庆和西藏等地的国土面积仅占西部地区的 38.1%，而水资源总量却占西部地区水资源总量的83.6%，人均水资源量普遍高于全国的人均量。但因时空分布与需求不相适应，区域性和季节性水资源短缺的现象也同样严重。云、贵、川、渝的人均灌溉面积分别为 0.029 公顷、0.013 公顷、0.024 公顷、0.016公顷，都低于全国平均数 0.038 公顷。④ 综上所述，西部大部分地区除了四川盆地等极少数地区之外，水资源出现了普遍短缺的现象。

（二）森林生态系统失衡，生物多样性脆弱

根据国家第八次全国森林资源清查（2009—2013）结果显示，全国森林面积 2.08 亿公顷，森林覆盖率 21.63%，西部地区森林覆盖率为 17.05%。近年来，随着国家退耕还林还草工作的扎实推进，西部各省森林覆盖率均有不同程度的增长，与 2004 年的数据相比，重庆的森林覆盖率增加了 12.6%，青海仅增加了 0.2%。⑤ 2017 年，内蒙古、贵州两省（区）造林面积超过了千万亩，四川、湖南、河北、湖北、云

① 高吉喜：《西部生态环境问题及对策建议》，《环境科学研究》2005 年第 3 期。
② 黄剑波：《西部大开发中的生态困境》，《西北民族学院学报》（哲学社会科学版）2001 年第 2 期。
③ 刘兰凯：《民族地区经济发展中自然生态观的重新整合》，《云南民族大学学报》（哲学社会科学版）2001 年第 3 期。
④ 新华社：《西部地区水资源短缺现象严重——西部地区生态环境现状专题之十》，中国水网，www.h2o-china.com/news/7489.htm，2002 年 1 月 21 日。
⑤ 赵勋等：《中国西部发展报告（2014）》，社会科学文献出版社 2014 年版，第 237 页。

南和陕西的造林面积超过了 500 万亩①，但是西部森林资源总量相对不足、分布不均的现实状况却没有得到根本的改变，青海仅为 0.35%，新疆为 0.79%，甘肃为 4.33%。② 我国森林资源分布仍显不均，森林资源与其生态功能的时间、空间分布特征规律高度一致。东北部地区、西南部地区资源数量较多，森林生态服务功能也较强，西北地区、中原地区以及东部地区的资源数量较少，森林生态服务功能较弱。新疆塔里木河两岸 1958 年航测时有胡杨林面积 686 万亩，现在仅剩下 150 万亩。宁夏南部山区原来森林密布，现在已经基本毁坏。近代甘南洮河上游、卓尼附近各山口坡地上曾生长着茂密的树林，20 世纪 90 年代后期早已经被砍伐一光。③

由于森林面积的减少，西部地区的生物多样性维持功能明显下降，生物物种，特别是濒危野生动植物的数目不断减少。如四川省 20 世纪 50 年代的森林覆盖率为 30%—40%，80 年代下降为 16.9%，90 年代回升到 24.23%，但仍然低于 50 年代的水平，在同一时期，四川省物种灭绝了 5 个；云南省 20 世纪 50 年代森林覆盖率为 50%，90 年代为 25%，同期云南省物种灭绝了 22 个。甘肃省 20 世纪 80 年代共有保护植物 30 余种，而到了 90 年代末，处于濒危或者受到威胁的裸子植物种类已经达到了 186 种，濒危的裸子植物种类有 17 种。④

（三）过度垦殖和放牧，导致耕地和草地退化

据统计，我国草原面积约为 3 亿公顷，95% 分布在西部地区。长期以来，由于对草原掠夺性的粗放经营以及人为的破坏，使草原生态系统严重的恶化。1998 年全国草地退化沙化碱化面积已经达到了 1.35 亿公顷，并仍以每年 200 万公顷的速度增加。上述情况在西部地区表现得更为突出，曾经被誉为中国五大牧场之一的川西草原，目前退化非常严重，保守的估计退化率是 40%—60%。青海每年有上百万亩草地沦为

① 国家林业和草原局发展规划与资金管理司：《2017 年全国林业发展统计公报》，国家林业和草原局网站，www. forestry. gov. cn/Common/index/62. html，2018 年 5 月 31 日。

② 刘海霞、王萍：《西部生态环境问题与解决路径》，《新西部》（下旬刊）2015 年第 3 期。

③ 黄剑波：《西部大开发中的生态困境》，《西北民族学院学报》（哲学社会科学版）2001 年第 2 期。

④ 高吉喜：《西部生态环境问题及对策建议》，《环境科学研究》2005 年第 3 期。

沙漠，而因为严重退化不能再使用的草场，则是这个数字的几倍。[①] 由于草原退化的主要原因，是人口的增长和对粮食的需求增加，相当长的时间内，垦荒种地成为解决粮食问题的唯一选择，于是大量垦荒就成为一种必然的行为。1986—1999 年 14 年间，西部地区耕地面积有了较大幅度的增长，但为此付出的代价也十分巨大。一方面，西部地区耕地面积的扩大在很大程度上是来自对林地和草地的破坏，因草地开垦而增加的耕地面积占到了 69.4%，因开垦林地或果园而增加的耕地占到了 22.4%；另一方面，在开垦草地与林地的同时，每年各地又有大量的耕地被弃耕，弃耕后的土地不仅水蚀、风蚀程度严重，而且已经成为每年春季沙尘暴发生的重要起尘地之一。[②] 在 20 世纪 80 年代以后，西部地区不仅草地面积大幅度减少，而且草地的质量也呈不断下降趋势。1986—1999 年，西部地区草地面积减少了 1279 万公顷，降幅达到了 4.8%，而退化草地和鼠害草地的面积显著增加，两者分别占可利用草地面积的 24.0% 和 38.3%，而且这种趋势还在继续加剧。[③]

内蒙古有草原面积 13 亿亩，占全区土地总面积的 76.1%。2000 年前后，全区沙化退化的草原面积已经达到了 5.8 亿亩，占可利用草原面积的 51.8%。据有关报道披露，20 世纪 90 年代，非法进入内蒙古大草原滥搂发菜的人竟然多达 200 万人次，涉及草场面积 2.2 亿多亩，致使 0.6 亿亩草原遭到了完全破坏，而另外的上亿亩草原则正处于沙化过程之中。[④]

（四）水土流失和荒漠化问题相当严重

水土流失与荒漠化是西部地区生态环境面临的又一个严重问题。据 1998 年统计，全国水土流失面积为 367 万平方千米，约占国土面积的 38%，平均每年新增水土流失面积 1 万平方千米。西部地区是中国水土流失最为严重的地区。西部水土流失的状况是：小片治理、大片加重，

① 黄剑波：《西部大开发中的生态困境》，《西北民族学院学报》（哲学社会科学版）2001 年第 2 期。

② 高吉喜：《西部生态环境问题及对策建议》，《环境科学研究》2005 年第 3 期。

③ 高吉喜：《西部生态环境问题及对策建议》，《环境科学研究》2005 年第 3 期。

④ 李云平：《阿拉善上百万亩草场遭到搂发菜人员破坏》，新华网内蒙古频道，news. sohu. com/20060727/n244479231. shtml，2016 年 7 月 27 日。

上游流失、下游淤积。在青海、甘肃、宁夏等黄河上游地区，水土流失侵蚀模数为每平方千米 0.5 万—1 万吨，少数严重的地区达到 2 万—3 万吨，成为黄河流沙的主要来源。[①] 内蒙古黄河中上游地区 29 个旗县，水土流失导致每年向黄河输入的泥沙 1.8 亿吨。据 1999 年遥感调查，全区 12 个盟（市）、87 个旗（县、区）Ⅱ级以上土壤侵蚀面积 79.28 万平方千米，占全区总面积的 67.01%。[②] 黄河中下游的黄土高原植被稀少，沟壑纵横，一遇到雨水天气，泥沙俱下，是世界上水土流失面积最广、强度最大的地区，水土流失面积达到了 45.4 万平方千米。严重的水土流失，破坏了生态系统自身的修复能力，破坏了生态平衡，不仅影响了经济发展，也对人民的生命财产安全带来威胁。20 世纪 80 年代以来，对水土流失的治理得到了重视，西部地区水土流失蔓延的趋势有所减缓，但并未能发生根本性的改变，局部地区流失面积还在加大，流失程度也仍然在加重，耕地草地水土流失面积大、程度严重，也带来了严重的后果。

因为西部地区分为西北和西南两大区域。学界一致认为，土地荒漠化情况较为严重这一特征主要表现在西北地区，而对西南地区的土地荒漠化在看法上目前还有分歧。实际上，关于土地荒漠化的问题，在两个地区都有，只是表现形式和程度不同而已。

先看西北地区，土地荒漠化在西北地区的表现形式，主要是农田和草场的沙化。西北地区面积较大的沙漠就有十几处，其中最主要的，包括新疆的塔克拉玛干沙漠，青海的柴达木沙漠风蚀地，内蒙古的巴丹吉林沙漠，甘肃的腾格里沙漠，内蒙古、宁夏、陕西的毛乌素沙地等。和这些面积较大的沙漠互相映衬的，是近 60 万平方千米的戈壁。因而沙漠和戈壁也成就了西部独特的自然景观，但在如此壮观的景观背后，折射出来的却是西部土地的荒漠化。

在西南地区，土地荒漠化是以农田的石漠化形式表现出来的。石漠化地区土层浅薄，植被特别稀少，导致生态环境极为脆弱。从西南地区

[①] 黄剑波：《西部大开发中的生态困境》，《西北民族学院学报》（哲学社会科学版）2001 年第 2 期。

[②] 孙忠霖：《西部生态环境保护建设中的民族区域自治权利研究》，《前沿》2002 年第 12 期。

整体情况来看，各个省区都形成一些面积较大的岩溶地貌和石漠景观。如云南的岩溶面积占到全省总面积的 29%。贵州的石漠化土地分布不仅面积特别广，而且岩石裸露率在 70% 以上者占到了石漠化面积的38.9%，更为严重的是，不少旱地还潜伏着石漠化的危机。广西岩溶山区的石漠化面积已经占到总面积的 37.8%，石漠化的情况也比较严重。

（五）生态系统脆弱、自然灾害频发

我国西部地处内陆，地域广袤辽阔，大陆性气候显著，常年干燥少雨，生态系统中生物链较东南地区相对简单。西部大部分地区处于生态脆弱带上，生态系统不稳定性问题较为突出，特别是某些地区无节制地开发自然资源及违规排放废弃物，造成了西部地区生态环境的承载力低下，极度脆弱。在西部各省中，甘肃、青海、宁夏三省份的生态脆弱性问题最为突出，主要是由于自然资源的无节制滥用，以及人类经济活动对环境的破坏造成的。自然环境承载力急剧下降是导致生态环境脆弱的主要原因。此外，经济发展引发的废弃物不合理的排放，及其对资源的无度开发利用等，又进一步加剧了生态环境的脆弱性。①

20 世纪 90 年代，西部地区旱灾的发生频率比 80 年代增长了7.5%，洪涝灾害的发生频率比 80 年代增长了 49%。西部地区地质灾害的类型约有 22 种，仅在新疆就有各类地质灾害 15 种，1998 年新疆发生一定规模的灾害 15 起，而 1999 年则增加到 40 起。地处西部的黄土高原、青藏高原、西南石山区，则是常年遭受干旱等严重自然灾害侵袭的地区。2006 年，四川、重庆地区发生特大干旱。2008 年 5 月 12 日发生的汶川特大地震灾害，造成了不可估量的损失。陕西省陕南地区也属于多种自然灾害多发区域，汶川地震后，泥石流、崩塌、滑坡以及洪涝灾害呈多发趋势，严重影响了人民的生命财产安全。2010 年先后发生的玉树地震和舟曲特大泥石流灾害，对人民生命财产都造成了重大的损失。对于这些现象，恩格斯曾经有过很精辟的观点，"我们不要过分陶醉于我们对自然界的胜利，对于每一次这样的胜利，自然界都报复了我们。每一次胜利，起初确实取得了我们预期的结果，但是往后和再往

---

① 王娟娟、何佳琛：《西部地区生态环境脆弱性评价》，《统计与决策》2013 年第 22期。

后却发生完全不同的、出乎预料的影响，常常把最初的结果又消除了".[1] 从某种意义上讲，西部地区脆弱的生态和频发的自然灾害，虽然主要是由西部地区自然禀赋原因造成的，但是绝不意味着人类可以忽视对生态环境的保护，西部地区生态环境的破坏带来的种种后果，在一定程度上也是自然对人类的惩罚和报复。

（六）沙尘暴发生的频率和强度增加，环境影响范围扩大

我国西北大部分地区均为典型的温带大陆性气候，普遍干旱，降水量小。这种情况极容易造成因为干燥而导致的地面裸露、土质疏松、沙尘增多。而且这种地标对风的阻力小，极易被带动。我国沙尘暴最严重的地方，有新疆、甘肃、内蒙古、宁夏、陕西（陕北）、河北等地。每年形成的沙尘暴不仅危害西北地区，而且危及津京地区，甚至影响到长江中下游地区。沙尘暴这种自然现象主要根源于土地荒漠化。我国是世界上荒漠化土地面积较大的国家之一，也是危害最严重的国家之一。如果以全国荒漠化土地面积计算，我国已经达到了 262.2 万平方千米，占国土总面积达到了 27.3%。主要分布在西北及华北北部。土地荒漠化加剧使沙尘暴源区不断扩大，加剧了沙尘暴发生的频率和强度。西部地区沙化耕地和沙化草地不仅面积大、分布广，治理难度大，而且呈持续增长的趋势。20 世纪 50 年代以来，沙尘暴发生频率呈波动减少之势，但 90 年代初沙尘暴的发生频率又开始出现回升，并且强度明显增大。据气象部门的统计，特大沙尘暴 50 年代在我国发生了 5 次，60 年代发生了 8 次，70 年代发生了 13 次，80 年代发生了 14 次，而 90 年代就发生了 23 次，并且波及的范围越来越广，造成的损失也越来越大。不仅给"三北"地区带来严重的危害，而且波及长江流域和沿海地区。2000 年 3 月 7 日到 4 月 9 日，沙尘暴 7 次袭击北京城，惊动了党中央和国务院，引起了国内外的高度关注。

二 中西部贫困地区脱贫攻坚的现实选择

多年来，我国政府为了解决贫困问题，采取了多种措施，也取得了巨大的成效，但是"老、少、边、穷"地区的贫困问题，远远比其他地区复杂得多，解决的难度也更大，尽管政府想尽多种办法，效果总是

---

① 恩格斯：《自然辩证法》，人民出版社 1971 年版，第 159 页。

不尽如人意。如何从根本上解决贫困问题，通过生态移民特别是大规模的生态移民这种方式，也正是在脱贫实践中不断探索出来的。

生态环境问题与贫困问题总是相互交织、相伴而生的。资料显示，我国是世界山地灾害发生种类多、频率高、范围广和危害严重的地区，其主要发生地在中西部，以崩塌、滑坡、泥石流、冰雪等为主要形式的自然灾害时有发生。各种山地灾害每年造成数千人伤亡，损失粮食 25亿—30 亿千克，造成的经济损失达 40 亿—50 亿元。1950—1992 年山地灾害死亡人数 24 万人，损失达 1024 亿元。[1] 近百年来，由于人类违背自然规律的活动尤其是毁林开荒，在一定程度上加剧了山地灾害的发生和蔓延，山地灾害影响人口较稠密的城镇矿区、交通干线和水电能源基地。[2] 自然灾害的发生，一方面加剧了自然环境的恶化，另一方面也给人民的生命财产带来损失和威胁，使贫困群众雪上加霜，更加剧了贫困的状况。同时，政府和社会为了救灾也付出了巨大的社会成本。

问题在于，政府几乎年年救灾济贫，但这些贫困人口总是难以避免灾害的侵袭和实现脱贫。可见，西部生态环境的变迁和人为的某些因素，使人类生存环境也变得越来越恶劣，确实出现了"一方水土养不起一方人"的情况。正如新疆学者阿布力孜·玉素甫教授所说，贫困人口生活在生态环境极为恶劣的地区，因为在该地区继续生存遇到了危机，不从根本上改变居住地的问题，其他的扶贫效果往往事倍功半，甚至花费几倍的投入也难以实现稳定脱贫的目标。[3] 而要从根本上改变这种状况，一个最好的办法就是把居住在生态环境恶劣地区的群众，从不适宜居住的地区迁移到生产、生活条件较好的地区，并且给予妥善的安置，让移民群众在新的环境中生产和生活，同时也减轻环境的压力，使生态环境得以恢复，人和自然能够和谐相处。

20 世纪 70 年代末期，我国进入到改革开放的新时期，国家也不断加快扶贫开发的进程，1988 年国开发〔1988〕2 号文件划定了 18 个地区为国家重点扶持的贫困地区（见表 4－1）。

---

① 秦大河等：《中国西部生态环境变化与对策建议》，《地球科学进展》2002 年第 3 期。
② 秦大河等：《中国西部生态环境变化与对策建议》，《地球科学进展》2002 年第 3 期。
③ 阿布力孜·玉素甫：《关于新疆生态移民意义和形式的初步探索》，《新疆大学学报》（社会科学版）2003 年第 3 期。

表 4 – 1 20 世纪 80—90 年代中国农村 18 个集中连片贫困地区

经济地带	贫困地区名称	涉及的省、市、区	贫困县数
东部（2）	沂蒙山区	山东省	9
	闽西南、闽东北地区	福建省、浙江省、广东省	23
中部（7）	努鲁儿虎山地区	辽宁省、内蒙古自治区、河北省	18
	太行山区	山西省、河北省	23
	吕梁山区	山西省	21
	秦岭大巴山区	四川省、陕西省、湖北省、河南省	68
	武陵山区	重庆市、陕西省、湖北省、河南省	40
	大别山区	湖北省、河南省、安徽省	27
	井冈山和赣南地区	江西省、湖南省	34
西部（9）	定西干旱地区	甘肃省	27
	西海固地区	宁夏回族自治区	8
	陕北地区	陕西省、甘肃省	27
	西藏地区	西藏自治区	77
	滇东南地区	云南省	19
	横断山区	云南省	13
	九万大山区	广西壮族自治区、贵州省	17
	乌蒙山区	四川省、云南省、贵州省	32
	桂西北地区	广西壮族自治区	29
全国（18）			

资料来源：国务院扶贫开发领导小组办公室、农业部农业经济研究中心：《贫困地区经济开发十粹》，中国科学技术出版社 1993 年版。

这些地区多以深山区、石山区、高寒区、黄土高原区、地方病高发区为主。其共同特征为：地处偏远、交通不便、生态失调、自然条件差、生产手段落后、粮食产量低、生活能源短缺、收入来源单一、就业机会少、信息闭塞、农民文化素质不高等，因此被称为"老、少、边、穷"地区。上述地区的确定，充分说明，当时我国政府对全国扶贫开发的基本态势和上述地区扶贫开发的艰巨性是有足够认识的。1986 年，国务院扶贫开发领导小组确认，全国共有 644 个贫困县，贫困人口9339 万人。其中，居住在山区的贫困人口 8436 万人，占贫困人口总数的 91%；居住在风沙区的有 238 万人，占贫困人口总数的 2.6%；居住在沙化区的有 436 万人，占贫困人口总数的 4.8%；居住在干旱区的有 299 万人，占贫困人口总数的 1.5%。[①] 贫困地区的具体划分，对于研究和认识不同贫困区域的特殊性，并采取有针对性的措施有重要的意义。

进入 20 世纪 90 年代中期，我国的绝对贫困人口数量明显减少，预示着反贫困战略的实施获得了明显的成效。但在中西部环境恶劣地区特别是边远山区，仍然有一部分贫困人口难以实现脱贫，贫困人口在特殊贫困地区出现了集聚化趋势。因此，党中央国务院根据 20 世纪末中国农村的具体实际，制订了"八七扶贫攻坚计划"，重新确定了 592 个贫困县，其中位于山区的就有 496 个，占贫困县总数的 83.3%。[②]

在西部大开发战略提出后，国家积极实施退耕还林还草政策，林区以及广大草原地区已经开垦的农田，也必须退耕，把种草种树作为西部开发的一项重要任务来完成，以便生态环境得到恢复。同时，还鼓励居民改善自己居住地的生态环境，为发展经济创造环境条件。这些举措，对于改变不合理的土地利用类型与方式，提高农牧区贫困群众生产生活水平，改善西部地区生态环境，发挥了非常重要的作用。

世纪之交，我国扶贫攻坚取得了决定性的胜利，贫困人口由 20 世纪 70 年代的 1.25 亿人，减少到 20 世纪末的 3400 万人左右，贫困人口分布的地域范围进一步缩小，主要集中在中西部的山地、高原、环境脆弱带和西部沙漠、高寒山区，基本包括在国家西部大开发的 12 个省、市、区范围内，可见，我国反贫困的重点就是广大西部地区，西部地区的脱贫攻坚已经成为实现我国反贫困战略目标的关键。[③] 为此，2001 年原国家计委《关于易地扶贫搬迁试点工程的实施意见》提出，将宁夏、云南、贵州和内蒙古四省（区）列为试点项目区，开展易地扶贫搬迁试点工作。事实上，在此之前宁夏南部山区已经开始了生态移民的探索。1983 年宁夏回族自治区党委、政府出台了"以川济山，山川互济"的扶贫开发政策，按照群众自愿的原则，采取"移民吊庄"等形式，

---

①　康晓光：《中国贫困与反贫困理论》，广西人民出版社 1995 年版，第 70 页。

②　石山：《我国山区建设的新起点》，《中国生态农业学报》1997 年第 5 期。

③　姚予龙、谷树忠：《西部贫困地区人口、资源环境与社会经济协调发展》，《中国农业资源与区划》2003 年第 3 期。

动员南部山区部分生活困难的贫困群众，到引黄灌区有灌溉条件的荒地上进行开发性生产，创建新的家园。[①] 这便是我国改革开放以来出现的最早的一批生态移民。从中西部地区总体来看，生态移民的实施，是广大中西部贫困地区面对生态环境恶化、自然灾害频发和山区群众贫困加深相互交织的状况，所作出的一种理性的现实选择。

第二节 我国生态移民的历程

如前所述，中华人民共和国成立特别是改革开放以来，随着我国人口的持续增长和经济的快速发展，生态环境所面临的压力也相应地增大，主要表现在：水资源持续短缺，草原牧场退化，水土流失和土地荒漠化面积不断扩大，森林植被减少，环境污染加重，自然灾害发生的频率增加。我国中西部尤其是西部地区，是我国生态环境最脆弱的地区，自然环境恶劣、生态压力巨大。而生态环境问题往往与贫困问题交织在一起，而且相互影响，在一些地区已经陷入一种恶性循环。现有的贫困人口，主要集中分布在自然环境恶劣、地域偏僻、交通不便、干旱缺水的连片特困地区，这些地方生产力水平和社会发育程度较低，教育科技文化卫生条件也相对落后。多年的扶贫开发经验表明，在这些地方要原地改变当地群众的生存状况，实现脱贫致富，是十分艰难的，生态移民正是在这样一种背景下应运而生的。

尽管人类在很早以前就出现过因为生态环境变迁的原因而导致的迁徙，尤其是游牧民族，始终都处在迁徙之中，但这并不是我们现在所讲的生态移民。我国严格意义的生态移民，是在改革开放之后出现的。审视我国生态移民的发展历程，可以发现，到目前为止大体上经历了以下几个发展阶段。

一 生态移民的兴起阶段（1982—2000 年）

我国最初意义上的生态移民，是在 20 世纪 80 年代提出的。1982年，宁夏回族自治区南部山区因为生态环境极端恶化，致使当地居民正

---

① 王宏新等：《中国易地扶贫搬迁政策的演进特征——基于政策文本量化分析》，《国家行政学院学报》2017 年第 3 期。

常的生产生活无法保障，因此被国家定义为"特困地区"。如何使这里的贫困群众能够有更好的生存环境，在政府的组织下曾经尝试将当地的群众迁移至外地生活，这便是我国最早的生态移民。如果说当时宁夏移民的主要目的，是为了解决"特困地区"居民的生存问题，而并非为了实现这一地区的可持续发展，这样的移民活动还算不上真正意义上的生态移民。可是，宁夏回族自治区随后组织实施的"吊庄移民"①、"1236 工程"②移民、异地扶贫搬迁移民，在减贫工作中也发挥了重要的作用，让数十万贫困群众搬离开了环境恶劣的原住地，不仅使山区的贫困群众早日脱贫致富，又有利于生态环境的恢复和保护，在持续发展方面发挥了重要的作用。这应该算是严格意义上的最早的生态移民。

甘肃省是实施生态移民较早的西部省份，资料表明，自 1983—1999 年年底，甘肃省从中南部贫困地区向河西走廊和沿黄河两岸移民56.92 万人③，这些移民绝大多数生活条件都得到了改善，相当多的已经因为搬迁实现了脱贫致富的目标。贵州省从 1986 年开始，到 2001 年共迁移 8.52 万人④，也是探索生态移民较早的省区之一。新疆维吾尔自治区从 1994—2003 年总共 10 年的时间里，先后建成了 120 多处行政村规模的移民搬迁点，累计共搬迁贫困农户 4.56 万户、20.98 万人。⑤此外，在 1998 年长江大洪水发生以后，国家开展了大规模的移民建镇活动，目的是减少未来可能发生的洪水灾害损失，这次建镇活动搬迁了

①　"吊庄"一词的原始含义是一家人"走出去"一两个劳动力，到外地开荒种植，就地再建一个简陋而仅供暂栖的家，这样一户人家住在两处，一个庄子吊两个地方，故称为"吊庄"。1983 年 1 月，宁夏回族自治区在"三西"地区农业建设的规划会议中，采纳了这一带有地域性特色的名词，通过这一通俗名称的运用，调动了异地农民迁移的积极性，也使思想动员工作得到了顺利进行，之后，它便被赋予了全新的、超越了原来意义的新内涵。

②　"1236"工程即宁夏的扶贫扬黄灌溉工程，是原全国政协副主席钱正英同志于 1994 年来宁夏视察南部山区时经与自治区党委、政府商量提出的。"1236"这组数字的含义是：解决 100 万人脱贫、开发 200 万亩土地、用 30 亿元投资（其中国家投资 20 亿元）、花 6 年时间。这项堪称宁夏有史以来最大工程之一，旨在改变宁夏南部山区干旱贫困面貌而采取的根本大计，一经提出，很快就得到宁夏回族自治区上下的积极拥护。

③　何涛：《生态移民的喜与忧》，《发展》2008 年第 3 期。

④　苍铭：《南方喀斯特山地及高寒山区生态移民问题略论》，《青海民族研究》2006 年第 3 期。

⑤　续西发：《新疆贫困地区移民搬迁效益分析》，《新疆社会科学》2004 年第 4 期。

大约 246 万人，实践证明，效果也是比较好的。① 可以看出，在这一阶段，虽然就总体来讲，移民的数量并不算大，但是，有关省区已经在试点探索中，认识到了生态移民对于贫困群众最终摆脱贫困的意义，为后来较大规模的生态移民工程的实施，积累了经验。

二 生态移民快速发展阶段（2000—2010 年）

进入 21 世纪，我国面对的生态环境压力并未减轻，在某些方面情况甚至还在继续恶化，特别是西部地区的土地沙化、荒漠化程度依然比较严重，一些重大的自然灾害频繁发生，给人民群众的生命财产安全带来了巨大的损失，尤其是汶川地震、玉树地震以及舟曲特大泥石流等自然灾害的发生，加深了人们对贫困地区"一方水土养活不了一方人"的状况以及不适宜人类居住地的认识。与此同时，生态移民的呼声高涨，因此这一阶段生态移民的速度加快。

2001 年 4 月，原国家计委发布了《关于易地扶贫搬迁试点工程的实施意见》，明确了在云南、贵州、内蒙古、宁夏四省（自治区）的试点范围和试点工作的基本任务，这是在新形势下探索新世纪扶贫工作的新途径，也是促进西部地区生态环境改善的一个有益的尝试。目的在于通过积极探索、总结开展易地扶贫搬迁工作的主要形式、基本特点、主要方法和经验教训，为今后实施规模较大的生态移民搬迁工作打好基础。2001 年 6 月，国务院发布《中国农村扶贫开发纲要（2001—2010年）》，其中第 19 条也强调，"稳步推进自愿移民搬迁。对目前极少数居住在生存条件恶劣、自然资源贫乏地区的特困人口，要结合退耕还林还草实行搬迁扶贫"。2002 年 12 月，国务院颁布的《退耕还林条例》，其中第 4 条规定：结合生态移民实施退耕还林；第 54 条又规定，国家在退耕还林的过程中，鼓励实施生态移民，对已实施生态移民的农户要给予生产、生活方面的补助等。② 2004 年，在易地扶贫搬迁前期试点取得成功经验的基础上，移民搬迁的范围快速扩大，由 4 省（自治区）扩大到云南、贵州、内蒙古、宁夏、广西、四川、陕西、青海和山西等

① 李东：《中国生态移民的研究——一个文献综述》，《西北人口》2009 年第 1 期。
② 国务院：《退耕还林条例》，中华人民共和国国务院第 367 号令，2002 年。

9 省（自治区）。①

从 2005 年开始，我国对扶贫工作更为重视，中西部地区生态移民也步入快速发展的轨道。同年，由国家规划"三江源"地区（长江、黄河和澜沧江的源头汇水区）生态保护与建设工程启动，工程投资为 75 亿元，"三江源"地区开始陆续有 5 万贫困人口实施了生态移民搬迁。2006 年，国家发改委颁布的《易地扶贫搬迁"十一五"规划》中指出，"易地扶贫搬迁，亦称生态移民，是党和政府在新时期探索实施的一项重要扶贫举措，通过对生活在不适宜人类生存地区的贫困人口实施搬迁，达到消除贫困和改善生态的双重目标"。之后，在 2008 年宁夏回族自治区实施了大规模的生态移民工程，计划用 5 年时间完成 20.68 万人的搬迁任务。广西、甘肃、青海、湖北、黑龙江等中西部的省（自治区）迅速行动起来，出台了各自不同规模的生态移民的规划或方案，广东、浙江、北京、天津等省（市）在部分地区也实施了生态移民。

在这一阶段，生态移民作为扶贫开发战略的重要手段和措施，越来越受到各地和各级领导部门的重视，生态移民所倡导的可持续发展观念，也逐步深入人心。党中央、国务院十分重视生态移民的发展状况，党的十六大报告提出"有步骤、有计划地实施生态移民试点工作"，把生态移民正式提到了党和国家的议事日程上来，党的十七届五中全会明确指出"着力推进以生态移民攻坚为重点的扶贫开发"，标志着生态移民将作为我国社会经济可持续发展与扶贫攻坚的主要战略措施之一。

三 生态移民的持续发展阶段（2010 年至今）

2010 年以后，国家加快了西部大开发的步伐，对生态移民更加重视。《中共中央、国务院关于深入实施西部大开发战略的若干意见》指出，要全力实施集中连片特殊困难地区扶贫开发，基本消除绝对贫困现象，稳步推进生态移民，提高中央补助标准。同时，国家发改委、财政部将列专项资金支持生态移民。这些，都为中西部地区实施大规模的生态移民，带来了千载难逢的机遇。

---

① 宋建军：《我国生态移民的起源以及相关政策》，《中国民族报》2005 年 10 月 14 日第 6 版。

2010 年 12 月，陕西省委、省政府决定，从 2011 年开始启动"陕南地区移民搬迁安置"和"陕北白于山区扶贫移民搬迁"工程，分别涉及搬迁农村居民 240 万和 39.2 万，以便使这里的群众特别是贫困群众远离地质灾害、洪涝灾害或其他自然灾害的影响。这是一个规模宏大的移民工程，因而备受国内外关注。山西省也因长期高强度地采煤，导致地面塌陷而形成的地质灾害造成了严重的破坏，也面临着较大规模移民的问题。2011 年，宁夏回族自治区计划用 5 年的时间对西海固地区 7 个贫困县处于极度贫困的 35 万群众实施生态移民，全面启动并制订了规划和配套政策，形成了比较完善的生态移民政策保障体系。为了保护我国淡水战略储备地——长江三峡水库水资源的安全，国家在三峡后续工作规划中确定，从 2010 年起，用 10 年时间对三峡水库附近的 19.9 万群众实施生态移民。此外，国家"南水北调"工程是世界上最大的跨流域生态调水工程，涉及湖北省 5 县（市、区）18 万人口、河南省 16 万人口，这 30 多万人都需要通过移民的方式进行安置。此外，"南水北调"还涉及水源涵养区陕西南部部分群众的搬迁。

总体来看，我国实施生态移民 20 多年来，已经取得了明显的成效。通过生态移民，一方面，在一定程度上遏制了人类活动对自然生态环境的破坏和影响，减轻了生态的压力，使我国中西部生态环境在一定范围内和一定程度上得到了"休养生息"，"三江源"地区的草地退化趋势得到了初步扭转，内蒙古阿拉善及宁夏、甘肃等地的脆弱的生态环境，也得到了一定程度的保护和恢复；另一方面，通过生态移民，相当多的贫困群众搬迁到生态环境较好的地区或者城镇，生产生活条件有了很大的改善，进而实现了脱贫致富的愿望。可见，生态移民的减贫效应已经得到验证。

2013 年以来，随着我国精准扶贫、精准脱贫的开展，生态移民成为精准扶贫、精准脱贫的一种重要方式，也成为"五个一批"的重要内容，在脱贫攻坚中得到了高度的重视，范围扩大到 22 个省（区），而且特别强调对建档立卡的贫困人口实施精准扶贫搬迁，搬迁资金的来源也更加多元化，统筹主体涉及扶贫办、国土资源部、中国人民银行等多个中央部门。"十三五"时期，仍有数百万贫困人口要通过移民的方式实现脱贫，目前易地扶贫搬迁仍在积极的推进之中。

第三节 我国生态移民面临的主要困境

移民问题历来被看作一个"世界难题"。移民难的根源不在于迁移本身，而在于移民迁移后的生计以及如何适应的问题。所谓生计也就是生产生活，从区域经济学的角度来看，就是移民如何选择新的产业就业方式以及如何融入迁入地原有产业的问题。我国 20 世纪 80 年代实施生态移民以来，尽管总体上取得了很大的成效，可以说是成功的。但是，生态移民迁入地也不同程度地遇到了后续发展的难题。

一 后续产业发展困难

相对而言，生态移民的安置也就是"搬得出"的问题，相对比较容易解决，而"稳得住、能致富"的问题解决起来难度就大得多。就移民的后续产业发展来看，首先从移民安置地来说，进行产业选择是要有前瞻性，从战略的角度，要选择有较好的市场需求的产业，这是产业发展和吸纳移民就业的前提和基础。虽然各地在移民过程中移民安置点的规划，大多尽可能地选择靠近城镇或者产业园区的地方，但是，有的地方因为市场经济不发达、城镇产业体系尚未成长起来，加之产业园区的"空壳化"现象比较普遍，使移民照样无法找到就业的机会，致使生活陷入困境。总体来看，生态移民后续产业大多是刚刚起步，多数产业仍然属于第一产业中某一产品的集约经营项目，与农产品相关的加工以小规模的生产项目居多，技术要求也相对简单，发展水平较低，经营理念和经营方式落后，从大多数移民安置地来看，新的主导产业尚未发展起来，集约化和产业化水平都相当低。因此，劳动力吸纳能力非常有限，这是移民后续产业发展就业难的根源所在。

其次，一些地方有土安置的移民，面对产业转型，自身的能力和技术水平难以适应新的生产方式，也导致新的产业项目无法开展。无论是从事农业生产的农民，还是从事牧业生产的牧民，都不同程度地遇到这样的问题。如内蒙古阿拉善草原的生态移民，其移民区域或移民安置点所处区域的经济基础薄弱，且发展水平较低，后续产业只能继续选择畜牧业中的生产经营项目，所不同的是由过去游牧状态的散养牧业，转变为移民搬迁之后的圈养牧业，即便如此，有相当多的移民也不能够适应。一些原来从事粗放式农业生产的移民，在安置地从事技术要求相对较高的集约化农业，也同样适应不了。三江源地区有的移民搬迁以后，家庭经济来源主要依靠采挖虫草和政府移民补助，多数移民安置地没有形成当地的主导产业和支柱产业。①

最后，由于对移民的技术培训仍然缺少有效的方式和针对性，难以对后续产业发展形成强有力的支撑，这也是导致后续产业发展难的原因之一。青海省果洛藏族自治州河源移民新村的扎陵湖乡，53 户易地搬迁的生态移民，参加机动车修理技术培训的累计只有 23 人/次，参加机动车驾驶技术培训的 5 人/次，接受地毯纺纱技术培训的 19 人/次，消防知识培训的 5 人/次。每次参加培训不仅人数少，培训的效果也不尽如人意。由于政府最初的扶持政策并未得到很好的落实，很多好的设想在实施中遇到了障碍，使政府的主导力量在生态移民后续产业发展中被不同程度地消解，从而造成原本缺乏后续产业发展动力支持的生态移民群体，陷入了想发展而无力发展的困境。②

从移民自身的角度看，后续产业发展在很大程度上受到移民个体素质的限制。在日趋激烈的市场竞争中，企业尤其是大中型企业招聘员工的条件和综合素质要求在不断提高，无论是技术性岗位还是非技术性岗位，其招聘条件都普遍提高，特别是学历要求一般都是高中或大专毕业以上，而移民中相对年轻的且具有高学历的人比较少，很难达到企业的要求。再者，移民从事第三产业的劳动技能与城镇居民的要求相比，也存在较大的差距，比如，城镇保姆服务业需求量很大，但绝大多数移民却干不了这个职业，除了技能和观念上的障碍之外，语言交流也存在一定的障碍。因此，能在第三产业中立足的移民数量很少，多数移民从事的是基本上是不需要多少技术含量的体力活，而且收入相对较低，以致少数移民基本生活都难以维持。③

---

① 张娟：《对三江源区藏族生态移民适应困境的思考——以果洛州扎陵湖乡生态移民为例》，《西北民族大学学报》（哲学社会科学版）2007 年第 3 期。
② 周华坤等：《三江源区生态移民的困境与可持续发展策略》，《中国人口资源与环境》2010 年第 3 期。
③ 任博：《生态移民：传统牧民向新型牧民转型的困境与破解之道》，《前沿》2017 年第 8 期。

二 移民生活成本加大

生态移民安置的一个基本要求是相对集中，其中有不少移民直接迁往城镇或靠近城镇安置，一些大的移民安置点也就是未来规划中的城镇，移民的过程是和城镇化的过程紧密相连的，同时也是一个市场化的过程。生态移民迁移到城镇之后，不仅生活方式发生了变化，其消费结构和消费方式也被城市化，原有的低成本的生活方式随之丧失，而移民的收入仍处在一个相对较低的水平。与较低的收入相比，支出却是大幅度增加。虽然政府对移民有一定的补偿，但移民搬迁之后收入水平低与生活消费水平的提高之间，有了明显的差距，部分移民感觉搬迁以后同样处在相对贫困的状态。如果产业发展滞后，或者移民不能尽快提高技能导致不能就业，便会很快陷入贫困。青海三江源地区牧民搬迁前的衣食住行等虽然相对比较原始，带有浓厚的自然经济色彩，但基本能够自给自足，搬迁到城镇或移民安置点以后，所有的生产生活用品都需要从市场上购买，生活开支明显增加，有的家庭经济上便捉襟见肘，而单纯依靠政府补助解决生活问题也是不现实的。① 宁夏回族自治区南部山区移民搬迁以后，原来低成本的旱作农业被高成本的灌溉农业替代，生产成本大幅度提升，但由于规模难以扩大，使收入增加并不明显。而进入新社区后燃气、水、电、煤等生活支出却大幅度增加，有的移民就难以承受。大多数移民感觉到在原来的居住地，生活资料和生产资料更多地来源于自然界，不需要花钱购买，搬迁之后生活成本提高，普遍感到资金困难。②

三 社会关系网络瓦解

人是生活在社会中的，人也是社会的人，在社会交往中人们形成各种社会关系，其中最主要的是生产关系。同时，人们在社会生活中也形成一定的社会资本或社会资源，构成自身的社会网络或人际交往圈，这种社会网络对其生产生活是至关重要的。因此，相对而言，整体移民往往比单家独户或个体移民效果要好，因为毕竟社会网络还在，有所依

---

① 张娟：《对三江源区藏族生态移民适应困境的思考——以果洛州扎陵湖乡生态移民为例》，《西北民族大学学报》（哲学社会科学版）2007 年第 3 期。

② 王娜、杨文健：《生态移民精准扶贫：现实困境、内在悖论与对策》，《开发研究》2016 年第 4 期。

靠。从我国中西部连片特困地区生态移民的现实情况来看，移民搬迁不仅仅是居住地的改变，也意味着移民社会资本和社会网络的变化，更重要的是生活方式的变化。

移民从迁出地转移到迁入地，意味着原来的社会关系网络出现断裂，受中国传统亲情文化的影响，心理上需要一个较为漫长的适应过程，重新建立邻里、亲戚和朋友的社会关系，移民的这种社会资源在安置地的恢复重建，往往需要一定的时间，尤其是新的社会关系网络的建立是一个漫长的过程，这对生态移民来说也是个很大的挑战。社会学的研究证明，被迁移的人们往往会感到孤立无援，自我封闭，甚至产生自卑心理，生活上的依赖性会越来越大。① 移民面临的这种困境带有普遍性，处理不好则会演变为一个社会问题，应该引起足够的重视。

四　自主发展意愿不强

在我国，生态移民与扶贫开发总是紧密相连的，因为实施生态移民的地区基本都属于集中连片特困地区，移民群众基本都是贫困人口，在有的深度贫困地区二者几乎完全重合。近年来，在精准扶贫、精准脱贫的过程中，各级政府也积极鼓励移民群众自强自立或者自主创业，依靠自己的智慧和力量、辛勤和汗水实现脱贫致富。应该说，也的确有一些移民在党和政府政策的感召和帮扶干部的帮扶下，实现了脱贫致富，有的甚至成了当地的致富带头人，赢得了人们的尊敬。但是，毋庸讳言，也有部分移民缺少自强自立的精神，自身发展意愿不强烈，在政府扶贫力度加大和优惠政策密集出台的情况下，反而滋长了"等靠要"的懒惰思想，这一现象应该引起重视。针对移民主体自主发展意愿不强的问题，必须采取相应的对策措施，尤其是要优化制度设计，以消除移民可能出现的"依赖综合征"。

从当前生态移民和精准扶贫过程中反映出的问题来看，扶贫政策的设计也有需要改进之处，一方面要帮助"需要帮"的人群，另一方面更要关注不仅需要而且"值得帮"的人群。否则，精准扶贫同样会陷入"扶贫陷阱"，演变成为扶持"懒汉"，即使政府花费了大量的扶贫

---

① ［美］迈克尔·M. 塞尼：《移民与发展：世界银行移民政策与经验（一）》，河海大学中国移民研究中心译，河海大学出版社1996年版，第54页。

资源，也难以发挥应有的扶贫效果。① 习近平总书记也强调，"扶贫必扶智"。扶志和扶智要结合起来，才能达到应有的效果。经济收入只是移民户实现自我发展的一个手段，能力欠缺和精神的贫困才是真正的贫困，才是造成其长久陷入贫困的旋涡。② 因此，在生态移民过程中，应该自始至终重视移民自强自立、自主创业能力的培育，增强其内生动力。《贫穷的本质》一书的作者阿比吉特·班纳吉也指出，穷人对于教育的不重视、对于自我控制能力的匮乏，都是最终无法改变其贫穷本质的根本原因③。因此，对生态移民群众来讲，扶志扶智是非常必要的，也是摆脱贫困的长久之计。

五 "社会排斥"现象的出现

在生态移民过程中，各地不同程度地都出现了"搬富不搬穷"的现象，有的将其称为生态移民的"社会排斥"，其中包括政策排斥、资本排斥和信息排斥等，④ "社会排斥"现象的产生有其根源，一方面，无论是农区还是牧区，有的地方确实存在"精英捕获"的情况，这是导致"搬富不搬穷"现象的一个重要原因；另一方面，由于用于移民的资金有限，政府补助少，每个贫困移民家庭在搬迁过程中尚需支付大量资金，个人出资部分对于贫困群众来讲仍然不是一个小的数目。虽然政府提供了住房补助，但每个家庭的补助是不一样的，家庭原有的经济基础也是不同的，这样就很容易造成该搬迁的没钱搬，不符合生态移民标准的一些家庭却有能力搬迁，违背了生态移民的初衷。加之扶贫资金分散，资金和项目指向不精准，难以产生资金的规模效益。在精准扶贫资金分配问题上，也容易引发移民的不满甚至上访，因此，扶贫资金在有的地方成了"烫手山芋"。⑤ 除此之外，一些地方的移民安置点虽然

---

① 王娜、杨文健：《生态移民精准扶贫：现实困境、内在悖论与对策》，《开发研究》2016 年第 4 期。

② 杨云彦等：《南水北调与湖北区域可持续发展》，武汉理工大学出版社 2011 年版，第 98 页。

③ ［印度］阿比吉特·班纳吉、［法］埃斯特·迪弗洛：《贫穷的本质》，景芳译，中信出版社 2013 年版，第 13 页。

④ 何得桂、党国英：《陕南避灾移民中的社会排斥机制研究》，《社会科学战线》2012 年第 12 期。

⑤ 王娜、杨文健：《生态移民精准扶贫：现实困境、内在悖论与对策》，《开发研究》2016 年第 4 期。

建起来了，名义上移民也搬迁入户了，但是，却出现了"见户不见人"的人居分离现象。之所以会出现这种情况，原因在于移民在当地找不到合适的工作，为了还清搬迁的债务，只有去外地打工挣钱。这一现象也是需要认真对待的。

除上述原因外，生态移民还遇到资金短缺和农村基层组织治理等方面的问题，但在上述诸多问题中，后续产业的发展是关键，也是当前实施生态移民搬迁面临的主要矛盾，因为诸多棘手问题的解决，归根结底都需要一定的物质基础，都离不开后续产业的发展，也只有后续产业的发展，才是解决移民生计的长久之计。

第五章

连片特困地区脱贫攻坚的
成效与产业发展状况

第一节　中西部连片特困地区脱贫攻坚的成效

一　我国脱贫攻坚的总体状况

中华人民共和国成立以来，党和国家历来十分重视扶贫工作，也为改变我国贫穷落后的面貌进行了艰苦卓绝的探索。改革开放以来，随着综合国力的增强，我国扶贫开发的力度不断加大，脱贫成效非常显著，极大地改善了农村的贫困状况，农村的面貌也发生了深刻的变化。但是，我国的贫困面较大，按照 2010 年确定的贫困县标准，在改革开放初期，我国依然还有 7.7 亿的农村人口属于贫困人口，用贫困发生率这一指标来衡量，竟然高达 97.5%。党的十八大以来，以习近平为核心的党中央从战略的高度更加重视扶贫工作，把脱贫攻坚工作摆到了治国理政的突出位置，在扶贫问题上，习近平总书记尤其高度重视产业扶贫，强调"发展产业是实现脱贫的根本之策。要因地制宜，把培育产业作为推动脱贫攻坚的根本出路"。因此从国家层面高度，重视扶贫工作，尤其经过近几年的精准扶贫和脱贫攻坚，减贫效果非常显著。统计数据表明，从 1978 改革开放开始到 2018 年年底，我国农村贫困人口的数量大幅下降，共计 7.5 亿的人口实现了脱贫；贫困人口减少到了1660 万人，贫困发生率下降至 1.7%，到 2020 年实现贫困人口全部脱贫已经胜券在握。

我国在如此巨大的贫困人口基数的条件下,取得了如此巨大的成效,脱贫速度和效果是极其罕见的,也为全球减贫事业做出了突出的贡献,脱贫减贫工作在世界范围内获得了好评。我国从1978—2018年40年来治理贫困的效果见表5-1。

表5-1　　　　按现行农村贫困标准衡量的农村贫困状况　　　单位:%、万人

年份	贫困发生率	贫困人口规模
1978	97.5	77039
1980	96.2	76542
1985	78.3	66101
1990	73.5	65849
1995	60.5	55463
2000	49.8	46224
2005	30.2	28662
2010	17.2	16567
2011	12.7	12238
2012	10.2	9899
2013	8.5	8249
2014	7.2	7017
2015	5.7	5575
2016	4.5	4335
2017	3.1	3046
2018	1.7	1660

资料来源:根据《中国农村贫困监测报告(2017)》,国家统计局有关统计数据整理。

党的十八大以来,我国脱贫攻坚的步伐进一步加快,特别是精准扶贫、精准脱贫方略的实施和推进,各级政府以及全社会对脱贫攻坚问题的认识更加明确,同时也达成了共识:要全面建成小康社会,必须消除绝对贫困。基于这种认识,精准扶贫、精准脱贫的信心和决心进一步增强,各级党委和政府都由主要领导亲自挂帅,全面负责脱贫攻坚工作,并且立下军令状,逐层逐级督促和落实,坚决打赢脱贫攻坚战,全面实现脱贫目标。根据国家统计局住户调查办公室的资料,按照现行的贫困

标准，2013—2018 年，我国农村减贫人数分别为 1650 万人、1232 万人、1442 万人、1240 万人、1289 万人、1386 万人，从贫困人口下降的情况来看，每年减贫人数平均都在 1000 万人以上，不仅贫困人口比例在下降，更为重要的是打破了以往新标准实施以后贫困人口增加而脱贫人数逐年递减的格局。① 6 年以来，农村累计减贫人数为 8239 万人，减贫的幅度更大，超过了 80%，年均减贫的人数为 1373 万人。从贫困发生率这一指标来看，也从 2012 年年末的 10.2% 下降到了 2018 年年末的 1.7%。截至 2017 年年末，全国已经有 17 个省份的贫困发生率下降到了 3% 以下，基本上实现了脱贫的目标。

如果按照不同的地区来看，东部、中部和西部地区因为经济发展水平的差异，贫困程度和脱贫情况也有差异。东部地区因为经济发展水平高，已经率先实现了基本脱贫，中西部地区虽然经济发展较为滞后，和东部地区有差距，但是贫困人口的数量也在全面下降。

国家统计局住户调查办公室《中国农村贫困监测报告（2017）》数据和改革开放 40 年经济社会发展成就系列报告数据显示，2012 年，我国东部地区、中部地区和西部地区的农村贫困人口数量分别为 1367 万、3446 万和 5086 万，东部地区、中部地区和西部地区农村贫困发生率分别为 3.9%、10.5% 和 17.6%，到了 2017 年年末，东部地区、中部地区和西部地区的农村贫困人口数量下降到 300 万、1112 万和 1634 万，东部地区、中部地区和西部地区农村贫困发生率分别下降为 0.8%、3.4% 和 5.6%，分别下降了 3.1 个、7.1 个和 12 个百分点，东部地区、中部地区和西部地区分别比 2012 年减少贫困人口数量为 1067 万、2334 万和 3452 万，下降比率分别为 78.1%、67.7% 和 67.9%。② 东部地区基本实现了脱贫，总体减贫速度加快。

以上数据说明，无论是东部地区，还是中西部地区，我国脱贫攻坚工作都取得巨大的成就。与此同时，贫困群众的居住条件得到了很大的

① 国家统计局住户调查办公室：《扶贫开发成就举世瞩目　脱贫攻坚取得决定性进展》，《国家统计局网站》，http://www.stats.gov.cn/ztjc/ztfx/ggkf40n/201809/t20180903_1620407.html，2018 年 9 月 3 日。

② 国家统计局住户调查办公室：《中国农村贫困监测报告（2017）》，中国统计出版社 2017 年版，第 83 页。

改善，贫困地区的交通、通信、教育、医疗等基础设施建设逐步完善，为群众的生产生活提供了极大的方便。2012—2017 年我国东部、中部和西部三大区域农村减贫状况见表 5 - 2。

表 5 - 2　　　　　2012—2017 年三大区域农村减贫状况　　　单位：万人、%

区域	2012 年年末贫困人口	2017 年年末贫困人口	累计减贫人口	下降比率
东部地区	1367	300	1067	78.1
中部地区	3446	1112	2334	67.7
西部地区	5086	1634	3452	67.9

资料来源：根据国家统计局改革开放 40 年经济社会发展成就系列报告整理。

二　连片特困地区脱贫攻坚的巨大成就

我国脱贫攻坚的重点区域，是在连片特困地区。特别是近年来确定的深度贫困地区，因为自然条件恶劣，生态脆弱，群众居住分散，贫困程度较深。从脱贫攻坚的成效来看，按照贫困区域来说，贫困地区[①]、集中连片特困地区、民族八省区、扶贫开发工作重点县区减贫成效更加突出，区域性整体贫困的状况明显得到了改善。以下主要用贫困地区和连片特困地区 2012—2017 年的数据作以比较分析。

2012 年，全国贫困地区农村贫困人口数量为 4139 万人，到 2017 年下降为 1900 万人，5 年间累计减少了 2239 万人，减贫规模占到全国农村减贫总规模的 60%。而集中连片特困地区 2012 年农村贫困人口为 3527 万人，到 2017 年年末，农村贫困人口下降为 1540 万人，比 2012 年年末减少了 1987 万人，下降幅度达到 56.3%；由此可见，连片特困地区的减贫效果更为明显。再看西藏、青海、宁夏、新疆、内蒙古、广西、贵州、云南等民族八省区，2012 年贫困人口数量为 3121 万人，到 2017 年年末下降为 1032 万人，和 2012 年相比，贫困人口减少了 2089 万人，下降幅度达到了 66.9%，减贫规模更为可观，占全国农村减贫

①　按照国家统计局对贫困地区的统计，我国贫困地区包括集中连片特困地区和片区外的国家扶贫开发工作重点县，原来共 832 个县。2017 年开始将新疆阿克苏地区纳入贫困监测范围。

总规模的 30%。再用贫困发生率这一指标衡量,2012 年民族八省区农村贫困发生率为 21.1%,到了 2017 年年末,这一指标下降为 6.9%,5年之间累计下降了 14.2 个百分点,如果按照年均计算,年均下降了2.8 个百分点。以上数据充分说明,我国脱贫工作的成效非常显著。具体数据见表 5-3。

表 5-3　　　　　　2012—2017 年贫困地区农村减贫状况的变化　单位:万人、%

区域	2012 年年末贫困人口	2017 年年末贫困人口	累计减贫人口	下降比率
贫困地区	4139	1900	2239	54
连片特困地区	3527	1540	1987	56.3
民族八省区	3121	1032	2089	66.9

资料来源:根据国家统计局改革开放 40 年经济社会发展成就系列报告整理。

　　改革开放初期,由于当时我国经济发展的水平总体还比较低,人们的收入水平和消费水平也普遍较低,尤其是贫困地区的农村居民,不仅收入水平低,收入来源少,而且还面临着多种自然灾害的侵袭,加之交通不便等因素的制约,生活极其艰苦,大多数人的温饱问题也未能彻底得到解决,基本上处在自给自足的状态。因此,1986 年国家在确定贫困线标准时,主要参照了 1984 年农民人均纯收入 200 元作为贫困线的标准,并以此标准为参照,确定了 331 个国家级贫困县。

　　1994 年,国务院启动了《国家八七扶贫攻坚计划》,为了加大扶贫力度,加快脱贫进程,国家在原有的 331 个国家级贫困县的基础上,又增加了部分县,重新确定国家级贫困县为 592 个。

　　到了 2001 年《中国农村扶贫开发纲要(2001—2010)》开始实施,从名称上又把原来的国家级贫困县统一改称为国家扶贫开发工作重点县,并且重新调整了贫困县的名单,但数量上仍然保持了原来的规模,国家扶贫开发工作重点县仍然是 592 个。

　　在 2011 年《中国农村扶贫开发纲要(2011—2020 年)》中,进一步强调扶贫开发工作的重要意义,为了推进贫困地区的发展,进而从根本上彻底消除贫困,强调把集中连片特困地区作为扶贫攻坚的主战场,我国扶贫开发的重点区域基本划定,包括片区县和扶贫开发工作重点县在内，共有 832 个县成为贫困县。党的十八大以来，脱贫攻坚力度进一步加大，我国聚焦贫困地区，把精准扶贫和精准脱贫作为解决贫困问题的突破口，对贫困地区的投入也在不断加大。尤其是扶贫政策和财政资金的倾斜，使连片特困地区减贫的效果更为明显，从贫困地区农村居民的收入情况来看，绝大部分贫困地区农村居民收入都持续保持了较快的增长，而且与全国农村居民平均收入水平相比较，差距也在逐步缩小。与此同时，贫困地区农村居民的生活消费水平明显提高。

党的十八大以来，我国贫困地区包括连片特困地区脱贫攻坚的步伐进一步加快，成效也更加显著。统计数据表明①，2012 年，我国贫困地区、集中连片特困地区、扶贫开发工作重点县农村居民人均可支配收入分别为 5860 元、5790 元和 5444 元，2017 年贫困地区、集中连片特困地区、扶贫开发工作重点县农村居民人均可支配收入分别达到 9377 元、9264 元和 9255 元，实际收入分别相当于 2012 年的 1.6 倍、1.6 倍和 1.7 倍，年均增长率分别为 10.4%、10.3% 和 10.7%，比全国农村居民平均收入增速分别快了 2.5 个、2.4 个和 2.8 个百分点。2017 年贫困地区、集中连片特困地区和扶贫开发工作重点县农村居民人均可支配收入分别是全国农村平均水平的 69.8%、69.0% 和 68.9%，分别比 2012 年提高了 7.7 个、7.4 个和 8.3 个百分点。相关数据见表 5-4。

表 5-4　　2012—2017 年贫困地区农村居民收入变化情况

区域	2012 年人均可支配收入（元）	2017 年人均可支配收入（元）	2017 年相当 2012 年（倍）	年均增长（%）
贫困地区	5860	9377	1.6	10.4
连片特困地区	5790	9264	1.6	10.3
扶贫开发重点县	5444	9255	1.7	10.7

资料来源：根据国家统计局改革开放 40 年经济社会发展成就系列报告编制。

在贫困地区居民收入快速增长的同时，消费支出也有了较为明显的增长，这一现象说明，贫困地区居民的生活条件也明显得到了改善。国

---

① 国家统计局住户调查办公室：《扶贫开发成就举世瞩目　脱贫攻坚取得决定性进展》，国家统计局网站，http://www.stats.gov.cn/ztjc/ztfx/ggkf40n/201809/t2018090_1620407.html，2018 年 9 月 3 日。

家统计局的统计数据显示：①

2012 年，贫困地区、集中连片特困地区和扶贫开发工作重点县农村居民人均消费支出分别为 5127 元、5074 元和 5052 元，2017 年分别增长到 7998 元、7915 元和 7906 元；与 2012 年相比，年均名义消费支出分别增长了 11.2%、11.2% 和 11.3%，如果扣除价格因素，年均实际消费支出分别增长了 9.3%、9.2% 和 9.3%。通过消费支出的变化，可以看到贫困地区农村居民生活水平有了显著的提高，这也反映出精准脱贫工作的巨大成效。相关数据见表 5-5。

表 5-5　　　2012—2017 年贫困地区农村居民消费支出变化情况

区域	2012 年人均消费支出（元）	2017 年人均消费支出（元）	年均名义增长（%）	年均实际增长（%）
贫困地区	5127	7998	11.2	9.3
连片特困地区	5074	7915	11.2	9.2
扶贫开发重点县	5052	7906	11.3	9.3

资料来源：根据国家统计局改革开放 40 年经济社会发展成就系列报告整理。

随着人们收入水平的提高和对美好生活的向往，必然会对居住条件的改善提出相应的要求。统计资料表明②，党的十八大以来，我国贫困地区农村居民的家庭住房，从土木结构转变为砖混结构，自建楼房的也不在少数，居住条件大为改善。从住房质量改善的情况来看，2016 年，连片特困地区居住竹草土坯房的农户比重降低到 5% 以下，99% 以上的贫困地区的农户实现了电力照明。从住房面积看，2016 年贫困地区农村居民人均住房面积大多在 20—30 平方米以上，大部分都是砖混结构，并建有卫生厕所；从饮水安全情况来看，大部分地区都饮用自来水，水质经过净化处理，符合饮用标准。少部分地区虽然没有接通自来水，但

①　国家统计局住户调查办公室：《扶贫开发成就举世瞩目　脱贫攻坚取得决定性进展》，国家统计局网站，http://www.stats.gov.cn/ztjc/ztfx/ggkf40n/201809/t20180903_1620407.html，2018 年 9 月 3 日。

②　国家统计局住户调查办公室：《中国农村贫困监测报告（2017）》，中国统计出版社 2017 年版，第 102 页。

距离水源地较近，取水方便，水质经过检测，符合饮用标准。清洁能源的利用也比较普遍，在移民集中安置区，做饭使用天然气，其他居住较为分散的住户，大多使用沼气。2016 年贫困地区农户住房及家庭设施状况见表 5 - 6。

表 5 - 6　　　　　　2016 年贫困地区农户住房及家庭设施状况　　　　单位:%

区域	居住竹草土坯房的农户比重	使用照明电的农户比重	使用管道供水的农户比重
贫困地区	4.5	99.3	67.4
连片特困地区	4.8	99.2	67.4
扶贫开发重点县	4.9	99.2	67.4

资料来源：根据《中国农村贫困监测报告（2017）》，国家统计局有关统计数据整理。

在贫困地区农户居住条件显著改善的同时，居民家庭耐用消费品也实现了升级换代。无论是贫困地区农村居民户家庭，还是连片特困地区农村居民户家庭，在收入增加和经济条件改善之后，对家庭耐用消费品的需求就会增加，常用的家电产品如电视机基本已经普及，其他的家庭耐用消费品如汽车、洗衣机、电冰箱、移动电话、计算机等，拥有量也在逐年持续地增加，而且和全国农村平均水平相比较，差距在逐渐缩小。2016 年贫困地区每百户耐用消费品拥有量见表 5 - 7。

表 5 - 7　　　　　　2016 年贫困地区每百户耐用消费品拥有量

区域	汽车（辆）	洗衣机（台）	电冰箱（台）	移动电话（部）	计算机（台）
贫困地区	11.1	80.7	75.3	225.1	15.1
连片特困地区	10.6	80.4	73.8	226.1	13.6
扶贫开发重点县	10.9	80.5	74.8	223.4	15

资料来源：根据《中国农村贫困监测报告（2017）》，国家统计局有关统计数据整理。

按照我国脱贫攻坚和全面小康社会建设的目标要求，贫困地区农村基础设施的改善也是一个重要的方面。长期以来，我国农村地区基础设施发展非常缓慢，公共服务水平严重滞后，尤其是交通不便问题十分突出，因为道路没有硬化，如果遇到阴雨天气，出行交通极为不便。改革开放以来，特别是党的十八大以来，随着精准脱贫进程的加快和乡村振兴的客观要求，中央政府和地方政府加大了对农村基础设施和公共服务建设的投资力度，贫困地区的交通条件大为改善，不仅硬化了道路，而且"村村通"使大部分地区村与村之间通了公交车，为村民的生产和生活提供了方便。除此之外，绝大多数地区"四通"覆盖面还在不断扩大，教育和医疗设施配置逐渐齐全，很多社区都建有阅览室和活动场地，不仅改善了群众的生产生活条件，也丰富了人们的精神文化生活，同时也提高了贫困地区群众的身体素质，整个贫困地区农村的面貌发生了很大的变化。2016 年贫困地区农村基础设施和公共服务状况见表 5-8。

表 5-8　　　　　**2016 年贫困地区农村基础设施和公共服务状况**　　　单位:%

区域	所在自然村通公路的农户比重	所在自然村通电话的农户比重	所在自然村能接收有线电视信号农户比重	所在自然村进村主干道路硬化的农户比重	所在自然村能便利乘坐公共车的农户比重
贫困地区	99.8	99.9	94.2	96.0	63.9
连片特困地区	99.8	99.9	93.4	95.6	61.2
扶贫开发重点县	99.9	99.8	94.6	95.7	64.5

资料来源：根据《中国农村贫困监测报告（2017）》，国家统计局有关统计数据整理。

截至 2016 年，贫困地区、集中连片特困地区和扶贫开发工作重点县所在的自然村通公路的农户比重，分别达到 99.8%、99.8% 和 99.9%；所在自然村通电话的农户比重，分别达到 99.9%、99.9% 和 99.8%；所在自然村能接收到有线电视信号的农户比重，分别为 94.2%、93.4% 和 94.6%；所在自然村进村主干道路硬化的农户比重分别为 96%、95.6% 和 95.7%；所在自然村能够便利乘坐公共交通工具的农户比重，分别为 63.9%、61.2% 和 64.5%。[1]

随着脱贫攻坚力度的进一步强化，贫困地区基础设施将更进一步完善。基础设施的改善，对推动当地经济的发展以及促进移民后续产业的

---

[1]　国家统计局住户调查办公室：《中国农村贫困监测报告（2017）》，中国统计出版社 2017 年版，第 97 页。

发展,将产生积极的推动作用。2013—2017 年贫困地区基础设施条件的变化情况见表5－9。

表5－9 **2013—2017 年贫困地区基础设施条件的变化** 单位:%

指标名称 \ 年份	2013	2014	2015	2016	2017
通电话的自然村比重	93.3	95.2	97.6	98.2	98.5
通有线电视信号的自然村比重	70.7	75.0	79.3	81.3	86.5
通宽带的自然村比重	41.5	48.0	56.3	63.4	71.0
主干道路面经硬化处理的自然村比重	59.9	64.7	73.0	77.9	81.1
通客运班车的自然村比重	38.8	42.7	47.8	49.9	51.2

资料来源:根据国家统计局改革开放 40 年经济社会发展成就系列报告编制。

随着贫困地区农村居民人均收入水平的提高以及基础设施的改善,人们对教育问题越来越重视,尤其表现在对子女的入学和自身文化素质的提升方面,教育文化状况也有了明显改善。统计数据表明,2012 年,贫困地区农村居民年龄在 16 岁以上的,没有上完初中的农户比重为 18.2%,2017 年这一比重已经下降为 15.2%,比 2012 年下降了 3.0 个百分点;2017 年,贫困地区 84.7% 的农户所在的自然村建有幼儿园,和 2013 年相比,2017 年入园率提高了 17.1 个百分点;2017 年,88% 的农户所在自然村建有小学,这一比例比 2013 年提高了 10 个百分点;2017 年,贫困地区 89.2% 的行政村都建有文化活动室,比 2012 年提高了 14.7 个百分点。由此可见,贫困地区在经济发展和人们的收入增加之后,子女受教育的条件也有了很大改善,同时自身提高精神文化生活的条件也得到改善。2017 年贫困地区农村教育文化情况见表 5－10。

表5－10 **2017 年贫困地区农村教育文化情况** 单位:%

指标名称	2017 年	2012 年	2017 年比 2012 年提高(百分点)
16 岁以上成员均未完成初中教育农户比	15.2	18.2	－3.0
所在自然村上幼儿园便利的农户比重	84.7	—	17.1*
所在自然村上小学便利的农户比重	88.0	—	10.0*
有文化活动室的行政村比重	89.2	74.5	14.7

注:带 * 是与 2013 年相比提高。

资料来源:根据国家统计局改革开放 40 年经济社会发展成就系列报告编制。

按照"两不愁、三保障"的脱贫条件要求，贫困地区的医疗卫生条件也得到了显著的改善。2017 年，贫困地区农村 92.2% 的户所在自然村拥有卫生站，比 2013 年提高了 7.8 个百分点；拥有合法行医证的医生或卫生员的行政村比重为 92.0%，比 2012 年提高了 8.6 个百分点；拥有畜禽集中饲养区的行政村比重为 28.4%，比 2012 年提高了 12.4 个百分点；61.4% 的户所在自然村垃圾能集中处理，比 2013 年提高了 30.5 个百分点。[①] 2013—2017 年贫困地区农村医疗卫生条件见表 5-11。

表 5-11　　　　　2013—2017 年贫困地区农村医疗卫生条件　　　　单位：%

指标名称　＼　年份	2013	2014	2015	2016	2017
有合法行医证医生/卫生员的行政村比重	88.9	90.9	91.2	90.4	92.0
所在自然村有卫生站的农户比重	84.4	86.8	90.3	91.4	92.2
拥有畜禽集中饲养区的行政村比重	23.9	26.7	26.9	28.0	28.4
所在自然村垃圾能集中处理的农户比重	29.9	35.2	43.2	50.9	61.4

资料来源：根据国家统计局改革开放 40 年经济社会发展成就系列报告。

第二节　中西部连片特困地区产业发展的基本状况

一　连片特困地区产业发展的总体状况

（一）产业发展的基本状况

我国贫困面比较广，贫困地区覆盖了全国 22 个省（自治区、直辖市）的 832 个县、11775 个乡镇。根据 2015 年的统计，贫困地区的行政区划面积为 464 万平方千米，约占全国行政区划总面积的 48%；贫困户籍人口数为 30517 万人，占全国总人口数量的 22.2%。据国家统计局县（市）社会经济基本情况统计，2015 年，贫困地区的生产总值为 55607 亿元，名义值比上一年增长了 6.2%，占全国 GDP 的 8.1%，其中，第一产业、第二产业和第三产业增加值分别为 12668 亿元、

<hr />

[①]　国家统计局住户调查办公室：《中国农村贫困监测报告（2017）》，中国统计出版社 2017 年版，第 126 页。

22463 亿元和 20477 亿元，第一产业、第二产业和第三产业分别比上年增长 6.4%、-0.4% 和 14.5%，第一产业、第二产业和第三产业的增加值分别占全国第一产业、第二产业和第三产业总增加值的 20.8%、8.0% 和 6.0%。

2015 年，贫困地区公共财政收入和公共财政支出分别为 3561 亿元和 18811 亿元，分别比 2014 年增长了 16.4% 和 16.3%，占全国公共财政总收入和全国公共财政总支出的 2.3% 和 10.7%。贫困地区全社会固定资产投资总额为 61749 亿元，增长 13.7%，占全国全社会固定资产投资总额的 11.0%。

其中，14 个连片特困地区主要集中在中西部，覆盖了全国 21 个省（自治区、直辖市）680 个县，9823 个乡镇。2015 年 14 个连片特困地区行政区划面积为 402 万平方千米，约占全国行政区划总面积的 42%；户籍人口数为 24287 万人，占全国总人口数的 17.7%。据国家统计局县（市）社会经济基本情况统计数据显示，2015 年，14 个连片特困地区的生产总值为 41808 亿元，占全国 GDP 的 6.1%，其中，第一产业、第二产业和第三产业增加值分别为 9664 亿元、16240 亿元和 15904 亿元；第一产业、第二产业和第三产业增加值分别占全国第一产业、第二产业和第三产业总增加值的 15.9%、5.8% 和 4.6%。公共财政收入和公共财政支出分别为 2759 亿元和 15326 亿元，占全国公共财政总收入和全国公共财政总支出的 1.8% 和 8.7%。全社会固定资产投资总额为 47903 亿元，占全国全社会固定资产投资总额的 8.5%。2015 年贫困地区及连片特困地区产业发展基本状况见表 5-12。

表 5-12　　2015 年贫困地区及连片特困地区产业发展基本状况

指标	贫困地区	连片特困地区
覆盖区域（省）	22	21
覆盖县区（个）	832	680
覆盖乡镇（个）	11775	9823
面积（万平方千米）	464	402
占全国面积比重（%）	48	42
户籍人口数（万人）	30517	24287
占全国总人口比重（%）	22.2	17.7

续表

指标	贫困地区	连片特困地区
生产总值（亿元）	55607	41808
占全国 GDP 比重（％）	8.1	6.1
第一产业增加值（亿元）	12668	9664
占全国第一产业增加值比重（％）	20.8	15.9
第二产业增加值（亿元）	22463	16240
占全国第二产业增加值比重（％）	8.0	5.8
第三产业增加值（亿元）	20477	15902
占全国第三产业增加值比重（％）	6.0	4.6
公共财政收入（亿元）	3561	2759
占全国财政支出比重（％）	2.3	1.8
公共财政支出（亿元）	18811	15326
占全国财政支出比重（％）	10.7	8.7
全社会固定资产投资总额比重（亿元）	61749	47903
占全国全社会固定资产投资总额比重（％）	11.0	8.5

资料来源：根据《中国农村贫困监测报告（2017）》，国家统计局有关统计数据整理。

（二）产业结构状况

2015 年，我国贫困地区生产总值为 55607 亿元，其中第一产业增加值占地区生产总值的比重为 22.8％，第二产业为 40.4％，第三产业为 36.8％。14 个连片特困地区的生产总值为 41808 亿元，其中第一产业增加值占地区生产总值的比重为 23.2.％，第二产业为 38.8％，第三产业为 38％。2015 年贫困地区及连片特困地区产业结构见表 5 - 13。

表 5 - 13　　　　2015 年贫困地区及连片特困地区产业结构　　单位：亿元、％

区域	生产总值	第一产业	第二产业	第三产业	结构比例
全国	676708	60863	274278	341567	9：40.5：50.5
贫困地区	55607	12668	22463	20477	22.8：40.4：36.8
连片特困地区	41808	9664	16240	15904	23.2：38.8：38

资料来源：根据《中国农村贫困监测报告（2017）》，国家统计局有关统计数据整理。

从表 5 - 13 可以看出，目前我国连片特困地区的产业结构明显不够合理。突出表现为：第一产业主要是农业所占比重较高，为 23.2％，不仅高于贫困地区的22.8%，而且远远高于全国的平均水平9%这一比例，说明产业发展处于较低的层次；第二、第三产业比重也低于贫困地区，更低于全国的平均水平，特别是以电信、金融、保险打头的第三产业比重38%，远远低于全国50.5%的平均水平。连片特困地区这种不合理的落后的产业结构，表明传统农业在这些地区仍然占据重要的地位，也是当地人们所从事的主业，同时也显示出连片特困地区经济基础薄弱，第三产业比重太低，说明今后产业结构调整会面临较大的困难。这种比较落后的产业结构，对生态移民后续产业的发展也是不利的。

（三）主要农产品的产量

2015年，我国贫困地区农业总产值为7585亿元，比上一年增长了6.5%，占全国农业总产值的13.2%；粮食、棉花、油料和肉类总产量分别为14041万吨、119万吨、920万吨和2422万吨，分别比上年增长1.7%、5.8%、3.4%和与上年持平，粮食、棉花、油料和肉类分别占全国粮食、棉花、油料和肉类总产量的22.6%、21.3%、26.0%和28.1%。其中，连片特困地区2015年的农业总产值为5768亿元，占全国农业总产值的10.0%；粮食、棉花、油料和肉类总产量分别为10232万吨、96万吨、692万吨和1937万吨，粮食、棉花、油料和肉类分别占全国粮食、棉花、油料和肉类总产量的16.5%、17.2%、19.6%和22.5%。从连片特困地区主要的农产品产量来看，无论是绝对数还是相对数都是比较低的。2015年贫困地区及连片特困地区主要农产品产量见表5-14。

表5-14　　2015年贫困地区及连片特困地区主要农产品产量

单位：亿元、万吨、%

指标或产品	贫困地区数量	占全国比重	连片特困地区数量	占全国比重
农业总产值	7585	13.2	5768	10
粮食总产量	14041	22.6	10232	16.5
棉花总产量	119	21.3	96	17.2
油料总产量	920	26	692	19.6
肉类总产量	2422	28.1	1937	22.5

资料来源：根据《中国农村贫困监测报告（2017）》，国家统计局有关统计数据整理。

从表5－14可以看出，2015年，连片特困地区除了肉类总产量达到了全国总产量的22.5%之外，其余主要农产品粮食、棉花和油料的产量均未超过全国总产量的20%，虽然区域产业结构中第一产业产值比重高达23.2%，但农业总产值仅占全国农业总产值的10%。这在一定程度上说明，连片特困地区就总体而言，农产品的市场占有率还比较低，农产品的特色优势也不甚明显。这样一个比重相对是比较低的，也折射出了连片特困地区农业落后的现实，与其所拥有42%的国土面积不适应。

二　连片特困地区农村居民收入状况

（一）连片特困地区农村居民收入水平增长情况

根据2017年全国农村贫困监测调查数据①，2016年贫困地区农村居民人均可支配收入为8452元，比2015年增加了799元，名义增长率为10.4%，剔除价格因素的影响，实际收入增长了8.4%，实际收入的增速高出全国农村居民平均收入水平2.2个百分点。2016年，连片特困地区农村居民人均可支配收入为8348元，比2015年增加了823元，名义增长率为10.9%，剔除价格因素的影响，实际收入增长了8.94%。通过以上两组数据的对比，可以看出，2016年贫困地区农村居民人均可支配收入的增速，高于全国农村居民人均可支配收入的增速，而连片特困地区农村居民人均可支配收入的增速，又略高于贫困地区农村居民人均可支配收入的增速。这一现象表明，连片特困地区农村居民人均可支配收入的增长较快，说明精准扶贫、精准脱贫的成效显著，使连片特困地区农村居民的收入实现了较快的增长。

（二）连片特困地区农村居民收入来源变化情况

2016年，贫困地区农村居民人均工资性收入为2880元，比2015年增加了325元，增长了12.7%，增速比全国农村平均水平高出3.5个百分点，对增收的贡献率为40.6%。人均转移性净收入为2021元，增加了300元，增长了17.4%，增速比全国农村平均水平高出4.7个百分点，增速为连续三年来的最高水平，对增收的贡献率为37.5%。其中，

---

① 国家统计局住户调查办公室：《中国农村贫困监测报告（2017）》，中国统计出版社2017年版，第138页。

人均养老金收入为 347 元，增长了 16%；人均社会救济补助和政策性
生活补贴为 229 元，增长了 28.8%；人均经营净收入为 3443 元，增加
了 161 元，增长了 4.9%。再从不同的产业来看，2016 年，第一产业经
营性收入为 2696 元，比 2015 年增加了 70 元，增长了 2.7%，增速低于
全国农村平均水平 1 个百分点，这主要是由于贫困地区受资源禀赋的约
束，农户种植玉米、养羊等传统品种较多，受价格大幅下跌的影响，相
关收入出现了下滑；第二、第三产业经营性净收入人均为 747 元，比
2015 年增加了 91 元，增长了 13.9%，增速远高于全国农村平均水平
4.9 个百分点。人均财产性净收入为 107 元，增加了 13 元，增长了
14.3%，增速高于全国农村平均水平 6.1 个百分点。2016 年贫困地区
农村常住居民收入状况见表 5 - 15。

表 5 - 15　　　　　2016 年贫困地区农村常住居民收入状况

指标	水平（元）	构成（%）	增长（%）
人均可支配收入	8452	100.0	10.4
1. 工资性收入	2880	34.1	12.7
2. 经营性收入	3443	40.7	4.9
第一产业净收入	2696	31.9	2.7
农业	1931	22.8	2.1
牧业	571	6.8	6.9
第二、第三产业净收入	747	8.8	13.9
3. 财产性收入	107	1.3	14.3
4. 转移性收入	2021	23.9	17.4

资料来源：根据《中国农村贫困监测报告（2017）》，国家统计局有关统计数据整理。

再从收入的来源看，连片特困地区农村居民各类收入都出现了不同
程度的增长。以 2015 年和 2016 年连续两年的收入状况作对比，2015
年，全国 14 个集中连片特困地区农村居民人均可支配收入为 7525 元，
2016 年为 8348 元。2016 年比 2015 年增加了 823 元，增长了 10.9%，
扣除价格因素，实际增长了 8.9%，实际增速比全国农村平均水平高出
2.7 个百分点。连片特困地区农村居民收入水平相当于全国农村平均水
平的 67.5%，比 2012 年上升了 5.8 个百分点。按照收入类别来看，人

均工资性收入为 2846 元，增长了 13.7%；人均经营性净收入为 3429 元，增长了 5.0%；人均财产性净收入为 97 元，增长了 16.2%；人均转移性净收入为 1976 元，增长了 18%。说明连片特困地区群众的收入水平不断提高，国家扶贫脱贫政策效果明显，脱贫成效显著。同时也可以看出，在不同类别的收入中，增幅最大的是人均转移性净收入，说明国家财政在扶贫中的力度加大。2016 年连片特困地区农村常住居民收入状况见表 5-16。

表 5-16　　　　2016 年连片特困地区农村常住居民收入状况

指标	水平（元）	构成（%）	增长（%）
人均可支配收入	8348	100.0	10.9
1. 工资性收入	2846	34.1	13.7
2. 经营性净收入	3429	41.1	5.0
第一产业净收入	2647	31.7	3.2
农业	1448	22.1	2.8
牧业	687	7.0	6.3
第二、第三产业净收入	782	9.4	11.9
3. 财产性净收入	97	1.2	16.2
4. 转移性净收入	1976	23.7	18.0

资料来源：根据《中国农村贫困监测报告（2017）》，国家统计局有关统计数据整理。

　　2013—2016 年，14 个集中连片特困地区农村居民人均可支配收入的实际增长速度，均高于全国农村平均水平。分片区来看，分别为：乌蒙山区增长了 11.5%，四省藏区增长了 12.8%，大兴安岭南麓区增长了 9.9%，武陵山区增长了 10.2%，滇西边境山区增长了 11.8%，南疆三地州增长了 11.6%，罗霄山区增长了 10.5%，燕山—太行山区增长了 9.4%，西藏区增长了 10.6%，秦巴山区增长了 10.9%，滇黔桂石漠化区增长了 10.8%，吕梁山区增长了 9.6%，大别山区增长了 10.1%，六盘山区增长了 10.9%。以上数据表明，14 个集中连片特困地区农村居民人均可支配收入的实际增长速度，都在 10% 左右，不仅高于全国农村居民人均可支配收入的平均水平，而且实际增长的速度普遍较快，这一结果凸显了脱贫的成效。

第三节　中西部连片特困地区生态移民后续产业发展

一　连片特困地区的生态移民

我国连片特困地区生态移民（易地扶贫搬迁）最早可以追溯到 20 世纪 80 年代，当时的"三西"（甘肃的河西、定西和宁夏的西海固）移民就属于生态移民。20 世纪 80 年代初期，由于"三西"地区自然条件恶劣，大部分地区干旱缺水，生态环境恶化，水土流失严重，给居住在该地区的群众生产和生活带来了极大的困难。1982 年，"三西"地区被国家作为第一个区域性扶贫开发的实验基地，开始探索实施"三西吊庄移民"的扶贫模式。这种通过移民的扶贫模式，既能使群众脱贫，又能使生态恢复，开启了通过移民搬迁扶贫脱贫的先河。在此之后，在生态脆弱区通过移民搬迁这种扶贫的模式，得到了较大面积的推广。到 2001 年，国家又开始在内蒙古、贵州、云南、宁夏 4 省（自治区）开展易地扶贫搬迁的试点，扶贫成效显著。到 2015 年，生态移民搬迁又陆续扩大到全国的 17 个省（自治区、直辖市）。据不完全统计，从 2001 年到 2015 年，我国累计通过移民的形式搬迁贫困群众超过了 680 万人。如果加上 20 世纪 80 年代到 2000 年搬迁的贫困群众，估计搬迁的总人数在 1000 万人以上。

实施生态移民搬迁的贫困群众，原来的居住地分布较为集中。大部分主要集中在生态脆弱区，如青藏高原地区、西北黄土高原地区、西南石漠化地区等。这些地区大部分在山区，环境承载压力大，基础设施不完善，劳动力素质相对较低，尤其是受交通条件的制约，即使当地有部分资源，但企业也不愿意在此投资，因而经济发展滞后。没有工业企业的带动，农业生产又靠天吃饭，经济基础薄弱，甚至形成了"贫困→基础条件差→企业不愿意投资→经济不发展→进一步贫困"的恶性循环。在《"十三五"脱贫攻坚规划》中，国家进一步明确了生态移民的战略目标，确定 1000 万贫困群众实施易地搬迁脱贫，并且经过了国务院扶贫办扶贫开发建档立卡信息系统的核实，作为精准扶贫"五个一批"的重要内容。这 1000 万贫困群众共涉及全国 22 个省份大约 1400 个县，但是主要还是集中在连片特困地区。

二 连片特困地区生态移民后续产业发展

生态移民搬迁是一项庞大的复杂的系统工程，涉及的领域众多，面也非常广。诸如搬迁规划，产业项目的选择，水、电、路、信等基础设施的建设，移民安置社区的管理，法律法规的学习，不同文化习俗的融合等。这项工程也是一项重要的惠民工程，不仅关系到脱贫攻坚工作的成效，还关系到广大移民群众的切身利益，更为重要的是，事关我国和谐社会的构建和小康社会目标的实现。

目前，连片特困地区已经实施搬迁的贫困群众，虽然有极少数因为各种原因，依然面临着后续产业发展和生计的难题。但绝大多数搬迁的移民群众，因为移民后改善了生产和生活条件，在各级政府和帮扶单位的帮助下，加上自身的努力，基本上实现了脱贫。各连片特困地区特别是实施生态移民较早的地区，已经就移民后续产业的发展问题，作了一些有益的探索，为后续移民搬迁提供了借鉴。总结起来，主要有以下几点：

（一）科学选择生态移民搬迁的安置方式

连片特困地区在实施生态移民的过程中，都能够结合本地区的实际情况，选择适合本地移民群众的安置方式。具体来看，大部分地区能够采用分类安置的方式，对移民群众进行安置。一般来说，分为三大类：第一类搬迁到城镇、工业园区或者旅游景区附近的，大多都是有一定文化程度和具有一定专业技能的移民群众。这部分人就业能力强，适应环境较快，具有经营意识，能够很快融入当地的社会生活中，短时间内就可以脱贫；第二类是文化程度不高，但经过培训可以改变观念或者具备一技之长的移民群众，在安置时尽量考虑向中心村或移民新村搬迁，他们凭借自己的手艺或技术，也可以解决生计问题；第三类就是需要通过社会保障政策兜底的，基本上属于年老体弱丧失劳动能力的搬迁群众。经过这样分类实施搬迁，增强了针对性，提高了群众对搬迁安置的满意度。除此之外，从不同省、市、自治区的搬迁安置模式来看，可以说各具特色，安徽省将安置区规划在县城、园区和乡村旅游景点附近，方便搬迁群众创业或者就近选择就业岗位。宁夏回族自治区在对移民群众进行搬迁安置时，主要依托当地的引黄灌溉工程，针对干旱地区的搬迁群众，全部进行了有土化安置；贵州省也能根据本地的实际情况，将石漠化地区的贫困群众，尽量安置到城镇或者产业园区，让更多的移民群众能够依托产业，实现脱贫增收。云南省依托当地丰富的人文景观和自然资源，结合移民安置区建设，大力发展乡村旅游业，以此带动移民群众就业。上述各地在移民搬迁时能结合移民就业问题通盘考虑，有针对性地选择搬迁模式，可以说在移民后续产业发展方面，做出了有益的探索，帮助搬迁群众实现了增收脱贫。

（二）因地制宜选择产业发展模式

陕西秦巴集中连片特困地区在实施移民搬迁中，因地制宜选择产业发展模式，采用优先考虑就业的原则，稳步推进移民搬迁，解除了搬迁移民户的后顾之忧。安康市在这方面不断探索，创新工作思路和方法，推出了"先业后搬"的安置模式。在移民搬迁安置之前，先从战略的高度前瞻性地考虑移民搬迁之后的产业发展问题，靠近城镇和产业园区进行集中安置，方便移民群众就业，解决了移民群众生产和生活中的难题。通过集中安置，使移民群众更好地融入城镇化、工业化、农业现代化的进程之中，真正走出了过去那种"贫困→扶贫→再贫困"恶性循环的怪圈。在具体运作过程中，通过"搬迁户＋"的模式，根据各地不同情况，采用"搬迁户＋不同"的要素，即"搬迁户＋龙头企业＋园区＋合作社（协会）＋小微企业＋中介组织＋电商＋旅游＋家庭农场＋产业大户＋干部帮扶"等模式，根据具体情况，从这些要素中任意选择，组合不同的要素，进而制定产业扶持政策，调动不同的企业组织主体的积极性和主动性，引导企业发展现代优势特色产业，带动搬迁的移民群众创业就业。同时也注意加强培训工作，通过培训提高移民群众的综合素质和劳动技能。这种"先业后搬"的安置模式，对搬迁之后的增收和脱贫奠定了基础，也为其他地区提供了有益的启示，在陕南移民搬迁中被其他地市借鉴和推广，推动了移民后续产业的发展。

如何在产业发展中突出农产品的特色，合理利用当地的资源，组织移民群众实现小农户和大市场的对接，达到增收脱贫的目的？多数连片特困地区在移民搬迁中根据当地的具体情况，积极探索，选择方式上也不尽相同。比如有些地方选择了"公司＋农户"的形式，因为公司基本上是规模经营，信息来源渠道广，项目选择较为准确，经营管理水平较高，承担风险的能力相对较强，对农户的带动作用非常明显。采用这种模式，使农户借助于公司的实力，增收脱贫；还有的选择了"合作社＋农户"的模式，农业的组织化是农业现代化的基础，"一家一户"小规模的生产，形不成规模效益，生产环节机械化的运用和销售环节的高成本，很难使农产品在深加工领域再有更大的投入，更不可能形成品牌，所以通过建立合作社经济，让合作社成为合作经济的纽带，使移民户集聚在规模化经营、标准化生产、社会化服务等方面的优势，更好地促进移民后续产业的发展。比如，四川省的宣汉县就采用"合作社＋农户"的模式，通过合作整合涉农项目的资金，组织搬迁群众发展特色种植和养殖领域的相关项目，村党支部和村民委员会发挥带头作用，牵头组建农业专业合作社，确保搬迁群众的增收；还有的地方选择了"订单农业"这种新的模式。"订单农业"也被称为合同农业或者契约农业，因为市场经济实际上也是一种契约经济，这种模式顾名思义，就是农户（供给者）和购买者（需求者）先签订订单，按照订单的约定生产农产品，订单约定了供求双方的权利和义务，双方必须按照合同的约定，完成生产和销售的全过程。这种模式的优点，在于避免了生产者的盲目性，较好地适应市场需求，而且使生产者没有后顾之忧，生产和销售都可以各自朝着专业化的方向发展。河南省的宝丰县在移民后续产业发展中，就采用了康龙集团普惠扶贫订单农业扶贫的模式，贫困户按照订单生产的农产品，通过康龙集团在多家连锁店、移动便民店以及线上统一销售，企业盈利，贫困户增收，最终实现了"双赢"。

（三）坚持安置规划与后续产业发展规划同步进行

"凡事预则立，不预则废。"在实施生态移民搬迁过程中，不仅要做好安置规划，同时还要考虑后续产业发展和当地产业结构优化升级以及城镇化建设等问题，使群众"移得出，稳得住，能致富，不反弹"，这里最为重要的是能致富，增加收入，依靠产业发展实现彻底脱贫。所以，坚持安置规划与后续产业发展规划同步进行，正确处理好局部和整体、近期和长远、经济发展和生态安全、城镇扩张和耕地保护等各方面的关系。只有通盘考虑，兼顾和协调好发展中的各种矛盾，把产业服务功能和生活服务功能同步建设，就会避免因为在搬迁规划制订时考虑不周，而在搬迁之后规划产业发展时又要重复建设。在这一点上，连片特困地区在实施生态移民搬迁工作中，大部分地区都能兼顾两个规划，也积累了一定的经验，贵州省更有代表性。贵州省在实施生态移民过程中，将生态移民搬迁和区域产业结构的调整、城镇化建设这几个方面统筹兼顾考虑，在此基础上再同步编制产业发展规划，做到了生态移民搬迁规划与县域经济社会发展规划和公共服务规划紧密衔接。安置区域主要规划在城镇或者适度资源承载地区，方便了移民群众的就业、生产和生活。凯里市把多个现代高效农业园区布局在移民搬迁安置区附近，目的就是借助凯里的经济开发区和卢比经济开发区这两大产业平台，规划建设多个专业化的生产园区，以此带动移民的就业。贵安新区也能够把产业发展与城市建设同步规划，实现了农业产业和现代城市功能的融合。因为坚持了安置规划与后续产业发展规划同步进行，移民群众搬迁后大多实现了增收，依托产业的发展实现了脱贫致富。这种做法不仅兼顾了当前增收，而且也把可持续发展落到了实处。

（四）加强对移民群众的技能培训

为了促进移民后续产业的健康发展，大部分连片特困地区都能够重视加强对移民群众的技能培训。开展技能培训的方式多种多样，有的对靠近工业园区、靠近旅游景区、进城安置的搬迁群众，根据其不同的需要，因地制宜地开展了"订单式""定向式"的职业技能培训。通过了解用工单位的需求与移民群众的意愿，设置符合实际的针对性、实用性和有效性强的培训专题，组织师资力量，有的放矢，切实加强单项技能培训和综合素质培训。从培训的内容来看，涉及众多的领域，工业、商业流通、餐饮酒店、种植养殖等，以电工、建筑、焊接、家政、种养殖等技能培训为主要科目。这种针对劳动密集型行业的培训，特别适合绝大多数移民群众的实际情况，针对性强。培训形式也很灵活，有课堂教学，也有现场操作，比如有的地区让农技人员走向田间地头，对种植业农户现场传授农业技术，使有劳动能力的搬迁群众掌握一技之长，便于其在安置区附近就业。陕西平利县属于秦巴连片特困地区的重点县，在移民搬迁中能够结合市场就业技能需求和产业发展的实际，根据移民的意愿和将要从事的产业有针对性地开展培训。依托社区工厂载体培训产业工人，依托产业发展培训实用技术，具体的专业有缝纫、电子装接、毛绒玩具、手工艺品、园林修剪、修脚、养老护理员、特色小吃、手工茶制作、中草药种植、养殖类等。在培训过程中，能够兼顾学员的实际水平和理解能力,把理论讲授与实际操作相结合。通过培训,使移民群众掌握了一技之长,有了技能,他们对脱贫增收以及对今后的产业持续发展,就有了动力和信心。

(五)积极拓宽后续产业发展的资金渠道

在移民搬迁和后续产业发展问题上,困难最大的就是资金问题。如何破解资金难题,就需要积极拓宽后续产业发展的资金渠道。作为连片特困地区,中央的扶持资金由三个部分构成:以工代赈、财政贴息贷款和财政扶贫发展资金。因为连片特困地区经济发展的基础大都较为薄弱,财政收入能力有限,移民安置地的建设、基础设施的建设、产业的发展等,都需要大量的资金,仅靠中央的扶持资金远远不够,当地的扶贫配套资金又不能及时跟进,影响了搬迁的进度和后续产业的发展。面对这一问题,连片特困地区都在探索如何通过筹集资金促进移民后续产业的发展,在实际工作中也创新了多种国内典型的融资模式,比如宁夏固原模式、新疆模式、甘肃陇南模式、湖北模式、内蒙古模式等等,这些模式各具特色,有效地解决了移民群众发展资金欠缺、担保困难以及高成本融资的问题,既有防范风险的措施,又能及时筹集到资金,深受移民群众的欢迎。

在拓宽后续产业发展资金渠道方面,还有些地方在筹措扶贫资金时采取多元化的模式,采用政府出资、产业项目捆绑、银行贴息贷款和群众筹集相结合的方法,解决产业发展资金短缺的问题。河南省还创新性地提出了"宅基地复垦券"这一举措,这一项土地交易制度的创新,为本省贫困县和黄河滩区居民迁建县获得了上百亿元的资金。甘肃省和山西省部分地区通过互助资金,即政府配股、农户自愿入股的方式,大量吸收民间资本,然后再以小额贷款的方式向急需资金的移民户发放,因为金额不大,到期归还相对比较容易,到期偿还以后还可以再借贷,通过这样类似于"滚雪球式"的逐渐积累发展,不仅可以解决移民群众面临的资金短缺的问题,又创新了财政扶贫资金的使用方式。通过上述这些筹资方式,解决了移民搬迁和产业发展中大部分急需的资金,也保障了移民搬迁工作的顺利进行。

(六)注重扶志、扶智相结合

"扶贫先扶志""扶贫必扶智",是习近平总书记在新时代对扶贫工作的新论断，是对党的扶贫理论的新发展。贫困虽然是以金钱和物质短缺的形式表现出来的，分析造成贫困的原因，从客观上讲可能与居住在环境较为恶劣的地区有关，但从主观上讲，可能与观念的落后、知识的贫乏和技能的不足有直接的关系。观念的落后或者自身懒惰，等靠要思想严重，把脱贫完全当成政府和干部以及帮扶责任人的事情，属于没有志向者；知识的贫乏和技能的不足，属于缺少智慧。客观因素是外因，主观因素才是内因，外因只有通过内因才能起作用。因此在帮助移民群众发展后续产业和增收脱贫的过程中，必须注重对贫困户进行思想教育，改变极少部分贫困户在脱贫过程中完全依靠政府的错误思想。通过扶志，使其改变心态，激发贫困户的内生动力，借助国家的扶贫政策，通过自己的勤劳实现脱贫；通过扶智，提升知识和技能，通过一技之长或者多种技能，自主创业或者寻找合适的就业岗位。

连片特困地区各级政府在移民搬迁与后续产业发展中，都较为重视对移民群众进行扶志与扶智的教育。这项工作具体落实在对移民群众的培训中，大多数地区在对移民进行培训的课程中，把综合素质的培训和专业技能的培训相互结合，收到了良好的效果。通过综合素质培训，改变观念层面的认知，宣传中华民族勤劳致富、勤俭持家、尊老爱幼的传统美德，强化家庭责任意识，树立具有良好家风的典型，激发其内在的热情、动力和责任感，鼓励移民群众通过自身的努力摆脱贫困。通过专业技能的培训，强化种植养殖业、商业流通、餐饮服务等不同领域的技能，把课堂讲授和实际操作相结合，经过理论讲解和反复操作，使其具有一定的专业技能，在自己擅长的领域内实现自我价值，最终实现摆脱贫困的目标。

在连片特困地区，尽管各级政府以及帮扶单位千方百计为移民搬迁和后续产业发展的问题出主意、想办法，但是，根据各地反映的情况看，仍然有部分搬迁的群众后续产业发展遇到困难。这些困难，有主观原因，也有客观原因。从主观原因来看，少数移民群众自身发展动力不足，就业心态不积极，完全依靠扶贫政策，甚至个别贫困户还不愿意脱贫，只想继续享受对贫困户的优惠政策，但绝大多数还是由客观原因造成的。

从客观原因来看，产业培育的能力较弱，移民搬迁以后不能及时就业，失去了稳定的生活来源。比如六盘山区、秦巴山区、藏区等大部分连片特困地区，工业基础薄弱，大企业数量较少，带动能力明显不足，种植和养殖业又形不成规模；有些地区当时急于完成搬迁任务，在移民安置点选址时没有考虑配套产业项目，给移民搬迁之后的生产和生活带来不便；有的贫困地区经济发展基础薄弱，产业体系极不健全，工商业发展十分落后，实施搬迁以后，农业生产仍然是低效率、高成本，甚至靠天吃饭，有的地方政府大多围绕当地的资源条件发展种植业和养殖业，产业发展受限，就业门路少。

以上主要从宏观的视角分析了连片特困地区生态移民后续产业发展的基本状况。需要指出的是，由于生态移民的实施和连片特困地区的确立，在我国的历史还不够长，目前连片特困地区生态移民后续产业发展的相关统计数据也比较缺乏，常见的都是各地的宣传报道，而且连片特困地区的区域范围也比较大，暂时还难以通过全面的、大量的数据进行系统的分析。因此，关于连片特困地区生态移民后续产业发展的有关问题，本书还将后续持续地进行动态跟踪，通过进一步深入的调查研究，以获取确切的第一手数据资料，以期对这一问题进行更为深入细致的分析和研究。

第六章

连片特困地区移民后续
产业发展的调查与分析

第一节 宁夏同心县生态移民后续
产业发展的情况与问题

——来自六盘山区的调查研究

一 基本情况

2011 年，国家在全国范围内划定了 14 个集中连片特殊困难地区，六盘山区位列其中，同心县属于六盘山区的贫困县之一，也是全国实施生态移民较早的贫困县。同心县总面积 4662 平方千米，地处宁夏中部干旱地带的核心区，下辖 7 镇 4 乡 2 个管委会，共 170 个行政村，4 个居委会。全县总人口 39.8 万，其中，农业人口 30.2 万人，占总人口的 75.9%。在全国所有建制县中，回族人数最多，共 34.1 万人，占全县总人口的 85.7%，比例最高。因为长期干旱，雨水短缺，导致生态环境恶劣，人口居住相对分散，加之教育文化科技发展滞后，经济社会发展缓慢，贫困程度较深，1983 年曾经被国务院确定为国家级重点贫困县。

在 2014 年贫困户建档立卡中，同心县共确定贫困户 26183 户、94450 人，贫困发生率为 31.3%。截至 2018 年，全县建档立卡贫困户已经有 13639 户、51924 人实现脱贫，年均脱贫 17308 人，贫困发生率下降到了 17%。脱贫攻坚工作中这些成绩的取得，与生态移民以及后续产业的发展有很大的关系。对剩余的 13978 户、51353 人（含返贫人口）深度贫困人口，同心县将加大扶贫开发的力度，力争剩余贫困人口早日脱贫。自"十一五"时期以来，同心县已经建成了 20 个移民大村，6 个移民安置点，完成县内外移民搬迁定居 12 万人。

二　实施生态移民的原因

作为宁夏中部干旱地带的贫困县，整个同心县从地理上分为三大板块，分别为扬黄灌区板块、旱作塬区板块和干旱山区板块。从各板块所管辖的范围来看，扬黄灌区板块主要包括 3 个镇和 1 个管委会；旱作塬区板块下辖 3 个镇，相对于另外两个板块，该板块地势比较平坦，因此也被称为东部平原地带；干旱山区板块主要下辖 4 乡 2 镇。联合国部分专家曾经在 20 世纪 80 年代，对同心县的干旱山区进行过考察，他们认为"这里是不适宜人类生存的地区"。其主要原因如下：

一是干旱程度非常严重，尤其是水资源极为匮乏。每年降雨量平均不超过 200 毫米，但是年蒸发量却高达 2300 毫米以上。因为当地极其缺水，人畜饮水基本上靠从别处拉运。特别是在 20 世纪 70 年代，持续重度干旱不仅持续的时间长，而且频繁发生，使同心县每年都要组织抗旱小分队，为干旱地区的群众送水。为了能够分到一桶水，村民们需要长时间的排队等候，有时候还发生矛盾纠纷，甚至出现打架斗殴的情况。

二是自然环境恶劣，山大沟深，交通极其不便。当地的调查统计数据显示，县域干旱区居住着 3.13 万户、13.3 万人。受自然条件的限制，县域内有些乡镇的村庄，几乎没有大路。如此封闭的环境，使该地区的群众生产生活极不方便，适龄孩子求学艰难，医疗条件极差，人们的观念封闭落后。由于自然条件的限制，山沟里的群众也极少有机会走出大山，几乎处于与世隔绝的状态。

三是公共基础设施严重短缺。因为自然条件的限制，加之经济落后，大部分自然村都没有学校，也没有医疗卫生室。还有的地方没有电视信号，收看电视都很困难，很多地方也接收不到手机信号，信息极为闭塞。恶劣的、极为封闭的自然环境，使当地群众缺少致富的门路，基本上是靠天吃饭，居住的是危窑危房，贫困程度相当严重。

自 2007 年以来，同心县历届县委和县政府的班子成员，全面落实中央脱贫攻坚政策，下大力气，真抓实干，从战略的高度安排部署移民搬迁工作，并且注重移民后续产业的发展问题。仅"十一五"时期，全县就建成了 18 个移民村，搬迁安置定居移民 18642 户、77255 人。目前，全县 20 个移民大村已经建成，6 个移民安置点已经完工，完成县内外移民搬迁定居 12 万人。通过移民搬迁，在山区实现了人口的聚集效应，解决了群众生产生活中的实际困难，通过发展产业让群众增加收入，脱贫致富。山区群众对移民搬迁的观念发生了根本的转变，从一开始的"要我搬迁"这种不自觉行为，转变到后来的"我要搬迁"的自觉行动，脱贫致富的积极性得以提高，主动性也得到了增强。

三　生态移民后续产业发展的情况

同心县在生态移民安置方式的选择上，根据当地的实际情况，因地制宜，主要采取有土安置和无土安置两种形式。有土安置，就是给搬迁的移民适量的安置土地，目的是让移民群众搬迁之后便于发展农牧业生产，同时在迁入地给移民群众提供居住的房屋，并且配套建设学校、村级活动场所和水电路网等相关的基础设施；所谓无土安置，顾名思义，就是不再给移民安置土地，而是在原有的集镇区修建劳务移民安置房，对原来的基础设施再进行必要的改造，移民居住在安置房中，可以就近到产业园或者附近的工厂务工。这种安置方式，交通成本低，极大地方便了移民群众的生产和生活。

（一）移民后续产业发展的主要举措

山区的农民搬迁到移民村以后，究竟如何通过产业发展最终摆脱贫困，这是移民搬迁中遇到的普遍性问题。同心县干部和移民群众在实践中通过不断探索，在产业选择和发展中，不仅有了清晰的思路，而且也取得了显著的效果。

（1）注重选择产业发展项目，解决发展什么的问题。长期以来，冬小麦是同心县主要的农作物，但是由于干旱严重缺水的原因，冬小麦基本上是广种薄收，土地的生产效率非常低，以致许多家庭终年辛苦劳作却难以维持基本的生活，长期摆脱不了贫困。移民搬迁以后是否还要把种植冬小麦作为主要的产业？当地干部和移民群众曾就此问题进行过分析讨论，通过对当地资源和优势的重新认识，逐渐形成了新的思路。

大家一致认为，任何事物都有两面性，同心县的劣势是干旱缺水，优势就在于没有被污染的环境。这些年，随着经济的快速发展，大多数地区环境污染加剧，而市场对农产品的品质要求却越来越高，原生态的、绿色有机农产品最具竞争力。同心县最大的优势，就是环境相对较好，基本没有污染，空气、土壤条件好，因此这里能够生产出真正的绿色有机农产品。只要在种植业和养殖业领域，找到适合的生产项目，发展前景应该是比较乐观的。在生产经营的实践中，当地干部和群众主动学习其他县市发展特色产业的先进经验，走南闯北进行实地考察，从其他县市的发展中获得新的启示。基于这样的认识，他们在种植业和养殖业方面寻找突破口，大胆调整了原来单一种植冬小麦的产业结构，不再走传统农业生产特别是单一种植粮食作物的老路，最终确定了枸杞、银柴胡、黄芪等相对较为耐旱的优质中药材为主的新的产业发展项目。于是，在预旺塬、马关滩、菊花台和同德这几个移民村，开始试种有机枸杞和其他优质中药材，把原来视为副业的红枣和红葱也作为重要的发展项目。由于重视了产业项目的选择，思路正确，群众生产的积极性高，满意度也较高，移民群众脱贫的效果也很明显。

近年来在同心县这块旱塬上发展最为成功的一个产业，第一个发展项目是有机枸杞的种植。种植有机枸杞不仅发展速度非常快，而且收益也特别好，移民群众种植的积极性也普遍较高。在短短几年的时间里，有机枸杞已经由原来试种时的几千亩，发展到目前的12.5万亩，仅整片栽种的枸杞就有近10万亩。该县的下马关、同德、菊花台、吊堡子，都采用了节水灌溉的模式，以最少的水资源、最贫瘠的土地，换取了最大的产出和最高的收入。2012年以来，很多移民村都采取了边开发、边栽种枸杞的模式，使原来荒芜的土地变成了绿洲，也使移民群众通过种植有机枸杞脱贫致富。

第二个发展较好的项目是油牡丹、银柴胡等优质中药材的种植。优质中药材种植是同心县发展较为成功的一个产业，该县已经成为全国最大的集中连片油用牡丹基地，也是中国的银柴胡之乡。据不完全统计，全县中药材的种植面积达到了50余万亩。在预旺塬和下马关滩，现在种植冬小麦的人越来越少；相反，种植中药材的人越来越多。过去在中药店里才能见到的银柴胡、黄芪、甘草等中药材，现在到老百姓的地里就能看到。移民村的群众通过自身种植业的实践，也认识到了他们过去贫穷的真正根源，只重视传统的种植导致产业结构单一。在中药材的种植快速发展的同时，还催生了一批中药材的经销队伍。通过中药材的种植和加工销售，延伸了产业链，提高了药材的附加值，当地移民群众不仅有了市场意识，而且也认识到了市场的决定作用，他们在生产实践中，逐渐学会了选择中药材的品种，了解市场需求，灵活调整价格，密切关注市场的变化趋势。优质中药材的种植和销售，使当地的移民群众转变了观念，增加了收入，拓宽了视野，学到了技术，也验证了发展优势特色产品是移民从根本上实现脱贫的一个重要途径。

第三是发展养殖业——牛羊成群。养牛是一个传统产业，过去扶持贫困户养牛，扶持的资金少，有的贫困户自己再想办法补一点钱，确实买了牛，但育肥出售以后，牛圈又空了，有的因为自己根本没有能力添补资金，无力买牛，结果到了上级验收的时候曾经出现过"租牛借牛"的现象，导致部分扶贫资金很难发挥实效。所以有些地方就会出现年年扶持养牛，年年没有牛的乱象。同心县的扶贫开发虽然起步较早，从1983年开始，但年年扶贫成效也不明显。自2015年以后，随着党中央脱贫攻坚力度的加大，精准扶贫政策的严格执行和督查，"租牛借牛"的现象才从根本上得到了遏制，贫困户的思想观念也从根本上发生了变化，逐渐认识到养牛不只是获取国家的扶贫资金，更重要的是为了发家致富。群众观念的转变，加之财政专项资金给予扶持，金融机构也给予贷款扶持，贫困户买牛养牛的主动性增强，积极性也高了。对大部分家庭来说，最少的养三五头，多的有十几头，不但购买可以育肥出售的牛，也购买基础母牛。现在养牛户普遍认识到：养牛越少越不划算，养的牛越多效益越好，不仅要养可以育肥的牛，还要养基础母牛，因为有了基础母牛，养牛业才能够持续发展。通过调查，同心县目前牛羊饲养量分别达到了40万头和270万只。

（2）寻找适合产业项目的组织形式，解决如何发展的问题。这实际上就是采用什么样的组织形式来发展产业的问题。很多产业项目在发展中遇到的问题是，达不到一定的规模就很难取得理想的效益，要想上规模又会受到承包地或移民村有限土地的限制。怎样解决移民后续产业的发展与土地有限性的矛盾？移民群众在土地流转方面也做了有益的探索，润德枸杞庄园的发展就是一个比较成功的例子。宁夏润德枸杞庄园是一个集团公司，成立于2013年，专门从事枸杞的种植、研发、加工、营销和生态观光。同心县一些安置移民的土地，全部流转给润德枸杞庄园，用来发展高品质的有机枸杞，每亩的土地流转费按照"67889"的方式计算（第一个五年，每亩600元；第二个五年，每亩700元；第三、第四个五年，每亩800元；第五个五年，每亩900元）。移民群众除了收取每年的土地流转费外，还可以到枸杞庄园打工，作为农业工人获得工资收入。因为土地流转费的收入是稳定的，移民群众不仅在家门口打工挣钱，而且还能在庭院里发展养殖业，使收入得到增加。在养牛业发展上，移民村尽可能地避免"一家一户"单独饲养，而是采取"抱团取暖"的做法，韦州镇的荣振养牛合作社，走出了一条"合作社＋贫困户＋村集体"的新模式，这种"抱团发展养牛产业"的模式，使龙头企业越做越强，贫困户也能够获得稳定的收入，村集体经济也从无到有，有了突破性的发展。近三年来，同心县的养牛产业有了突破性的发展，养牛专业村增加速度快，河西镇的上河湾村、旱天岭村；马高庄乡的赵家树村；王团镇的罗台村；韦州镇的旧庄子村等，都成了名副其实的养牛专业村。

值得注意的是，养牛业本来属于传统产业，但这种传统产业为什么能在移民村焕发出新的活力，这应该归功于农业科技的发展与普及。同心县正是采取了"传统产业＋科学技术＋优质品种"的模式，使传统产业有了新的活力。在同心县，群众不仅养牛的积极性高，而且重视科技知识的学习，重视科学养牛。以上河湾村为例，该村在养牛大户田金林的带动下，养牛产业基本形成了一个链条，购买、育肥、销售一条龙，而且还在县城开了一家上河湾牛肉直销店，因为销售的牛肉质量好，经常供不应求。

（3）下大力气促进移民就业，解决无事可干的问题。这几年，同心县结合脱贫攻坚和精准扶贫，下大力气促进移民就业，解决移民搬迁以后"稳得住"的问题，尤其重视解决建档立卡贫困人口的就业问题。对年龄在40周岁以上、有就业能力和就业意愿的劳动力，尽量选择公益性岗位进行安置。截至目前，已经安排就业人员共计435人。随着本地特色产业的形成与发展，就业机会增加，又吸纳了部分劳动力。同心县"十三五"规划易地扶贫搬迁县内首批移民正式入住清水壹号安置点以后，为了解决移民后续产业的发展问题，实现"搬得出、住得好、能就业、促脱贫"的目标，该县就业局举办了专场招聘会，联系了多家企业，诸如同心县中核防护科技有限公司、宁夏豫源服装科技有限公司和宁夏闽籍纺织产业园等，为劳务移民提供了更多的就业渠道。在各级政府的积极协调下，上述企业提供缝制车工、烫工、后道工、包装工、裁剪工等工种的1000多个就业岗位。除此之外，这些企业还尽量为建档立卡户贫困户以及异地搬迁户的子女安排就业岗位，目前已经为200多人解决了就业，其中还包括3名残疾人员。为了进一步促进移民就业，同心县还出台了相关的补助政策，鼓励移民发展产业项目。政府采取差别化的方式制定扶持政策，按照"扶持标准确定，发展项目自选，能发展什么产业、就鼓励发展什么产业，户均补助6000元"的原则，进一步加大了对产业扶持的力度，使移民发展产业的积极性和主动性大大提高。同时，政府还大力支持移民自主创业，在移民村发展较快的行业，如批零业、餐饮业以及与居民生产生活有关的其他服务业等，都有了快速的发展。不仅方便了移民村群众的生活，也促进了第三产业的发展。

近年来，随着网络的快速发展，电子商务被格外重视，同心县率先全面实施了全国电子商务进农村综合示范县工程，并建成了闽宁协作县级电商服务中心以及36个农村电商服务站点，电商服务平台也开始上线运营，开创了全县"互联网＋扶贫"模式的先河。电子商务很好地解决了该地区"小农户与大市场"的矛盾，电商模式的优势，就是能把小农户组织在一起，在销售环节上实现规模化，扩大了农产品的销售空间，在降低流通成本的同时，还可以更好地满足市场的需求，增加当地农特产品的竞争力，对当地移民后续产业发展发挥了积极的促进作用。

（二）移民后续产业发展的显著效果

2018年，同心县进一步加大了脱贫攻坚的力度，相关措施更加助推了移民后续产业的发展。一是提高了城乡居民最低生活保障的标准。原来当地最低保障标准每人每年3150元，近年来因为产业发展较快，经济实力得到增强，这一保障标准也随之提高到了3800元。二是提高扶贫项目补助资金的标准。对于扶贫资金整村推进到户项目的补助资金标准，由过去户均 6000 元提高到 8000 元，而且及时发放到位，为移民群众发展产业提供力度更大的资金扶持。三是向贫困家庭的高中学生发放助学金。经济要发展，教育必须先行。为了能够让贫困家庭的子女更好地接受教育，吴忠市非公有制经济人士开展了"感恩老区行暨民族互助"活动，向全县贫困家庭的高中学生每人发放了 1000 元的助学金。四是对于外出务工户实行奖补。对于外出务工户，按照不同的劳务收入进行奖补，户均劳务收入达到 5000 元—1 万元的，给予 4000 元的奖补；1 万—2 万元的，给予 5000 元的奖补；2 万元以上的给予 7000 元的奖补。上述这些措施的实施，不仅提高了移民的收入水平，而且激发了移民群众发展产业的信心和热情。

2018 年，依据同心县调查队年报抽样调查的数据显示：同心县移民人均可支配收入为 7016.7 元，较上一年同期增加了 704.9 元，增长了 11.2%。其中，移民人均工资性收入为 3947.1 元，比上年同期增加了 319.4 元，同比增长了 8.8%，占移民人均可支配收入的比重为 56.3%；移民人均家庭经营性收入为 1405.8 元，同比增加了 153.1 元，增长了 12.2%，占可支配收入的比重为 20.0%；移民人均财产净收入为 103.5 元，比上年同期增加了 9.5 元，增长了 10.1%；移民人均转移性收入为 1560.4 元，较上年同期增加了 223 元，同比增长了 16.7%。2018 年同心县生态移民家庭收入状况见表 6 – 1。

表 6 – 1　　　　2018 年同心县生态移民家庭收入状况　　　　单位：元、%

指标	水平	构成	同比增加	增长
人均可支配收入	7016.7	100.0	704.9	11.2
1. 工资性收入	3947.1	56.3	319.4	8.8
2. 经营性收入	1405.8	20.0	153.1	12.2
3. 财产性收入	103.5	1.5	9.5	10.1
4. 转移性收入	1560.4	22.2	223	16.7

资料来源：根据同心县统计调查队年报抽样调查数据整理。

移民后续产业的发展，使同心县贫困村的面貌发生了翻天覆地的变化。以丁塘镇新华村为例，这个村子曾经非常贫穷落后。1983 年，同心县决定把王团、张家塬等 5 个乡镇的 465 户群众搬迁至此，致使该村贫困户和残疾人的比例上升。因为贫穷落后、生态恶劣和环境"脏乱差"等原因，这里曾被称为"老鼠沟"。在近年来的脱贫攻坚中，该移民村结合实际，把肉兔养殖和有机苹果、牛羊育肥、劳务输出等作为主要的产业项目，由于产业定位比较精准，新华村的产业发展速度较快，脱贫致富效果非常明显。这些产业项目已经成为新华村农民脱贫致富的"加速器"。2017 年，新华村的人均收入已经达到了 9280 元，在全县的行政村中处于领先地位。

河西镇的同德移民村，是"十二五"时期建成的一个规模较大的移民村，也是属于有土安置的移民村。该村总安置规模为 1379 户，移民的搬迁定居于 2013 年完成。目前，这个移民村不仅基础设施齐全，实现了水、电、路、网全线贯通；学校、幼儿园、村级活动场所、卫生室、文化室应有尽有，每户移民都有 54 平方米的移民安置房，而且户户都有养殖圈棚，移民后续产业的发展已经初具规模。

四 生态移民后续产业发展面临的主要问题

（一）移民增收仍是一个有待破解的难题

上述移民村是本书在调研中发现的后续产业发展情况较好的典型，具有一定的代表性，但是，从同心县全县移民后续产业的情况看，发展也是不平衡的。尽管问题的表现形式有所不同，但实质都涉及移民的增收问题。比如有的村子为了实现规模化养殖种植，土地流转了，牛羊也被托管，部分移民就成了闲散劳动力，虽然年纪不大尚具有劳动能力，但无事可做，加之文化程度和技术水平的限制，学习能力有限，高技能的岗位做不了，同时也由于缺少精神追求，这就导致了无所事事甚至无事生非。有些移民村，在土地流转之后，或者因为产业项目选得不准，或者因为经营管理不善，或者因为其他原因，生产也不景气，移民群众的收入受到影响；个别企业老板甚至因为经营失败，撤离园区，导致移民群众主要的生活来源也出现了问题，只能依靠政策性补贴或者打零工来维持生计。对相当多的移民村来说，移民增收问题如何解决，后续产业如何发展，依然是个难题。需要更多的专家学者进行深入的研究，也需要各级政府实事求是地制定政策，更需要移民群众本身改变落后的观念。

（二）就业难依旧是一个比较突出的问题

从全县整体情况来看，就业难依旧是一个比较突出的问题。导致这一问题的原因是多方面的，既有客观的也有主观的，主要原因：一是大部分移民从事较为复杂劳动的技能不够。受文化程度的影响，大部分年龄较大的移民能够具备相关技术或者熟练运用电脑的相对较少，对于技能要求较为复杂的岗位适应不了，而要求简单的岗位则少之又少，不需要更多的劳动力。二是季节性用工需求减少。一般到了冬季，有些产业园就会停止生产，或者建筑工地停工，致使部分劳动者限于失业状态。三是公益性岗位用工需求量总体不大，岗位十分有限，依靠公益性岗位解决就业问题，面临的困难很大。四是少数移民群众的观念问题。近几年国家政策好，对贫困户的扶持力度较大，使少数移民产生了依赖心理，等靠要懒的思想较为严重，不愿吃苦，不愿出力气，不愿学习，甚至不愿工作，有困难就找村委会或政府。

（三）移民总体素质亟待提高

从同心县移民总体情况来看，文化素质普遍较低，移民接受教育水平的主体以小学文化程度为主，文盲也不在少数。由于文化素质的限制，有些移民观念陈旧，自主创业精神不足，而对就业的要求和对政策的期望较高，但现实明显存在就业技能与就业岗位错位、移民文化程度与就业岗位错位的现象，大部分移民务工都在劳动密集型的企业，从事以简单体力劳动为主的工种，这部分人员工资标准相对较低，工资提升的空间也相对较小，缺乏长期稳定增收的保证。

（四）移民村村级集体经济普遍薄弱

当前，在移民后续产业发展中组织化和专业化程度相对较低。受传统小农思想的影响，一家一户小规模的产业只可能使极少数人富裕起来，要使移民群众都能增收致富，必须走组织化和专业化的道路，发挥集体的力量。所以村级集体经济的发展，需要把村民组织起来抱团发展，走集体化发展道路，大力发展村级集体经济，才能有效应对市场经济的风险和挑战。一家一户的分散经营越来越难以适应现代农业发展的要求和市场经济的要求，要使更多的贫困群众脱贫致富，村集体经济的发展至关重要。从同心县移民村村级集体经济的情况来看，大部分村的集体经济都比较薄弱，有的刚刚走上发展的道路，有的还处于探索实验阶段，村上的一切费用开支，都依靠县级财政拨付或者帮扶单位的捐助。

（五）特色产业发展仍需进一步探索

由于自然条件、生态环境等因素的制约和影响，移民村特色产业培育发展难度较大，虽然部分移民村已经有了相关的产业支撑，如枸杞产业、中药材产业以及养殖产业，甚至有了一定的规模和优势，但是市场瞬息万变，要适应市场的变化，了解市场的规律，还需要时刻关注市场供求关系的变化，并能够及时采取相应的对策或者预案；有的地方移民后续产业刚刚起步，产业如何更好地凸显特色，如何更好地发展，仍然需要在实践中不断摸索。

（六）移民村基础设施建设需要加强

同心县水资源短缺问题，是制约当地经济发展的一个最突出的问题，为此，该县也正在上马水利工程以缓解缺水的困境。但是，由于资金等各方面的原因，一些水利骨干工程和农田水利配套工程进展相对比较缓慢，影响了移民安置工程的基础设施建设进度，加之供电、供水、学校、医疗等基础设施项目配套不及时，对移民安置以及后续产业的发展也产生了消极影响。

此外，移民村社会治理也是本书调查中遇到的一个突出问题。移民群众历经易地迁徙与安置，移民新村成为基本的社会治理单元。对于移民个人和家庭来讲，到了新的生产生活环境，如何实现个人的发展、移民之间如何和谐共处、移民和迁入地原住居民如何相互融合，这些都是移民村社会治理需要认真关注的问题。与一般村庄相比，移民村的社会治理问题在某些方面可能更为复杂。究竟应当如何加强移民村的社会治理，这对于移民后续产业的发展有十分重要的影响，因此，也应引起有关方面的高度注意。

第二节 青海三江源生态移民后续
产业发展的情况与问题
——来自四省藏区的调查研究

一 三江源地区基本情况

三江源地区属于国家确定的集中连片特殊困难地区中"四省藏区"的一部分，属于国家级自然保护区。位于我国的西部、青海省南部，北纬 31°39′—36°12′，东经 89°45′—102°23′2″，为青藏高原的腹地和主体，也是长江、黄河和澜沧江的源头汇水区，三江干流总水量的近 40% 都来自该地区。三江源不仅是藏区最重要的生态功能区域，也被称为"中华水塔"，是我国淡水资源的主要生态屏障和补给区。三江源地区特殊的生态环境和地理位置，决定了其在我国生态保护中的特殊重要的地位。

总面积为 36.3 万平方千米的三江源地区，约占青海省总面积的 50.4%。这一地区居住着多个少数民族，有汉族、藏族、蒙古族、回族等，人口为 37.95 万户、125 万人。该区域经济发展水平较低，按照 2011 年的统计数据，占青海全省总面积一半以上的三江源地区，其生产总值仅占到青海省全省生产总值的 3%，16 个县中就有 14 个贫困县，贫困县占比 87.5%；农牧民的人均纯收入水平仅为 3046.2 元，占当年全国农牧民纯收入 5919 元的 53%。

为了加强三江源地区的生态环境保护力度和国家的生态安全，国务院 2003 年批准了三江源地区作为国家级自然保护区。之后又批准通过了《青海三江源自然保护区生态保护和建设总体规划》并予以实施。目前，三江源地区的具体范围包括：玉树藏族自治州的玉树、杂多、称多、治多、囊谦、曲麻莱 6 个县；果洛藏族自治州的玛沁、班玛、甘德、达日、久治、玛多 6 个县；海南藏族自治州的共和、同德、贵德、贵南、兴海 5 个县；黄南藏族自治州的同仁、尖扎、泽库、河南蒙古自治县 4 个县；以及格尔木市唐古拉山镇，共 21 县，15 个乡镇。新确定三江源自然保护区的国土面积 39.44 万平方千米，约占青海省国土面积的 54.6%。

按照《青海三江源自然保护区生态保护和建设总体规划》，三江源自然保护区内共有居民 22.3 万人，主体为藏族，一期工程规划移出10140 户、55773 人，总投资约 6.31 亿元。

二 三江源生态移民的动因

三江源地区曾经是历史上水草丰美、湖泊星罗棋布、野生动物种群繁多的高原草甸区，生态环境良好。作为世界上影响力最大的生态调节区，在水源涵养、减灾防灾、降解污染和维护生物多样性方面发挥着极为重要的作用，也为人类生产生活提供了丰富的资源，在气候调节方面的作用也很独特，曾经被誉为"地球之肾"。

但从 20 世纪末开始，因为生态环境遭到破坏，该地区草原不同程度地出现了沙化和退化现象，牧民放牧出现困难。加之部分河流、湖泊干涸，自然灾害频发，沙尘暴、干旱、泥石流、大雪等灾害的频繁发生，导致牧草减少，牧民的生活处于贫困状态。生态环境的破坏和频发的自然灾害，不仅对生态环境的保护提出了客观要求，同时也使生态移民成为必然的选择。

以素有"千湖之县"美称的青海玛多县为例，该县总面积为 2.53万平方千米，其中可以利用的草场面积就达到了 2700 万亩。该县也是三江源地区藏族群众最集中的一个县，约占全县总人口的 95%。早年境内河流、湖泊众多，水资源极为丰富，当地牧民的生活也很富足，20世纪 80 年代曾经三次被评为全国最富有的县之一。据当地干部介绍，因为黄河干流约有 350 千米流经玛多县，境内还有被誉为黄河源头的"姐妹湖"——鄂陵湖和扎陵湖，所以该县环境优美，牛羊成群，并且蕴含着极为丰富的植物资源，还有着珍稀的动物种群。但在 2000 年前后情况出现了变化，境内大部分湖泊开始干枯，所剩湖泊不到 980 个。黄河源头的"姐妹湖"也经常出现断流现象，三江源地区的生态环境出现问题。

青海曲麻莱县曾经在历史上被称为"黄河源头第一县"，境内水资源极为丰富，湿地面积大，大小湖泊密布。但自 1995 年以后，河流也出现断流现象，牧民开始打井饮用地下水，到了 2000 年以后地下水的水位开始急剧降低，水井开始干枯，饮水成了牧民生活中的最大困扰，有的牧民甚至还得买饮用水解决日常饮水的问题，出现了历史上极为罕见的现象——居住在黄河源头的群众还需要买水喝。恶劣的自然条件和频繁出现的自然灾害，使该县生态环境极为脆弱，也不适合人居和生产。受生态环境恶劣的影响，该地区的经济基础越来越薄弱，当地群众生活也陷入了贫困。曲麻莱县 2016 年度《政府工作报告》数据显示，2016 年全年全县生产总值为 6.44 亿元，同比增长 1.6%。其中，第一产业 3.5048 亿元，占比超过全县 GDP 的 50%。该县当年县级一般公共预算收支总表显示，当年总收入约 1616 万元，转移支付以及补助收入 10.6 亿元。

进入 21 世纪，在我国经济快速发展的同时，生态环境问题也日益严重，资源的短缺，环境的污染，尤其是全球气候变暖所带来的"温室效应"，对高原冰川、湿地、植被等都产生了重大的影响，三江源地区生态环境的恶化进一步加深，对农牧业生产产生了直接的影响。根据项目组实地考察的所见所闻，不难看出，三江源地区生态环境的恶化，是导致当地群众生活陷入贫困的主要原因，而在当地实施生态移民则是一个长远的治本之策。

三　三江源地区安置移民的总体情况

前已述及，《青海三江源自然保护区生态保护和建设总体规划》于 2005 年 1 月被国务院正式批准通过。在这一规划中，国务院就自然保护区生态保护和建设规划的实施问题，提出了一些具体的目标：尽快恢复该地区的生态功能；农牧民生活水平达到小康；人与自然的和谐与可持续发展。围绕这些目标，规划中还就实施三江源地区生态移民工程问题做了重点阐述，其中涉及生态移民的具体目标、实施步骤和措施等相关内容。青海省政府从战略的高度出发，在启动三江源自然保护区生态保护和建设工程项目之前，就提前规划了生态移民、湿地保护、退牧还草、退耕还林、人工增雨、野生动植物保护、草原治理与保护等一系列重要的项目工程。其中生态移民的规划中，根据该地区的实际情况，规划了生态移民搬迁的具体人数，其中搬迁涉及牧户 10140 户，55773 人。

据青海省发改委生态移民办公室提供的统计数据，2004—2015 年，三江源地区在城市郊区、城镇以及国道沿线附近，先后建成了 59 个移民社区，已经搬迁安置生态移民 1.1 万户共计 5.4 万人。从 2015 年至今，仍然有将近 3000 户正在迁移或者需要迁移中。而玛多县属于生态保护区的核心区，大部分群众需要搬迁，该县建成的河源移民新村，从 2004 年开始先后搬迁了 400 户牧民。河源移民新村作为早期移民搬迁所建立的移民社区，具有一定的代表性和典型性。

作为由政府所主导的生态移民工程，三江源地区生态移民的实施效果究竟如何，主要面临哪些困难和问题，如何更好地总结经验吸取教训，推进生态移民搬迁工程的顺利实施，帮助贫困群众彻底脱贫致富。带着这些问题，本课题组曾两次到达三江源地区，就相关问题进行了调研。

（一）生态移民搬迁的对象

在三江源地区进行调研的过程中，本书发现，对于国家相关的移民政策，绝大多数移民群众不仅表示理解和拥护，而且也非常感谢党和政府。在整个搬迁过程中，也能够积极配合当地政府和有关部门的部署。但就不同的移民主体来看，其搬迁意愿的差异性也是十分明显的。根据移民收入状况的不同，大体可以划分为以下几类：

第一类——贫困群众。在三江源地区，贫困群众基本属于"少畜户"或者"绝畜户"。根据访谈和问卷的统计结果，这部分移民数量较多，约占搬迁移民总数的 70% 左右。由于原住地的生态环境不断恶化，放牧谋生越来越困难，他们愿意主动搬迁。对于这一类搬迁群众，相关部门的工作人员经常深入到移民社区，了解移民群众的实际需求，帮助他们出主意想办法，并且根据他们的意愿和能力，尽可能地为其提供就业岗位，使其在搬迁之后，有稳定的生活来源。因为原来属于分散居住，各家各户可以自行其是，搬迁以后需要集中居住，所以还要教育引导移民群众，学会沟通，在社区建立和谐的人际关系，以便更好地融入城镇生活之中。通过深入细致的工作，使他们能够尽早适应新的环境，安居乐业。

第二类——非贫困群众。这部分移民群众收入水平虽然不高，但不在贫困户建档立卡之列，不属于贫困人口，他们中的大多数主要是为了解决子女教育问题而移民，属于"教育带动移民"，约占搬迁移民总数的 20%，有的是受现代化影响较大、目光较为长远的牧民，为了孩子能够接受更好的教育自愿搬到城镇居住。他们搬迁之后，孩子可以在学校上学，解决了孩子们的教育问题，也方便了他们的生产和生活。但这部分移民有的并没有和老人一起移居到城镇或移民社区，年迈的老人仍然留守在牧区，他们的后顾之忧在于对老年人的照料及养老问题。面对这一实际问题，为了使留守老人老有所养，有些县就修建了养老院或托老所，为老人们提供保健或心理疏导方面的支持服务。

第三类——经济条件较好的富裕群众。这类群体比例较小，占移民总数的10%左右，基本属于为创业而移民。在三江源地区，他们具有市场观念，善于接受现代意识，向往城镇生活，属于头脑比较灵活，善于把握市场机会先富起来的牧民，已经有了一定的资本积累，不满意游牧生活的动荡，正好借助国家的生态移民政策顺势迁移到城镇。面对这类有创业意识和能力的群体，相关部门进行了积极的引导和扶持，主要是为其提供资金支持，主动和金融机构联系，给创业者提供贴息贷款，并且制定合适的税收和相关的优惠政策，帮助他们不断提高经营管理能力，为适应市场经济积淀实力。

(二) 生态移民的主要安置方式

虽然关于移民的安置方式有不同的划分，如有无土安置和有土安置、集中安置与分散安置、农村安置和城镇安置等划分方式，本书主要从安置区域的角度考察三江源地区生态移民的安置方式，大体可以分为四种：

(1) 城市移民安置方式。在城镇边缘修建移民安置区，把原来居住在草原其他地方的牧民，迁移到新的移民社区。这种移民安置方式让移民群众从草原搬迁到城市，就业机会增加，而且选择余地较大，生产和生活都极为方便，为其脱贫致富提供了良好的环境条件。由于游牧民族生活的流动性较大，搬迁之后由于生活环境和生活方式的改变，部分牧民不能尽快适应城市移民社区的生活习惯，还有文化方面的差异、习俗上的不同以及对规章制度的适应性等，需要一段时间才能逐渐改变和适应。这种安置方式特点是跨度较大，在三江源地区实施的范围较小，有代表性的是格尔木市曲麻莱生态移民社区，管理方式属于属地管理。

(2) 县内移民安置方式。顾名思义，这种移民安置是指牧民在县内进行近距离的迁移，有些是从原来承包的草原搬迁到县城附近的移民社区，从而在县城内定居就业。因为原来的居住地和搬迁之后的安置区距离相对较近，搬迁成本较低，当地政府提供的移民安置补助费用以及相关资源，能够得到充分的利用，促进移民群众生产的发展和生活的改善。但是也应该看到，三江源地区绝大多数都是贫困县，本来经济发展就比较落后，这种小范围内的县内安置，对牧区移民后续产业的发展、推动作用有限。玛多县野牛沟移民村和果洛州班玛县赛来塘镇移民社区，主要采取的就是这种搬迁方式。

（3）乡镇政府所在地移民安置方式。乡镇政府一般都选择在人口相对集中的地方，因为人口集中，教育、医疗条件较好，相对比较繁华，原来承包草原的牧区群众从原居住地迁移至所属的乡镇政府所在地的移民社区。相对于县内移民安置方式，这种方式因其距离较短，搬迁成本更低。牧民移民后既可以在原有的草场上继续放牧，还能享受到乡镇政府的安置补助费用及其他的扶贫政策，改善了信息、交通、医疗等条件及子女教育条件，提高了生活水平。这种安置方式由于距离迁出地和原居住地距离相对较近，牧民搬迁以前和迁入地文化、习俗以及民族习惯等差异不大，搬迁之后融入当地的文化习俗之中也比较容易，适应性较强。但这种移民方式最大的弊端在于，移民的生产生活方式变动不大，加之观念依旧，未必能够减轻当地生态环境所面临的压力。其中，果洛州甘德县上贡麻乡生态移民社区和班玛县的吉卡社区，可以作为这种安置方式的代表。

（4）本州区域内移民安置方式。就三江源地区生态移民整体情况来看，绝大多数采取的还是本州区域内安置的方式。移民搬迁不需要跨越州界，包括在本县、乡镇范围内进行的迁移，都没有跨越州界。由于是在本州一般是单一民族自治州范围内搬迁，移民迁出地与迁入地之间的文化、习俗、制度等方面的差异性较小，移民的适应性相对较强，能够很快与当地的文化融合。但问题在于，这些贫困县生态环境本来就很脆弱，本州区域内就近搬迁是否又会增加迁入地的生态压力，加剧环境的恶化。这些问题，仍然需要持续观察。

四　三江源生态移民后续产业发展的基本状况

生态移民后续产业能否健康持续发展，是评价生态移民是否成功的关键指标。三江源地区生态移民搬迁工作开始相对较早，移民后续产业的发展虽然面临诸多困难，但总体情况良好，以下从生态移民后续产业发展的主要举措和生态移民后生产生活的变化两个方面做一分析。

（一）生态移民后续产业发展的主要举措

从座谈了解的情况来看，三江源当地政府为了确保移民搬迁后能够"留得住、能致富"，针对移民搬迁以后的现实情况和当地的资源现状，在移民后续产业发展方面进行了积极的探索，多管齐下，采取了多种措施，主要有：

（1）积极开展移民技能培训，为后续产业发展打好基础。针对移民群众文化素质低，劳动技能相对比较单一，就业选择面较窄，部分移民群众缺乏自我谋生的手段。三江源地区各级政府以及相关部门，在移民初期就开展了不同方式、不同层次的技能培训，诸如种植、养殖、机器设备维修、家政服务等，形式灵活，针对性强，效果较好。通过培训，不仅使移民群众掌握了一些基本的劳动技能，更为重要的是改变了小农经济的观念意识，在一定程度上克服了长期以来养成的自由散漫、随心所欲的游牧生活的习惯，培养了重视科学技术、精确、守时的现代意识，提升了综合素质，为移民后续产业发展储备了人力资源。因为培训内容的设计符合移民群众的需求，增强了移民学习的积极性和主动性，收到了较好的培训效果。

（2）依托当地资源，发展优质特色中药材。对于就近搬迁的移民群众，其生产活动仍然主要依靠草原，可以依托当地的资源，发展优质特色中药材产业。有关部门高度重视对中藏医药植物的开发，以当地特有的名贵药材如冬虫夏草、雪莲花、肉苁蓉、黑枸杞、麻黄以及野生黄芪等珍稀植物物种作为依托，加大对优质特色中药材产业的投入。除了采集和种植之外，还对部分中药材进行初加工，不断延伸产业链。随着产业链的延伸，增加名贵中药材的附加价值，中药材产业带来的良好效益，让移民群众的收入不断增加，脱贫致富成为现实。移民群众种植中药材的积极性也不断提高。目前，青南牧区成为冬虫夏草、红景天等珍稀物种的保护区，小块农业区及半农半牧区成为中藏药的种植基地。

（3）组织劳务输出，实现移民增收。对于经济发展相对滞后，劳动力供过于求的不发达地区，通过培训输出一部分有一技之长的劳动力，一方面增加移民群众的收入，使其尽快脱贫；另一方面也为本地区移民后续产业的发展储备人才。通过有组织的劳务输出，让移民群众到经济较为发达的地区就业，感受市场经济，克服小农意识，习得一技之长，体验工业化、组织化、规章制度对人的要求，尤其是对流动较为频繁的牧民来说，这一点非常重要。三江源地区非常重视有组织地进行劳务输出，比如玉树藏族自治州称多县清水河镇政府，曾经与青岛双星集团达成劳务输出协议，成功地把牧民转型为企业的技术工人。

（4）发展劳动密集型特色加工业，解决移民就业。发展劳动密集型特色加工业，是三江源地区实施移民搬迁之后发展后续产业的必然要求。绝大多数移民群众文化素质较低，技术能力有限，虽经短期培训，劳动技能有了一定程度的提高，但是要改变多年形成的观念和把学到的知识转变为能力，不是一朝一夕的事情。而劳动密集型产业生产技术相对比较简单，对从业者的文化及综合素质要求不高，又能提供大量的就业岗位，特别适合三江源地区移民的情况。青海省的特色加工业很具有代表性，尤其是藏毯编制和藏服加工，为大量留守妇女提供了就业岗位。以藏毯编制为例，一些统计资料表明，藏毯每出口 100 万美元，就可以安置 1600 个就业岗位。发展劳动密集型特色产业不仅促进了移民就业，同时也是移民群众增加收入、脱贫致富的重要途径。据调查了解，一般的藏毯编制工人每年以 10 个月计，收入在 4000 元以上，如果技术再好一点的熟练工人，年收入可以达到 5000 元以上。这种收入水平，和外出务工或者种植养殖相比，风险和成本相对更低，而且收入也较为稳定。

（5）结合产业结构调整，引导移民进入第三产业。移民搬入社区，形成了人口的聚集效应，第三产业的发展就成为必然，三江源地区也不例外。各级政府以及移民社区的管理机构，为了方便移民群众的生产和生活，结合产业结构的调整，通过制定相关的优惠政策，引导有意愿的移民进入第三产业，从事餐饮、理发、娱乐、交通运输、商业百货、产品贸易等服务行业，达日县吉迈镇东路移民社区的做法具有一定的代表性。部分移民群众进入第三产业，不仅使自己有了较为稳定的经济收入，也繁荣了当地的经济。

（二）生态移民搬迁后生产生活的变化

本书成员在访谈中了解到，三江源地区绝大部分移民群众对于国家生态移民的政策给予充分的肯定，并且普遍认为，搬迁至城镇以后，在住房、医疗、社会保障、子女教育等方面的条件大为改善，调查问卷的统计结果也印证了这一看法。

一是环境的改善和生活水平的提高。在搬迁以前，很多牧民过着游牧生活，由于环境恶化，甚至水源都成问题，牧民的生活条件非常艰苦，大多数牧民生活极为困难。生态移民的实施，使大批牧民群众由草原迁居到城镇或进入移民社区，集中安置以后居住条件大为改善；通过自主创业、就近务工或者劳务输出，使移民群众有了较为稳定的经济来源；水、电、路、网等较为齐全的基础设施，提高了移民的生活质量，使出行也变得安全便捷。居住的环境改善和生活水平的提高，不仅使生活有了现代气息，也为脱贫致富打下了良好的基础。

二是子女教育条件的改善。移民之前，因为居住地流动性大且较为分散，许多牧民的子女就学困难，有相当多的牧区孩子处在失学或者半失学的状态，一些地方出现的"马背上的学校"，其实是一种很无奈的选择，一代代缺少文化的牧民在延续着，贫困的状况长期难以改变。而移民之后子女可以就近上学。子女就学条件的改善，意味着贫困的代际传递即将终结。座谈中谈起这种变化，移民们感慨良多，他们从自身的经历谈起，因为文化程度低、技能有限，很难适应现在社会的要求，所以把希望寄托在下一代身上，期望他们有好的学习环境，更好地掌握科学文化知识，为将来建设家乡、改变家乡的面貌做出应有的贡献。

三是医疗条件的改善。移民搬迁之前，牧民群众就医难的问题具有普遍性，搬迁之后，城镇都有医院，集中安置的移民社区都建有卫生院或者医疗室，移民看病购药都变得十分方便，生病后不需要再硬扛，也不再会因为看病难而把小病拖成大病。医疗条件的改善，极大地方便了移民群众的生活。

四是就业条件的改善。靠近城镇或者产业园区安置移民，搬迁之后可以就近就业，就业条件得到极大的改善。移民社区人口聚集，接受技能培训也相对方便，产业园区对人力资源需求量大，因而就业率逐年提升。随着技能水平的提高，移民群众对工作岗位的选择余地较大，可以选择更适合自己和收入相对较高的就业岗位，从而使人口的就业结构发生了变化。因为人口聚集，使餐饮、理发、商业零售、交通运输等原来没有的一些产业项目，也快速发展起来。

五是基础设施条件的改善。三江源地区各级政府和移民安置地为了确保移民能够"移得出，稳得住，能致富，不反弹"，在移民安置点规划和建设中，都非常重视基础设施的建设，除了教育、医疗条件改善之外，安置地的交通、通信、供水、排水、垃圾处理等基础设施较为完善，相关部门还加强社会治安方面的管理，群众的生活有了较好的保障，同时也为今后产业的发展创造了条件。

上述这些方面，都是在座谈中，当地干部和移民群众充分肯定的。但是也有少数移民持有不同的看法。他们认为，搬迁到城镇之后生活成本增加，收入有限，物价持续上涨，政府的补助金额一直没有增加，自己没文化、缺技术，想找到稳定的就业岗位难度较大，因为没有固定收入，经济上困难较大。

五 三江源生态移民后续产业发展面临的突出问题

三江源地区生态移民工程实施较早，在搬迁过程中能够因地制宜，探索适合当地经济社会发展水平的搬迁模式，在移民后续产业的发展中，也能从战略的高度，前瞻性地做出规划，各地的产业发展各具特色。但就整体情况来看，生态移民后续产业的发展也还面临一些突出的问题。

（一）部分移民思想观念落后，影响后续产业发展

思想观念是行动的先导，是决定行动的重要因素。部分移民思想观念落后，发展产业意愿不强烈，甚至完全依靠国家和政府的帮扶政策，严重影响了后续产业发展。截至目前，三江源地区实施生态移民的对象，基本上属于长期并习惯于游牧生活的牧民群众，长期的游牧生活，使部分群众缺乏现代生活观念的熏陶，传统观念、小农意识和短期行为，在短期内很难有根本的转变。有些人等靠要思想比较严重，把生态移民搬迁看作政府的事，不思进取，也不改变自己，遇到困难就找政府；有的抱怨搬迁以后生活成本增加，找不到工作也没有稳定收入，觉得还是搬迁以前花钱的地方少，生活成本低；还有的短期行为严重，看到什么能赚钱就做什么，缺乏长远的眼光，例如目前虫草价格高，采挖虫草的收益好，见效也快，就有人把增收的希望寄托在虫草采挖上，根本不关注增收渠道的拓展，但虫草采挖期过后又无事可干，很难维持持续的家庭收入。所有这些落后的不正确的思想观念，仅靠一村一镇对群

众进行教育使其改变，难度很大，需要从社会层面共同面对，探寻解决的对策。因为这一问题不解决，移民后续产业的发展必然会受到影响。

（二）后续产业发展总体不够乐观，移民生计面临诸多困难

从本书成员所到移民新村或移民社区调查的情况来看，三江源地区生态移民的后续产业发展，无论是种植业还是养殖业，亮点很多，但是从总体情况来看，不容乐观，部分移民的生计仍然面临困难。公益性岗位数量有限，劳务输出既要适龄、健康的身体，还要具有一技之长，从事第三产业既要有市场意识还要有足够的资金，因而大部分搬迁移民的生活，主要依靠政府发放的补贴维持。随着时间的推移，移民的生产生活问题会变得愈加突出。还应该看到，外出打工的这部分中青年群体，由于文化程度普遍不高，大部分人除了放牧，并无其他谋生技能，而且学习能力十分有限。他们所从事的一些短期的工作，替代性很强，不确定性也较大，有的甚至朝不保夕。仅有少数人从事劳务、保安、虫草采挖等简单工作，但收入也普遍不高。在很多地方，种植业和养殖业依然以家庭为单位，体现不出规模效益。

（三）后续产业发展面临市场挑战

三江源地区农业产业化还处在初级阶段，随着市场化的推进和全球化时代的到来，农产品市场的竞争越来越激烈，生态移民后续产业的发展，会面临市场更为严峻的挑战。三江源生态移民区本身经济腹地狭小，经济发展水平较低，辐射带动作用较弱，区域内部和外部的市场需求有限。大多数地区无论是种植业还是养殖业，产业链延伸不够，精深加工以及综合利用能力较弱，因而只能提供初级的农产品，附加值较低。经济发展滞后又会影响企业的融资能力，导致企业扩大规模或者技术创新的难度较大。

（四）少数移民出现返迁现象

在三江源地区实施生态移民工程之后，少部分搬迁的牧民适应不了迁入地的生活，又出现了返迁现象，回到原来赖以生存的草原。返迁现象的出现，尽管原因很多，比如生态补偿不足导致移民生活水平下降，有的适应不了迁入地的环境，有的融入不了移民社区的文化，但更为重要的一个原因，还是和后续产业的发展有关。一般来讲，产业发展相对较好的移民社区，绝大多数都会安居乐业；而产业发展相对薄弱的社区

或者移民村，群众收入水平不能提高而且生活成本增加，导致少数移民返迁。从年龄结构来看，年轻人对于移民安置点尤其是城镇的安置点能够尽快适应，他们受到市场观念的熏陶，也有学习的愿望和要求，因而更愿意搬迁。而年纪较大的移民，对于城镇现代生活的适应性普遍较差，意见也较多，他们还是愿意回到自己的故土，习惯原来的生活。

第三节 陕南生态移民后续产业发展的情况与问题
——来自秦巴山区的调查之一

陕南属于秦巴连片特困地区，地处秦巴连片特困地区腹地，既是贫困地区，也是革命老区。2010 年年底，陕西省委、省政府做出了陕南自然灾害多发区 60 万户、240 万人口移民搬迁的重大战略决策，之后，这一规模宏大的民生工程备受社会关注。自 2011 年陕南移民搬迁工程按照规划进程实施以来，已经取得了显著的成效，"搬得出、稳得住、能致富"是当年移民搬迁规划中确定的目标要求，从生态移民以及后续产业发展的情况看，这一目标已经基本实现。作为规模宏大的民生工程，陕南移民搬迁过程中取得了哪些经验，存在哪些不足，当下需要解决哪些主要问题？为了促进移民搬迁的顺利开展，2016 年下半年，本书成员先后对陕南三市部分县（区）移民搬迁及其后续产业的发展情况进行了调查，现对本次调研的情况做一分析。

一、陕南移民搬迁及后续产业发展的基本情况

（一）陕南自然状况及社会经济状况

陕南系指陕西南部的汉中、安康、商洛三地，面积约占全省总面积的 35%，约为 74017 平方千米；人口 906 万人，约占陕西省总人口的 25%。

陕南北接秦岭、南屏巴山，中部是汉水谷地和丹江平原。陕南拥有丰富的水资源、生物资源和矿产资源。长江流域占到陕南国土面积的 96% 以上；黄河流域约占国土面积的 4%，主要分布在区域东部的商洛市。陕南自古以来就是连接陕西和四川的主要水道，水资源储量比较丰富，因此被确定为国家"南水北调"中线工程的重要水源涵养地，有资料表明，整个"南水北调"工程来自陕南的水源约有 70%。

陕南属于我国南北过渡地带，气候温和，雨量比较充沛，四季较为分明。但是，由于山区面积广大和降水丰沛，加上地质结构等方面的原因，属于生态脆弱地区，不仅容易遭受自然灾害，而且出现自然灾害（地震、暴雨等）时容易引发更严重的二次地质灾害（山体滑坡、泥石流等），因此对人民生命财产造成巨大的损失。

陕西省国土厅提供的相关资料显示，中华人民共和国成立60多年来，陕南几乎每隔4年左右就发生一次较大规模的自然灾害。仅2001年至2010年10年间，陕南地区先后共发生过2000多起地质灾害，造成590多人失踪或者死亡，直接经济损失达460多亿元。正是基于这一原因，为了保护山区人民群众的生命财产安全，陕西省委、省政府在2010年才下大决心，做出了陕南移民搬迁这一重大决策。

近年来，陕南社会经济面貌发生了很大的变化，但是由于地理条件的限制和经济基础薄弱等方面的原因，与关中和陕北的经济发展相比较，还是有一定的差距。表6-2中的数据显示了2015年陕西省关中、陕北和陕南三大地带经济社会发展的情况。

表6-2　　　　　　　　　2015年陕西三大区域主要经济指标

		全省		关中		陕北		陕南	
		绝对值（亿元）	占比（%）	绝对值（亿元）	占比（%）	绝对值（亿元）	占比（%）	绝对值（亿元）	占比（%）
生产总值		18171.86	100	11652.4	65	3819.92	21.3	2459.12	13.7
三次产业构成	第一产业	1599.12	8.8	9554.97	8.2	255.93	6.7	378.70	15.4
	第二产业	9358.5	51.5	5546.54	47.6	2379.81	62.3	1219.72	49.6
	第三产业	7214.22	39.7	5150.36	44.2	1184.17	31	860.69	35
全社会固定资产投资		19826.65	100	1288.42	72.8	2526.08	14.3	2277.15	12.9
社会消费品零售总额		6758.11	100	5247.74	79.8	637.5	9.2	692.86	10.5
非公经济增加值		9695.62	100	6018.58	69.4	1355.32	15.6	1297.24	15
地方财政收入		2059.87	100	925.52	62.1	456.73	30.7	107.3	7.2

资料来源：根据《2015年陕西省国民经济和社会发展统计公报》分析汇总。

"十二五"时期以来，陕南三市都不同程度地加强当地的基础设施建设，不断调整经济结构，大力发展当地的优势特色产业，产业结构得到了一定程度的优化，经济综合实力有所提高，经济增长速度也位居陕西前列。但是，由于经济发展的基础较差，在陕西经济三大地带中仍然处于劣势。2015 年，陕西省城镇居民人均可支配收入为 26420 元，陕南地区为 24775 元；陕西省农村常住居民人均可支配收入为 8689 元，陕南地区为 8022 元。两者与全省平均水平都有一定差距。在近几年的全国百强县和西部百强县排名中，陕南三市尚没有进入的县（区），可见陕南经济的发展仍然处于落后状态，贫困面大，贫困程度较深，仅 2012 年新公布的国家贫困县中，陕南地区就有 29 个，约占陕西省贫困县总数的一半。因此，陕南区域经济必须加快发展。

（二）移民搬迁工程的进展情况

为了从根本上解决陕南自然灾害多发区群众的生产生活以及生命财产安全问题，从 2011 年开始，陕西省正式实施了规模浩大的陕南移民搬迁工程，据陕西省移民搬迁工作办公室介绍，仅"十二五"时期，陕西省移民搬迁工程共投入资金 595 亿元，其中各级政府的财政投入为 258.6 亿元。工程实施的效果也很明显，一共完成 32.4 万户、111.89 万人的搬迁任务，因为山区平地较少，建设大规模移民安置区面临现实困难，因此只能选择规模较小的安置区，建设 30 户以上的集中安置点达到了 2252 个，集中安置移民 29.3 万户、102.5 万人。总体上来看，集中安置的目标已经基本实现，集中安置率达到了 90.4%。

其中城镇规划区的集中安置点达到 50% 以上，从山区生态脆弱地带进入城镇的搬迁群众共计有 75.2 万人，仅城镇化率这一指标，陕南三市就提高了 8.02 个百分点。截至目前，大部分移民群众已经入住到新居，特别是通过集中搬迁安置的移民群众，因为生产生活条件的改善，创业或者就业的积极性较高，收入水平也明显提高，充分显示了陕南移民搬迁政策的效果。"十二五"时期，陕南移民搬迁工程实施进展情况见表 6-3。

（三）移民搬迁取得的成效

本书调查表明，"十二五"时期，陕南移民搬迁已经初步显示出了这项重大决策的成效，具体表现在以下几个方面。

表 6 - 3 　　　　　　　　2011—2015 年陕南移民搬迁进展情况

年度	搬迁户数（万户）	涉及人口（万人）	占搬迁总比（%）
2011	6	24	10
2012	8	29.5	12.3
2013	6	22.8	9.5
2014	6	11.7	4.9
2015	6.4	23.89	10
合计	32.4	111.89	46.7

资料来源：根据调查的相关数据分析汇总。

（1）保障了移民群众的生命财产安全。移民搬迁之前，陕南自然灾害几乎每年都带来人民生命财产的巨大损失，而从"十二五"时期实施移民搬迁以来，移民搬迁新址没有出现过一户因灾受损的情况。通过实施陕南移民搬迁工程，使生态环境逐渐恢复，降低了自然灾害发生的频率，因而也减少了伤亡人数，统计数据表明，陕南地区地质灾害和洪涝灾害伤亡率分别下降了 80% 和 70%。事实表明，实施移民搬迁，尊重自然规律，是面对地质、洪涝等自然灾害的理性选择。

（2）改善了陕南山区的生态环境。通过移民搬迁，有效地减少了人为破坏生态环境的现象，不仅使天然林得到了保护，也使山区的生态功能逐渐恢复，体现了人与自然的和谐相处。自 2011 年以来，陕南三市结合移民搬迁、退耕还林等重点工程，大量植树造林，共完成造林面积 507 万亩，完成中幼林抚育 209 万亩。通过造林绿化和森林抚育，陕南三市目前的森林面积已经达到了 6305 万亩，森林覆盖率达到了 62%。与此同时，生物多样性和生态系统的恢复效果也很明显。生态环境的改善，也使水质得到了净化，作为国家"南水北调"工程的水源涵养地，汉江出境水质保持在三类以上。应该说，陕南移民搬迁工程的实施，也保证了一江清水送北京。

（3）优化了区域产业结构。陕南移民搬迁，虽然部分搬迁的群众在迁入地仍然要从事第一产业，即种植业或养殖业，但是更多的移民将进入第二、第三产业中，务工或者经商，因此，移民搬迁工程也优化了陕南地区的产业结构。"十二五"时期的统计数据表明，移民搬迁对优化产业结构的效应十分明显，陕南三市第一产业的比重比 2010 年下降了 5.58 个百分点，第二产业比重上升了 9.8 个百分点，因为近年来工业增长势头强劲，使第三产业的比重相对略有下降。"十二五"时期以来陕南产业结构变化情况见表 6-4。

表 6-4　　　　"十二五"时期以来陕南产业结构变化情况　　单位：亿元、%

指标＼年份	2010	2011	2012	2013	2014	2015
地区生产总值	1122.66	1417.53	1724.28	1997.16	2256.76	2459.12
第一产业比重	20.98	20.10	18.55	17.87	16.3	15.4
第二产业比重	39.80	43.29	46.89	48.87	50.4	49.6
第三产业比重	39.22	36.61	34.56	33.26	33.3	35

资料来源：根据 2010—2015 年陕西省及陕南三市国民经济和社会发展统计公报汇总。

（4）提高了移民群众的生活水平。陕南三市移民中约有 1/3 搬迁户，在搬迁之前大都居住在水、电、路"三不通"的地区，且居住比较分散，生产生活条件极为不便。实施移民搬迁以后，绝大多数移民改变了原来的分散居住的状况，实行了集中居住，不仅交通条件改善，出行方便了，更为重要的是子女可以就近上学，移民安置地的医务室或医院使移民群众就医有了保障，居住条件的改善使移民群众远离自然灾害侵袭，生命财产安全有了保障。由农村向城镇的转移，移民群众由单纯地依靠土地生存向务工经商转变。最为明显的是，移民的收入水平得到了提高，据西乡县沙河镇三友社区主任介绍，三友社区在实施陕南移民搬迁开始的 2011 年，人均纯收入仅 5700 元，到 2015 年，人均纯收入就达到了 8600 元。相关数据表明，实施移民搬迁之后收入的增加带有普遍性，整个陕南地区五年来城乡居民收入变化情况也验证了这一结论。陕南移民搬迁五年来城乡居民人均可支配收入变化情况见表 6-5。

（5）促进了陕南三市新型城镇化建设。城镇化是以农业为主的乡村社会向以工业和服务业为主的现代城市社会逐渐转变的历史过程，是社会经济发展的必然趋势，陕南移民搬迁也顺应了这一趋势。截至 2015 年年底，陕西省城市人口首次突破了 2000 万人，陕南地区城镇人口集聚程度显著改善，仅就城镇化率这一指标，和2011年相比，就提高了10.5个百分点，达到了45.9%。可以说，"十二五"时期以来，陕南移民搬迁工程的实施，为陕南三市城镇化率的提高做出了巨大贡献，更为重要的是，促进了陕南三市新型城镇化建设，为陕南地区节约了大量的土地资源。

表6-5　　陕南移民搬迁五年来城乡居民人均可支配收入变化情况

单位：元、%

地区	项目	2010年	2015年	累计增长
汉中市	城镇居民	14509	23625	62.8
	农村居民	4183	8164	95.2
安康市	城镇居民	14642	27191	85.7
	农村居民	3976	8196	106.1
商洛市	城镇居民	14811	23509	58.7
	农村居民	3605	7706	113.7

资料来源：根据2010—2015年陕西省及陕南三市国民经济和社会发展统计公报汇总。

二　陕南移民搬迁及后续产业发展的途径和模式

陕南移民搬迁的目标要求是"搬得出、稳得住、能致富"，也就是要让群众过上好日子。为了实现这一目标，陕南各市县（区）在移民搬迁以及后续产业发展方面，都不同程度地进行了一些探索。

（一）移民后续产业发展的主要途径

陕南作为国家"南水北调"工程重要的水源涵养地，为了保护生态环境，防止水源被污染，在国家生态功能分区中，境内多数区域被划定为限制开发区或禁止开发区，这在一定程度上对区域经济以及移民后续产业发展带来了不利影响，甚至构成束缚。汉中、安康和商洛三市在经济发展中面临了同样的困境，因此，陕南三市发展移民后续产业，面临的困难更多。尽管如此，汉中、安康和商洛三市都在积极探索，寻求适合当地移民后续产业发展的项目。

汉中市在移民搬迁中结合本市的实际情况，坚持把移民搬迁与城镇化、工业化和农业现代化相结合，与建设经济强市、文化名市、宜居富裕城市相结合，与秦巴山片区扶贫攻坚相结合，与国家"南水北调"

水源地保护工程的要求相结合，立足于移民地未来产业发展需要，在条件允许的地方，特别强调提高集中安置的比重，注重集中安置区的建设，先后在河东店镇、二道河镇和磨子桥镇建设了规模较大的移民社区，不仅方便了移民群众的生活，更重要的是方便其就业。宁强县阳平关镇按照"山上建园区、山下建社区"的思路，确保搬迁户的后续产业发展，镇政府积极引导搬迁户发展种植业和养殖业，依托各移民搬迁户自身的资源优势，先后开设了多期种养殖技术培训班和 SYB（START YOUR BUSINESS）创业培训班，通过技能培训和技术指导，提高了移民群众发展产业的积极性和主动性，目前已经有 235 户移民户种植天麻 427 亩，192 户种植核桃 360 亩，占搬迁户的近 70% 以上。此外，新建的移民街区按照"上住下铺、前街后院、生产生活"的模式进行布局，已经有 67 户临街住户把一楼门面出租或自己开店，实现了就地就业。该镇还帮助小区内的 12 名妇女，在镇上的百亩蔬菜设施示范园找到了工作，28 名群众在小区内从事建筑或者餐饮服务工作。

安康市在移民搬迁以及后续产业发展中，结合当地的实际情况，不断探索，提出了"先落实就业、后实施搬迁"即"先业后搬"的模式，在社区兴办工厂，形成了独特的工作思路，"新社区 + 新工厂 + 贫困户"的就业扶贫新模式，受到国务院扶贫办和国家发改委的重视，被列为经典的扶贫案例。按照市场运作、龙头带动、加快发展等原则，以山林经济、涉水产业和畜禽养殖作为区域特色主导产业，兼顾移民群众的文化程度和技术能力，在工业园区发展劳动密集型产业，便于扩大就业岗位，为移民群众创造脱贫致富的机会。紫阳县高桥镇政府与开源实业公司签订的生产收购订单农业产品合同，参股贫困户种植的玉米按高于市场价的 50% 由企业保底收购，不会再出现"谷贱伤农"的情况，极大地提高了种植户的积极性。移民搬迁后面临的最大问题，就是失去土地进入移民社区以后的融入和就业问题，在移民集中安置问题上，首先考虑集镇、社区和产业园区，通过集中安置，形成人口的聚集效应，方便群众就近就业。对于平地面积较小无法集中安置的镇村，实施分散安置或者鼓励移民外迁。无论采用哪种模式，促进移民就业是最为关键的因素。以汉滨区为例，汉滨区大竹园镇的七堰社区，为了提供更多的就业岗位，促进移民就业，兴建了农业园区，还在移民社区附近兴办制衣、电子元件加工以及包装箱加工等企业，使移民就近务工，增加收入。大河镇的金仓移民安置社区为了方便移民就业，把加工厂办到了群众的家门口，在社区兴办制鞋厂和挂面厂，通过上述劳动密集型企业，解决了部分无法离乡的社区富余劳动力的就业问题。汉阴县为了促进产业发展解决移民就业问题，对自主创业或兴办家庭农场的移民户提供不同档次的资金补助。这种支持鼓励移民搬迁以及后续产业发展的模式，坚持了市场导向，通过资金扶持，因地制宜培育当地产业，取得了较好的成效。

商洛市在陕南移民搬迁过程中，注重规划和培训，重视产业项目的选择和培育，多渠道促进移民群众就业，实现稳定增收，逐步达到脱贫致富的目的。在规划移民安置点时，以集中安置为原则，逐点规划配套相关产业，在山上建园区，山下建社区，制定了相关的创业扶持政策，做出了产业园区、企业用工和移民搬迁就业规划。因为规划先行，确保了搬迁工作的顺利进行，也使搬迁户就业有了门路，增收落到了实处。通过举办不同层次的培训班，改变移民群众的观念，从生活常识到生产技术，进行全方位的培训，培育具有市场意识、具有一技之长的、综合素质较高的新型职业化的农民，为当地的产业发展提供优质的人力资源。在产业项目的选择上，根据不同地区的差异性，发展乡村旅游、运输、餐饮、农副产品加工等，重点突出特色。在乡村旅游项目上，以全国和省级乡村旅游示范村为代表，诸如商州区牧护关镇的秦茂村、柞水县凤凰镇的凤凰街村和商南县城关镇的任家沟村等，通过宣传和推广，发挥其示范带动作用，以便带动其他镇村，形成区域更大、特色鲜明的乡村旅游示范村，既能促使乡村旅游业的快速发展，也能够提供更多的就业岗位，使移民群众具有了稳定的收入来源。对于有创业意愿的资金短缺的移民户，政府制定优惠政策，提供不同额度的扶持资金；对于产业园区缺少资金的企业，政府也提供更多的融资渠道。这些措施，确保了移民搬迁的顺利实施，也促进了后续产业的发展。

（二）陕南三市移民搬迁后续产业发展的主要模式

从陕南移民搬迁后续产业发展的总体情况来看，虽然各地能够根据地域特征以及经济发展和移民群众的具体实际，采用不同的后续产业发展模式，归纳起来，主要有以下几个方面。

（1）旅游景点带动模式。陕南生态旅游资源和观光农业资源有独特的优势，自然风光秀丽，通过旅游产业的开发带动移民就业，不失为后续产业发展较好的选择。汉中市以"油菜花节""橘柑园""樱桃园""梨园"等作为媒介，在安置搬迁移民时，尽可能靠近新建的旅游观光景区，既为附近的移民提供了就业的渠道，也进一步拓展了旅游产业的发展空间。如洋县靠近"朱鹮梨园"景区草坝村移民安置点，一方面，通过在丘陵地带大面积栽培优质水果有机梨，建成了富有特色、规模较大的梨园，形成了一道独特的风景，每年春夏秋三季，吸引大量的游客前来观光旅游，成为现代观光农业的一个典范，既绿化美化了生态环境，又吸纳了部分移民进入到果品的种植和销售领域，在促进旅游业发展的同时又获得了丰厚的经济收入，为增收脱贫奠定了基础。从产业结构来看，也是传统农业到现代农业的过渡。另一方面，陕南三市大多数旅游景区通过建立"农家乐"的形式，为游客提供餐饮、观赏、休闲、娱乐等服务，引导部分移民在这些岗位就业，使移民群众有了较为稳定的收入。安康市的石泉县杨柳秦巴风情园，共有三大区域：公共文化服务区、文化商业旅游区、园林观光休闲区。整个秦巴风情园文化氛围浓厚，特色鲜明。中坝作坊小镇，不仅向游客展示农耕文化，而且还能体验到传统的民俗风情，加之休闲娱乐互动功能，体现了陕南农耕文化的特色。商洛柞水县的凤凰古镇，以独具特色的建筑文化吸引大量的游客，推动了旅游经济的发展，同时为移民的就业提供了机会。

（2）产业园区带动模式。近年来，陕南在经济发展方式的转变和产业结构调整中，根据各地的实际情况，建立了各具特色的现代产业园区。这些产业园区的建立，对于移民的安置也发挥着重要的作用。安康市以生态工业园区为突破点，为了方便移民群众就近就业，在移民安置点的选择方面，尽可能地靠近产业园区，紫阳县的蒿坪镇就很具有代表性，有十多个移民安置点建在工业园区，不仅增加了移民群众的就业机会，而且可以就近就业；位于县城近郊的旬阳生态工业园内有生产、加工、制造等多家企业，吸纳了大量的剩余劳动力，为移民脱贫增收创造了条件。随着企业规模的扩大，产品线的延伸，未来还可以提供更多的就业岗位，带动效应非常明显。商洛市在移民后续产业发展模式的选择上，也非常重视产业园区的带动作用。柞水县先后多次为搬迁移民进行

175

劳动技能和农业实用技术方面的培训，使移民群众掌握相关的技术，在此基础上组织了 1000 多名搬迁移民进入大西沟铁矿、盘龙公司等企业务工；扶持了 360 户移民户发展商贸餐饮、旅游运输等第三产业服务业。汉中市因地制宜，依靠产业园区带动移民就业。宁强县坚持按照"居住在山下、增收在山上，安置在社区、务工在园区"的思路，多种措施并举，解决了搬迁群众的生计问题，并且还在宝珠观、江林等安置点附近，建成了 220 亩食用菌、800 亩核桃、2000 亩烤烟生产基地。

陕南三市产业园区的发展，必然带来第二、第三产业的兴旺，从而带动了农村劳动力的转移，使更多的移民群众掌握技术以后进入企业，成为技术工人，或者进入第三产业，给移民户致富带来了希望。

（3）股份合作制带动模式。股份合作制的实质，是在经济尚不发达的情况下，以资金为纽带，把劳动合作和资金合作相结合，实施合作制的一种发展模式，在西部经济较为落后的地区有广泛的适应性。以安康的紫阳县为例，紫阳县股份合作制带动模式的具体做法，在修建移民户安置公寓时，先借助工商业主的资本，再以附近移民的土地流转入股。比如，综合开发项目——富硒油茶，采用的就是"公司 + 农户 + 基地"的移民搬迁经营模式。项目的总投资是 1.3 亿元，项目的实施首先由业主集中修建移民公寓，对移民户进行整体的搬迁，然后把移民流转过来的土地集中起来，开发种植了 2 万亩具有地方特色优势的油茶。与此同时，移民户通过房产、林权、土地等形式进行入股，与业主共同签订土地流转和置换房屋的合同，最后参与企业的劳动分配。这种模式就其本质来看，就是一种股份合作制，其中既有资本的合作，又有劳动的合作，双方互惠互利，利益共享，风险共担。这种模式符合市场经济的契约模式，在移民后续产业发展和解决移民就业方面前景比较广阔，此项目已经被安康市列为市级重点项目加以推广。

（4）特色产业带动模式。陕南地上生物资源条件较好，是陕西农林土特产品的主要产地，所以陕南三市都在移民搬迁中发展当地的特色产业。基于陕南较为复杂的地形特点，山区县部分移民安置点只能选在丘陵地带，而陕南土特产品的主要产区正好就是这些地区。在特色产业的选择上，一部分移民可以凭借地理优势，依靠种植或栽培果林、药材、香菇、木耳等特色产品，从事生产经营，以此获得经营性收入，帮助移民群众增收致富。汉中市镇巴县碾子镇就采用这种模式，集中移民搬迁后的土地、林地和资金等生产要素，发展规模集约经营，推动茶园、蚕桑、畜牧、莲藕、魔芋等产业项目的快速发展。在发展产业项目的过程中，坚持"实用、实际、实效"的原则，以集中安置点所在的村为单位，具备条件的优先发展农业产业，并且逐渐做大做强，使之成为主导产业，成为移民群众增收的主要途径；不具备条件的，可以因地制宜，创造条件发展农业产业，以提高移民户的种植水平和养殖水平，让移民户有事干、有钱赚。通过示范带动，辐射周边，实现共同发展致富的目的。紫阳县双桥镇六河村移民搬迁以后，不仅在林地上再种植中药材，还进入中药材的交易、运输等环节，延长了产业链，不仅增加了移民的就业岗位，也增加了收入。

（5）劳务输出带动模式。劳务输出是以开发人力资源、转移农村剩余劳动力为模式的新型经济形态，在移民搬迁过程中，劳务输出对于促进县域经济发展和移民增收致富具有重要的意义。近年来，陕南三市在劳务输出方面不同程度地加大了扶持力度，短期来看，这对解决移民就业不失为一个较好的选择。如汉中市宁强县阳平关镇，经过培训，组织了526名青壮年劳动力，到新疆、广东等地从事建筑业、种植业、养殖业以及汽车修理等行业，技术好的移民通过外出务工，有的年收入可以达到10万元左右。收入的增加，既可以缓解移民购房或者建房的经济压力，也可以帮助其发展其他产业。虽然外出务工这种方式从长期来看，可能对移民搬迁后续产业的发展产生不利影响，也增加了部分移民社区住房的空置率。但短期来看，通过劳务输出可以更快地解决移民的就业问题。

上述不同的移民搬迁后续产业发展模式，是各市县（区）干部群众在国家产业政策调整以及新型城镇化的背景下，坚持因地制宜的原则，在实践中不断探索出来的。这些不同的模式，对其他地区移民搬迁后续产业发展的选择，也具有一定的借鉴意义。但是，各市县（区）在具体的选择过程中，应该注意结合当地的实际情况，重点是要突出当地的特色。只有这样，移民搬迁后续产业的发展才会真正收到实效。

三 陕南移民搬迁及后续产业发展面临的主要问题

尽管陕南移民搬迁已经取得了明显的成效和可喜的成绩，但从总体情况看来，大部分地区近期工作的重点，主要还停留在"搬迁安置"上，后续产业发展的问题尚未凸显出来，因而在一些地方并未引起高度的重视。从我们调查的情况来看，陕南移民搬迁后续产业发展面临的困难和问题，主要有以下几个方面：

（一）产业规划问题

按照陕南移民搬迁总体规划的要求，移民安置规划要与后续产业发展规划以及基础设施建设等规划同步编制，通盘考虑，相互配套。但是在调研中我们发现，由于移民搬迁的时间紧、任务重，层层检查和考核，基层各级政府都迫于各种压力，部分产业规划做得不够详细。有些产业园区规划做得过于简单，甚至仅仅是制作出了框架。还需要注意的是，因为资金未能完全到位，有的地方移民搬迁工程仅仅编制了社区或移民点住宅建筑的规划，而其他相关的规划并未编制，尤其是对后续产业的发展规划，还来不及编制；也有的地方虽然编制了规划，但没有经过充分的分析论证，仅仅限于书面材料，应对上级部门的检查和评估。部分县区由于规划未能先行，因而对移民迁入地今后的产业发展问题，缺乏前瞻性和系统性，这将对未来移民搬迁地后续产业的发展带来极为不利的影响。

（二）资金问题

在调研中，各地不同程度地都反映到资金紧张的问题。从政府层面看，依靠市、县财政筹款压力巨大。商洛市规划十年搬迁安置71.8万人，建房投资需要180亿元，移民户补贴需要54亿元，按照政策预算，省级财政需要承担117亿元，市、县两级财政需要落实配套资金45亿元，由于陕南经济增长缓慢，市、县两级财政的负担能力有限，尤其是县级财政，因为落实配套资金的比例太高，筹集资金面临的困难更大。随着物价、工价和原材料价格的快速上涨，建设成本也在不断增加，原来规划的资金远远满足不了移民安置的需要，后续产业发展所需要的资金更难以落实。再从移民户这一层面来看，尽管政府移民政策规定对移民户按照建房的面积大小有一定的补助，但山区农民长期贫困，积累的自有资金十分有限，许多移民户因为购房或者建房，已经背负了沉重的债务，而后续产业发展也需要个人拥有一定的启动资金，很多移民难以筹集。虽然移民搬迁政策对特困户采取无偿安置，但是能够享受这种政策的移民户数量较少，而且特困户大多缺乏劳动力和技术，搬迁以后生活难以为继，因而特困户大多数搬迁意愿不够强烈，搬迁以后的就业问题也不容乐观。

（三）政策问题

调查表明，陕南移民搬迁无疑是一项惠及子孙万代、影响深远的民生工程，深受山区群众欢迎。但是，由于过去的户籍制度、土地制度、教育制度、就业制度、社会保障制度以及政策的不完善，加之传统落后的习惯势力、小农意识等观念的消极影响，使新移民进入迁入地或者进入城镇以后，短期内还很难融入新的生活环境中去，特别是对于迁入城镇的一般移民来讲，类似于"民工"的身份还未能随之改变，因此移民的"市民化"问题还需要相关政策配套解决。陕南属于国家秦巴连片特困地区，近年来，国家对于连片特困地区的扶贫开发力度不断加大，移民搬迁与片区扶贫以及"南水北调"水源地建设相关政策需要整合，资金也需要集中使用，以提高资金的使用效益，避免出现到处撒胡椒面的现象。调查发现，由于相关政策还不到位或城镇生活成本的增加，有的移民社区移民的入住率还不够高，甚至有的还处于农村—城镇的"两栖"状态。

（四）基础设施问题

调查中，我们发现，一些移民点在安置点开始建设时也有统一的规划，但是由于资金配套不上，加之材料价格上涨，建设需要的资金不到位，导致基础设施不够完善，相关的生活服务设施也不够健全。由于基础设施建设与后续产业发展统筹不力，有的移民在移民区楼房的地下室自己打井取水，还有些私自建造了养猪或养鸡的圈舍，这对未来移民社区的公共环境卫生以及人们的生活质量将会带来消极的影响。与基础设施相联系的公共服务也不够健全，移民社区在设计时虽然规划了幼儿园及学校，为孩子入托、上学提供了方便，但大部分没有养老机构，随着老龄化时代的到来，移民安置区未来的养老又会成为问题。

（五）市场问题

近年来，随着国家脱贫攻坚和精准扶贫步伐的加快，各地都不同程度地对产业扶贫给予了高度的重视，作为扶贫包联单位和扶贫干部，都希望自己帮扶的贫困户能够尽快摘掉贫困户的"帽子"，为此在发展产业上积极帮助贫困户出主意、想办法，包括送鸡苗鸭苗、买仔猪、买树苗等，这本来是件好事，但是因为这些赠予行为未能纳入移民后续产业的发展规划，也缺乏对市场趋势的深入研究，主要着眼于"短平快"项目，结果使许多贫困群众在产品生产出来以后，却遇到了销路问题，甚至出现了类似"谷贱伤农"的市场现象。因此，在移民后续产业的发展中，如何将贫困的小农户组织起来应对大市场的挑战，也是需要认真研究的一个问题。

第四节　陕西宁强县生态移民后续产业发展的情况与问题

——来自秦巴山区的调查之二

陕西省宁强县地处秦巴连片特困地区、陕甘川三省交界地带，北依秦岭，南枕巴山，地形多呈"V"形构造，受到地理条件差、自然灾害多、交通不发达等因素的影响，山区群众贫困程度较深。2008年因为汶川"5·12"地震，宁强县多地受灾较为严重，因此也属于陕南移民搬迁工程的重点区域。通过生态移民使广大贫困群众走出大山，脱贫致富，不仅是宁强县移民后续产业发展的迫切需要，也是检验其移民搬迁效果的关键，同时更是宁强县精准扶贫和县域经济发展的一个重大课题。本书成员利用暑假对宁强县移民后续产业的发展情况进行了调研，并对其存在的问题及原因作了初步的分析。

一　生态移民对宁强县的特殊重要意义

作为连片特困地区的一个国家级贫困县，宁强县不仅面临着脱贫攻坚和精准扶贫的迫切任务，同时面临着灾后重建的艰巨任务，因此，生态移民对于宁强县来说，有着特殊重要的意义。

（一）生态移民是精准扶贫的必由之路

我国多年来的扶贫实践已经表明，单纯依靠捐钱捐物的扶贫工作，很难使贫困群众达到根本脱贫的目的，有时更多的扶贫资金投入也未必能够实现稳定的脱贫。对于宁强县山区的贫困群众来说，首先解决移民的生命安全问题。通过移民搬迁的方式，保证了群众的生命安全和财产安全。其次通过集中安置和产业开发，形成产业聚集区，并且以产业来带动就业，让大量的移民具备一技之长，通过掌握一定的技能脱贫致富。中西部地区生态移民的实践证明，农民从原来在山区较为分散的居住地，搬迁进城入镇或者到移民社区之后，随着客观环境的变化，观念也会随之逐渐改变。对大部分搬迁移民来说，眼界宽了，思维灵活了，市场经济的意识增强了，创业或者就业的途径就会更加广阔。配合产业化发展，一部分移民进厂务工，成为技术工人；另一部分移民进入餐饮、商业、运输等第三产业；还有的移民从事种植和养殖，成为新型职业化农民。通过这些转变，不仅使移民群众有了稳定的收入，可以脱贫致富，客观上也促进了农业产业结构的调整和优化，可以创造更多的就业岗位，吸纳更多的移民就业。因此，生态移民本身就体现了精准扶贫的要求。

（二）生态移民是脱贫攻坚的治本之策

我国 14 个集中连片特困地区，除个别地区外，基本都处于中西部地区。中西部地区不仅贫困面大，而且贫困程度也较深。宁强县的贫困程度在中西部地区中颇有代表性，在生态移民搬迁之前，政府每一年把扶贫的重点侧重于放在减灾防灾和救济方面，每年都要拨专款扶贫救灾，或者发动群众向灾区捐款捐物，但自然灾害总是频繁地出现，贫困问题依然没有解决。因此，简单的扶贫和减灾防灾这种方法，只能解决困难群众暂时性的问题，群众的脱贫问题并没有从根本上得到解决。国家扶贫开发政策虽然已经实施了多年，但是，贫困山区自然条件太差，有些地方生态脆弱，环境承载能力有限，甚至不适宜于人类生存，因此按照传统的扶贫形式，重视钱物救济，只能在短时间内产生效果，很难从根本上改变山区贫困群众的贫困状况，人们的生存环境也很难从根本上得到改变，贫困人口的素质和能力也无法提高，最终使扶贫效果大打折扣。另外，从经济的角度来讲，比起"年年扶贫，年年贫困""年年受灾，年年救灾"的恶性循环来，移民搬迁反倒是最经济和最有效的办法，所以说生态移民是脱贫攻坚的治本之策。

（三）生态移民是精准脱贫的必然选择

以陕南地区为例，移民搬迁工程实施以来，使 110 多万山区群众告别了危险恶劣的生存环境，并且逐渐摆脱因灾致贫和致富无门的困境，50 多万贫困人口实现了脱贫。移民搬迁工程的实施，带动了移民迁入地的相关产业的发展。更为明显的是，移民进入城镇集中安置，可以就近务工进入第二、第三产业，有了较为稳定的收入来源，使土地流转成为可能，加快了种植业和养殖业的发展。土地的适度规模经营，使产业大户有了用武之地，又催生了现代农业园区和家庭农场，不仅可以吸纳大量的富余劳动力，增加就业岗位，还可以发展观光农业，促进乡村旅游经济的发展，加快了农业现代化的进程。另外，集中安置使人口的集聚效应明显显现，降低了交通成本，资源要素可以进一步优化配置，拉动消费，促进了经济社会的协调发展。总之，生态移民搬迁推动了现代农业、新型工业和生态旅游业等相关产业的快速发展。因此，是移民群众摆脱贫困增收致富的必然选择。

二 宁强县移民后续产业发展的主要做法

宁强县在移民搬迁工作中，把移民的就业和增收作为重要目标，克服各种困难，积极推进，使移民搬迁工作取得了较好的成效。具体做法如下：

（一）坚持规划先行，突出集中安置

在陕南移民搬迁过程中，宁强县坚持陕西省提出的"五个结合""四个统一""三个靠近"的原则，科学规划、合理安排，让移民向旅游景点、工业园区、公路铁路附近等人口集中的区域或城镇汇聚，以发挥人口和资源的集聚效应，只有集聚了人气，才能为后续的产业发展奠定基础。本着这样的思路，宁强县在县城西城新区建成的规模较大的二道河移民安置点，也被称为是陕南最大的移民安置点之一，已经入住了2020户移民群众；又在县城东城新区循环产业园区附近，修建了简车河移民安置点，规划安置移民5058户。宁强县打算在县城总共安置移民7178户，占到全县十年移民安置总任务的39.55%。

（二）完善基础配套设施，为后续产业发展奠定基础

宁强县在确定移民搬迁规划的同时，专门制订了《宁强县陕南移民搬迁产业发展规划》和《宁强县特色农业、旅游业和20个重点项目发展规划》，尤其突出了配套设施的建设和规划，将居民住房建设与基础设施、公共服务设施、污水处理等进行同步规划、同步建设，将绿化亮化、幼儿园、卫生室、警务室、社区服务中心以及水电路信等配套设施，落实到相关责任部门合力共建，立足于移民今后的可持续发展。这

些较为完善的基础配套设施，为移民后续产业发展奠定了良好的基础。

（三）重视特色产业培育，实现移民脱贫增收目标

在移民后续产业发展中，宁强县重视特色产业的培育。已经建成的特色优势产业项目，有烤烟、核桃和食用菌等，并配套建设了相关的产业园区，较大规模的有天台山安置点 2000 亩的烤烟园区，金牛新区安置点 800 亩的核桃园区，还有宝珠观安置点 220 亩的食用菌产业园。除此之外，宁强县还在另一个移民安置点子龙新区建设了 1100 平方米的农贸市场，方便移民群众的生活。同时也为其就业提供了平台。为了扶持特色产业的发展，宁强县还主动采取了"走出去、请进来"的方式，除了组织部分移民群众外出学习考察之外，有关部门还结合当地实际，举办了多期培训班，对有创业意愿的移民进行系统的培训。

（四）吸引爱心企业参与，共同解决移民就业问题

近年来，宁强县为了解决移民就业困难的问题，还主动和企业联系，吸引爱心企业参与产业园区的项目，帮助移民在企业就业。截至目前，已经与多家爱心企业签订了用工协议，已经有一批爱心企业积极吸纳了大量的移民在本公司就业，诸如陕西秦巴生态食品开发有限责任公司、西安好蔬商贸有限公司、西安中环再生资源开发有限公司、西安雄峰印务有限公司、西安钟楼企业营销管理有限公司、汉中珑城建材有限责任公司等。这一做法，对解决移民就业问题起到了非常重要的作用。截至目前，爱心企业的数量还在继续增加。

（五）多渠道解决后续产业发展资金和就业问题

为了破解移民后续产业发展的资金"瓶颈"，宁强县除了争取国家财政资金的支持外，也加大了招商引资的力度。重点扶持和培育县域主导产业的发展，特别是对矿产龙头企业的资源整合，增效节能，加快发展，同时也注重招商引资，吸引外地的企业和个人投资者来产业园区发展，为移民就业提供了广阔的空间。为扩大移民就业，宁强县不仅加大了对农村经济合作组织的建设，还大力发展旅游业，以旅游促经济发展。通过多渠道，不仅能够集聚移民后续产业发展所需要的资金，更为重要的是促进了移民群众的就业。

综上所述，宁强县在移民后续产业的发展中，特色优势产业发展取得了可喜的成绩，特别是食用菌产业，发展的效果十分明显。但是必须

看到，宁强县的生态移民后续产业发展，总体上才刚刚起步，今后的发展仍然任重道远。

三 宁强县移民后续产业发展存在的主要问题

（一）移民后续产业发展仍然滞后

生态移民后续产业发展的根本目的，是为了改善老百姓的生活环境，让老百姓在更加安全、更加便利、更加健康的环境中生活。只有后续产业有效发展了，才能使广大移民群众积极应对困难，搞好灾后重建工作，改善生活条件和生产条件，重新树立起生活的信心和勇气。但是，从总体上来看，宁强县移民后续产业发展依然相对滞后。由于陕南的移民搬迁工程相对于其他地方起步较晚，而宁强县的移民搬迁工程就更晚，从 2011 年 7 月才开始实施，2011—2015 年这几年主要是移民搬迁阶段，许多地方还无暇顾及移民后续产业的发展问题。深入宁强县调研中发现，多数地方移民安置点的房子是建起来了，但是入住率相对较低，有的还不到 50%，一般在家留守的都是老人和孩子，青壮年外出打工的人数相当多。全县只有少数地方的移民搬迁后续产业发展初具规模，如二郎坝镇天台山村有 2000 多亩的烤烟，舒家坝镇宝珠观村有 220 多亩的大棚袋料香菇等。除此之外，其他大部分移民安置点的后续产业发展相对滞后。由于产业项目较少，吸纳劳动力有限，当地无法解决农村剩余劳动力的就业问题，因此，青壮年农民只有外出务工。

（二）资金"瓶颈"需要突破

目前，国家对生态移民的资金保障，主要集中在解决搬迁户的住房、道路、电力、通信等方面，而对后续产业发展的保障性资金还是很有限的。虽然，政府对于移民安置制定了一些优惠鼓励措施，以吸引移民配合政府的行动，而对于移民搬迁户今后的生活诸如经济来源、就业门路、从业技能等方面尚没有新的优惠政策。因此，在这种情况下，要保证实现移民"搬得出、稳得住、能致富"的目标，难度是很大的，尤其是资金的需求量较大。加之不少移民搬迁前家底就薄，搬迁以后背负了不少债务，而开销不断增加，使他们在经济上捉襟见肘。因此，大部分移民搬迁以后，大量的投资在生活领域，对后续如何发展产业的问题还无暇顾及，想通过后续产业发展来发家致富的愿望短期内难以实现。要满足生态移民的后续产业持续发展的需要，还离不开政府更多的资金投入，只有帮助农户扩大生产规模形成产业的规模效应，才能不断提高产业效率增加农民的收入。因此，只有以资金支持和政策扶持做后盾，多方筹集扶持产业发展的资金，移民后续产业的发展才能落到实处，移民工程的正效应才能得到体现。

（三）移民缺乏有效的专业技能培训

由于宁强县地处秦巴集中连片特困地区腹地，山区农户居住分散，交通不便，信息闭塞，农民文化水平相对较低，受这些因素的影响，山区农民基本以种地为主，一旦搬迁到新的移民聚住地，远离了土地，农民往往不知所措，不知道该干什么、会干什么，从而对未来的生活失去信心，使"搬得出、稳得住、能致富"的要求很难实现，特别是移民缺乏有效的专业技能培训，已经成为阻碍移民后续产业发展的主要因素之一。此外，目前一些专业培训机构的软件及硬件设施欠佳，特别是师资力量缺乏。移民的专业技能培训涉及面较为广泛，诸如建筑业、机械制造业、手工业、服务业、农产品加工业等多个工种和行业，而负责专业技能培训的相关机构的条件也难以适应。作为贫困县，经济基础较为薄弱，县级财政也无力满足主要培训机构对改善培训硬件设施的要求，加之专业教师短缺，即便外聘教师，也由于聘期短暂，使学员的专业技能培训收效甚微。此外，部分技术培训机构在培训过程中重理论、轻实践，且没有考虑到移民的文化水平和接受能力，导致政府投入多而移民参加培训的积极性低，培训效果不明显。

（四）"无土"和"上楼"的安置方式不利于移民后续产业的发展

所谓"无土"，就是移民到新的安置点后没有分到基本的口粮田；所谓"上楼"，就是移民安置点的房子大部分都是楼房。近几年宁强县移民搬迁工作在县委、县政府的领导下，坚持进城、进镇、进中心村"三个方向"，坚持集中安置、大点安置、上楼安置的原则，真抓实干，取得了显著的成效。但是，其"无土"和"上楼"的安置方式，客观上不利于移民后续产业的发展。本来像宁强县这种社会经济发展水平不高、市场经济欠发达、人口密度不大、以农业生产为主的地区，适合的移民安置方式应该是"大农业模式"，也就是保证每个移民拥有一份基本口粮田的"有土"安置，但宁强县的移民无论是集中安置还是分散安置，移民在新的安置点都没有分到土地。对于那些有一技之长的移民，他们可以在新的安置点找到就业门路，或者自己创业。而对于那些除了务农以外别无所长的移民来说，虽然搬迁以后房子新了、道路宽了、生活条件改善了，但是却陷入种粮无土地、创业无资金、致富无门路的困境之中。在实地调研过程中，不少受访者抱怨由于没有土地，他们吃啥都要买，生活成本比以前大大地增加了，他们真不知道该干什么、能干什么。加之大部分移民安置点的房子是楼房，没有一技之长的移民搬进楼房以后，一方面觉得生活上不如以前住平房方便，另一方面也觉得不能像以前一样可以养猪、养鸡，补贴家用。在这种情况下，移民中出现抱怨情绪是正常的，甚至出现回迁现象也属无奈之举。

第五节　陕西宁强县宝珠观村移民后续产业发展的案例分析
——来自秦巴山区的调查之三

后续产业发展历来是生态移民能否成功的关键问题。围绕这个问题，近年来各地都进行了不同形式的探索，也涌现出了很多有价值的模式。宁强县舒家坝镇宝珠观村，在生态移民后续产业发展方面，结合本地的实际情况，依托当地的气候条件和资源优势，大力发展食用菌生产，取得了显著的成效，不仅为当地移民群众找到了生产的门路，也带动了当地贫困群众的脱贫致富，在精准扶贫、精准脱贫方面做了有益的探索，因此，宝珠观村的经验也受到了国家扶贫办、陕西省有关部门和领导的高度重视。本书通过调研，拟将宝珠观村移民后续产业发展作为一个个案，对其做法、经验做一些分析，以资借鉴。

一　宝珠观村及移民点的基本情况

（一）宝珠观村基本情况

宁强县舒家坝镇宝珠观村，位于宁强县城西南 15 千米处，地处秦岭巴山交会地带，山大沟深，地势险要，是宁强县贫困人口比较集中的地区，2006 年被确定为陕西省扶贫开发工作重点村，2011 年被列为扶贫连片开发整村推进村。全村有耕地 2847 亩，主要为山坡地，另有林地 2.9 万亩。全村共有 5 个村民小组，311 户、1084 人，其中贫困人口就有 196 户、655 人，贫困人口占总人口 60% 以上。2008 年，该村农民人均收入仅 2000 多元。近年来，由于产业项目选择正确，带动效应明显，宝珠观村农民的人均收入连年增长，2015 年，该村实现了农民人均纯收入过万元的目标。

宝珠观村原是宁强县沙河子乡政府的所在地，随着 1996 年乡镇机构改革，沙河子乡被撤销，并入到现在的舒家坝镇。自 2010 年以来，宁强县依据陕西省陕南移民搬迁安置规划的要求，对部分贫困群众实施了易地安置，这些群众原来一直居住在生态环境脆弱地区，地质灾害发生较为频繁，如果不搬迁就很难摆脱贫困，舒家坝镇的宝珠观村就属于这种情况。宝珠观村作为宁强县的贫困村，由于偏僻的地理位置和恶劣的气候条件，加之人口居住分散，土地贫瘠收入来源少，附近的一些村民长期遭受贫困和自然灾害的困扰，难以实现脱贫致富。有的村民从前住在高山上，不通水不通电，交通也很困难，吃水要去半公里以外的河边自己挑，生活十分不便。2008 年，汶川大地震，这一带由于距离震中较近，也属于受灾比较严重的地区，不少农户房屋倒塌，损失严重。由于当地生态较为脆弱，经常出现洪涝灾害和滑坡等地质灾害，人民群众的生命安全得不到保障。正是基于这种情况，当地政府在靠近宁青公路的地方选择了移民安置点，易地安置了部分山上的群众。

（二）宝珠观村移民安置点的情况

宝珠观村移民搬迁安置点是 2010 年陕西省实施的扶贫移民搬迁项目之一，在交通条件便利的舒家坝镇宝珠观村新建安置点一处。截至 2015 年年底，该安置点已经集中安置原来居住在高山条件恶劣和地质灾害点的贫困户达 60 多户、156 人，加上分散安置的，全村有 103 户群众都住上宽敞明亮的楼房。宝珠观村的移民安置点由于建在交通便利的宁青公路旁边，安置点水、电、路等基础设施及公共服务设施齐全，小区环境优美，不仅彻底改善了移民群众的居住条件，也方便了移民的就业或创业，为移民增收、脱贫致富创造了良好的条件。现在，宝珠观村作为陕西省扶贫重点村，村容村貌建设也富有成效，一排排移民安置楼房整齐地排列在公路两边，尤其引人注目的是有座由天津援建的、3 层楼高的小学教学楼，既漂亮又有气势，移民子女就近上学问题得到解决。公路两边的田地里既有种植的油菜，开满了金灿灿的油菜花，又种植了大片的香菇，一派生机繁荣的景象。

二 宝珠观村移民安置点后续产业的发展

对于山区的贫困群众来说，从山上搬迁到条件较好的地方安居，无疑是其祖祖辈辈梦寐以求的愿望。这种愿望在千村万户扶贫移民搬迁项目和后来的陕南移民搬迁工程实施中变成了现实，移民迁入新居，其乔迁之喜是难以用语言形容的。但是，"移得出"的问题解决之后，接下来面临的则是如何解决生计的问题，这也是移民能否"留得住、能致富"的关键。

宝珠观村党支部书记孙大勤和安置点的移民群众一样，也一直在思考和探索移民后续产业发展的问题。在对当地自然条件和资源特点认真分析的基础上，他决定把发展食用菌栽培、劳务输出、生猪养殖作为全村的主导产业来抓。孙大勤早年曾经办过菌种厂，掌握食用菌生产的技术，为了证明他选择的正确性，他首先在自己家的两亩多地里搞起了2万多袋袋料香菇，结果获得了成功。在他的示范带动下，村委会主任、村计生专干、组干部和一些有胆识的农户，也纷纷搞起了袋料香菇的生产。为了解决袋料香菇生产规模扩大以后的销售问题，孙大勤还引进了外地的香菇种植大户和收购商，前来宝珠观村发展香菇产业，开展联合合作，并在土地、住房等方面给予客商们一定的优惠。开始，有的人对于香菇生产还存在怀疑、观望，等到孙大勤和一批人袋料香菇生产取得了成功，并获得了可观的经济效益以后，大家原有的顾虑很快就消失了。现任村主任毛友福曾算过一笔账：2012年年初，他投资15万元发展反季节地栽香菇3万袋，每袋能卖8.5元到9元，去除成本1袋能赚3.5元，利润较为可观，他打算继续扩大袋料香菇生产的规模。瞄准了香菇生产的目标，村上决定通过申报陕西省农业综合开发项目，获得资金支持，进一步扩大香菇的生产规模，实现香菇的产业化经营。2012年年底，在当地政府及有关部门的支持下，宝珠观村建设了100亩反季节地栽袋料香菇的生产项目，参与该项目的移民户均获得了满意的经济效益。因为收益可观，大家一致期望能够再进一步扩大反季节地栽袋料香菇的生产规模。

2014年，在村上原有100亩反季节地栽袋料香菇生产项目的基础上，宝珠观村又申报了香菇生产标准化示范园项目，并得以获批。该示范园于2014年4月开工建设，争取到陕西省农业综合开发项目资金

130 万元，拟建成标准化食用菌大棚 52 座，建机井 1 眼，安装灌溉管道 3300 余米，购置生产设备 23 台，引进食用菌新品种 6 个，计划种植食用菌 180 万袋，培训食用菌种植技术人员 700 人次。与此同时，宝珠观村 71 户菇农投资近 800 万元，集中流转土地 356 亩，在标准化食用菌示范园里，按照计划发展了反季节地栽袋料香菇 180 万袋，当年实现产值 1800 万元，纯收入超过 1000 万元。该示范园建成以后，当地 51 户农户及周边镇村 20 户农户入园种植香菇，使当地移民群众和农村剩余劳动力在家门口就能实现就业，拓宽了群众增收的渠道，让农户在土地流转、进园务工、生产香菇三个方面，都获得了可观的收益。示范园项目的建成，也结束了本地区夏天不产香菇的历史，丰富了夏季的蔬菜市场，满足了群众的生活需要。

在标准化食用菌示范园区的带动下，宁强县大安镇、胡家坝镇也相继建成了百亩反季节食用菌产业园，推动了全县食用菌产业的长足发展。有资料表明，1999 年宁强县全县食用菌种植仅有 100 万袋，到 2015 年已经发展到了 4000 万余袋，袋均效益由 1.2 元提升到 7 元，产业覆盖面由原来的 7 个镇扩大到现在的 18 个镇，覆盖率达到 85.7%，年产鲜香菇 3 万吨，其他鲜品菇类 2600 余吨，年实现产值 2.34 亿元，全县农户人均增收 780 元。目前，宁强县食用菌产业还在持续发展，产业覆盖 18 个镇 159 个村 3975 户，年产值达到 2.5 亿元，已经成为汉中市食用菌生产的带头县。

对于西部不发达地区移民搬迁后续产业的发展来说，探索是没有止境的。宝珠观村并没有在香菇袋料栽培的基础上止步，在食用菌领域，他们不断创新思路，近来又引进了经济价值更高的一种食用菌——黄金木耳，并且在当地试种成功。据调查，目前黄金木耳每千克市场售价在 380 元左右，无论是价格还是营养价值以及药用价值，都远远高于黑木耳，也远远高于香菇。2017 年，宝珠观村食用菌基地 32 户农户投资 480 万元栽培黄金木耳，出耳率达到了 90% 以上，全年产值达到 640 万元，户均纯收入达到了 5 万元。

上述数据，见证了宝珠观食用菌示范园区对移民后续产业发展的示范作用，也见证了宁强县尤其是宝珠观村干部群众致力于发展富民产业的不懈努力。

三 宝珠观村移民后续产业发展成功的原因

宝珠观村移民搬迁安置点通过发展特色农产品，即食用菌的栽培，使当地移民群众真正实现了"搬得出、留得住、能致富"的目标。宝珠观村产业项目的成功，不仅使移民和当地群众从中受惠，而且也辐射到邻近村镇以至于整个宁强县，带动了全县食用菌产业的发展。近年来，外地前来宝珠观村参观学习取经的团体和个人也不少，国务院扶贫办和陕西省有关领导也对宝珠观的做法及经验给予了肯定。那么，宝珠观村移民后续产业的发展为什么能取得成功，主要原因有哪些？

（一）因地制宜，选准产业项目

从本地自然状况和资源特点出发选择后续产业项目，这是宝珠观村移民后续产业发展成功的首要原因。陕南一直有发展香菇、木耳等食用菌的传统，特别是 20 世纪 80 年代，汉中市有的区县就在发展香菇袋料栽培技术方面取得了很大的成功，留坝县袋料香菇一度也上了规模。实践证明，袋料香菇生产，不仅节约了资源，而且产量较高，同时也符合山区的资源和自然条件，是可供搬迁移民脱贫致富的一条重要途径。宝珠观村正是结合本地实际，从本地资源特点和产业发展的传统出发，选择了反季节地栽袋料香菇生产，在香菇生产原有技术的基础上也有一定程度的创新，实现了"地栽"和"反季节"的突破，并将其从香菇生产扩大到黄金木耳的生产。

宝珠观村现有林地面积 2.9 万亩，山林资源丰富，其中栎类资源丰富，占到 72%，丰富的栎类资源正好满足了发展袋料香菇等食用菌的需要。从市场前景来看，随着人们物质生活水平的提高，在吃饱的基础上更加注重营养，香菇和黄金木耳等菌类富有营养价值或药用价值，获得消费者的喜爱，市场需求量大。从生产周期来看，相对也属于"短、平、快"项目，对农村精准扶贫和移民后续产业发展来讲，都是非常适合的项目。镇上和村里把袋料香菇食用菌作为主导产业，建立了食用菌产业示范园，推动食用菌生产的规模化、专业化和标准化。这种产业化的经营模式，不仅选择正确，也符合现代农业发展的方向。

从整个宁强县来看，境内气候温和，雨量充沛，袋料香菇等食用菌完全有条件在全县范围内形成前景广阔的特色优势产业。

（二）有一个好的致富带头人

"火车跑得快，全靠车头带。"在市场经济条件下，"车头"的带动作用依然非常重要。年逾50岁的村支书孙大勤过去曾经外出务工，后来又经商办厂，经历丰富，见多识广，1999年当选为宝珠观村村主任，2008年当选为该村党支部书记。当时的宝珠观村，农民人均纯收入只有2000多元，大部分村民居住在条件恶劣、土地贫瘠、交通不便的山上，山洪年年泛滥，群众出行十分困难，长期处于封闭状态；加之照明线路远、电压低、电费高，群众的生活也受到影响。孙大勤下定决心，一定要带领全村群众改变落后面貌，下大力气解决群众增收问题，同时在政府支持下解决本地"出行难、用电难、致富难"等难题。宝珠观村袋料香菇等食用菌产业的发展，离不开这样一位富有开拓创新精神的致富带头人的带领。

在扶贫开发和移民后续产业的发展问题上，村组干部是具体的组织者和实施者，一方面，他们要搞好群众的发动组织工作，能够说服群众；另一方面，他们必须自己带头扎实苦干，这样才能真正发挥示范带动作用。在对宁强县宝珠观村调研过程中发现，宝珠观村组干部齐心协力，在产业发展方面确实为移民群众发挥了很好的带头示范作用。正是因为有人带头，袋料香菇等食用菌产业才得以发展起来。在发展袋料香菇等食用菌项目之初，大多数村民从未接触过袋料食用菌，等待观望情绪严重，在这种情况下，由于村支书孙大勤、村主任毛有福、计生专干毛燕德三人带头发展，群众对发展袋料香菇才有了信心和决心。他们每人带头发展袋料香菇等食用菌2万袋，群众的积极性一下子就被调动起来，特别是看到袋料香菇销售获得了可观的经济效益以后，群众的参与热情才高涨起来。全村袋料食用菌从2012年年初的10万袋迅速发展到2015年的100多万袋（不含外村在园区的部分）。宝珠观村移民后续产业的成功，不仅带动了本村群众的脱贫致富，对周围村镇甚至全县都起到了示范效应。

（三）采用先进的产业组织解决销售问题

无论是扶贫产业还是移民后续产业的发展，凡是涉及规模化、产业化经营，都离不开先进的产业组织形式。为此，宁强县舒家坝镇与河南省西峡县万信食用菌公司联合，采取"公司＋基地＋农户"的形式，进行食用菌产业示范开发，为宝珠观村袋料香菇生产产业化奠定了基础。为了弥补夏季香菇市场的空缺，宁强县农业局 2012 年积极引进反季节袋料香菇地栽新技术，按照"公司＋农户"的模式，投资 400 余万元，在舒家坝镇宝珠观建成示范园 100 亩，发展地栽香菇 80 万袋，园区统一规划，租用连片的土地，为了提高产品的标准化水平，统一生产技术标准。并且在此基础上逐年扩大，一直发展到目前的 180 万袋的规模。

随着袋料香菇生产规模的扩大，销售的问题逐渐凸显，为了确保销路畅通，宝珠观村通过外引内联的方式，与大的公司签订销售合同，解决了袋料香菇的出路问题，并且建立了自己的销售渠道。合作单位河南省西峡县万信食用菌公司，不仅为入园的贫困户提供了优质的菌种和技术服务，也严格按照合同收购产品，为食用菌产业发展搭建了良好的平台，保证了袋料香菇产业化的健康发展。

（四）重视发挥扶贫互助资金协会的作用

山区经济发展的基础比较薄弱，当地群众维持日常生活的温饱之外很难有更多的积蓄，因此，要脱贫致富搞产业发展，资金的短缺始终是一个制约"瓶颈"。如果仅靠一家一户自有资金，发展产业难度较大。2009 年 7 月，宝珠观村通过群众选举成立了扶贫互助资金协会，互助协会的资金由财政扶贫资金、村民自愿交纳的互助金、社会各界以扶贫为宗旨的捐赠资金三部分组成。加入协会的农户仅需交纳 500 元入会互助金，就能成为协会的会员，会员每年最高可贷款 10000 元用于发展各种产业。实施移民搬迁以后，如何获得发展产业项目上的资金，扶贫互助资金协会发挥了非常重要的作用，群众入会的积极性也很高。仅2012 年会员就占全村总户数的 96.8%，协会共有资金 32.6 万元。互助协会逐年增加资金规模，实现滚动式发展，对于村里的 55 户贫困户，每户赠送 1 份 500 元的股金，让他们直接加入协会，方便他们随时所需。为了有效地解决会员想发展产业但却缺乏资金的难题，协会累计向105 户会员发放借款 47.6 万元。村里的扶贫互助协会贷款利率仅为6‰，为村民发展产业起到了助推作用。因为互助协会借款方便并且利息低，就像身边的银行一样，使很多农户从中受益，2013 年就有 9 户农户利用借款发展袋料香菇 15 万袋。

为了防止借贷出去的互助资金出现不能安全周转的现象，村上从资金申请、信用担保以及考核奖惩上都做了严格的规定。互助资金是为了帮助贫困户增加家庭收入，因此只能用于贫困户发展产业，比如种植和养殖业、加工业或者服务业等生产项目上，禁止除此之外的其他项目使用。

（五）注重学习和推广现代农业科技

山区群众要脱贫致富，同样离不开对现代农业科学技术的学习和推广应用。袋料香菇生产本身有着较严格的技术要求，如果不认真学习和掌握，也难种植成功，获取好的效益。移民搬迁以后，随着居住环境和就业环境的改变，客观上要求移民必须转变观念，与时俱进，根据市场需要不断调整农产品的生产结构，无论是种植业还是养殖业，都需要突破传统农业的模式，改变"以粮为纲"的单一的农业生产模式，开展多种经营。宝珠观村选择的投资少、周期短、见效快的袋料香菇栽培项目，不仅符合现代农业发展的方向，也符合我国农业产业结构调整的要求，在袋料香菇栽培中，他们注重学习，采取"请进来、派出去"的办法，学习外地的先进技术，短期内就掌握了这一先进技术。宝珠观村对食用菌种植户多次开展的食用菌新技术培训活动，不仅使种植户掌握了更加科学合理的种植技术，更让他们对整个食用菌产业的市场有了进一步了解，为种植户增产增收提供了有力的技术支持。

从引进反季节地栽香菇技术以来，截至 2013 年年底，县农业局已经组织技术员深入生产基地进行技术指导 10 余次，发放地栽香菇技术资料 600 多份，为示范基地和菇农解决了生产中的实际问题，真正把食用菌高效安全生产技术送到了生产一线，交到了菇农手中，切实为宁强县反季节地栽香菇丰产丰收提供技术保证和支持。技术员在宝珠观村的园区内建有 9 万袋 6 个品种的试验示范香菇棚，同时还开展技术指导。为了对袋料香菇栽培提供技术支持，宁强县有关部门坚持把新品种改良、新技术推广普及作为重要的工作内容，先后在 18 个镇开展理论与实际操作相结合的培训 262 期，新技术入户率达到了 90% 以上。通过开展培训，让菇农掌握了相关技术，全县袋料香菇成活率由原来的 90% 提升到 95%，菌袋成本下降，由原来的 2.9 元/袋降至 2.5 元/袋。

（六）争取政府的大力支持

宝珠观村在基础设施建设方面，争取政府的大力支持，把基础设施建设放在和移民后续产业发展同等重要的位置。舒家坝镇政府为了做大做强食用菌产业，贷款修建了排水沟和便民桥，硬化了路面，接通了示范园的自来水和农用电线路。镇村在食用菌产业示范园建桥一座，修园区道路 1 条，硬化示范园区场地 1500 平方米，架设输变电线路 1800 米，建设管护用房 560 平方米，达到了"三通一平"要求。在引进河南省西峡县万信食用菌公司的过程中，政府出面帮助解决了一系列实际困难和问题，为袋料香菇等食用菌产业的发展奠定了基础，铺平了道路，履行了政府的职责。尤其是在为入园贫困户提供优质菌种和技术服务，按照合同回收产品等方面，县镇各级政府为食用菌产业的发展搭建了良好的平台。这也是宝珠观村扶贫产业和移民后续产业发展取得成功的不可忽视的原因。

第六节　山西吉县和隰县生态移民后续产业发展的情况与问题

——来自吕梁山区的调查研究

2015 年暑期，本书成员深入吕梁山区，对吉县和隰县的生态移民后续产业发展情况进行了调研，笔者重点去了吉县东城乡的社堤村和柏东村，隰县陡坡乡的陡坡村，采用访谈和问卷的方式，了解到了当地生态移民后续产业发展的情况，现就此做一分析。

一　吕梁山区吉县和隰县的基本情况

吕梁山区范围较广，包括山西省的临汾市、吕梁市、忻州市和陕西省的榆林市，是国家重点扶持的 14 个集中连片特殊困难地区之一，这里沟壑纵横，山峦起伏，平均年降水量仅有 502.5 毫米，基本上属于十年九旱，沟壑、光秃、干旱成为鲜明的地理特征。对于吕梁山区，多年来国家曾经采取过多种扶贫开发的措施，但是没有收到应有的效果，时至今日，吕梁山区仍然有 31 个国家级贫困县，其中吕梁市 5 个，临汾市 5 个，忻州市 11 个，榆林市 10 个。

吉县位于临汾市西南边隅，地处黄河中游东岸、吕梁山区的南部，三面环山，一面临水，全县境内山峦起伏、沟壑纵横、地形较为复杂。隰县位于临汾市的西北边缘，晋西吕梁山的南麓，属于典型的黄土高原残塬沟壑区。

吉县和隰县都属于全国扶贫开发工作的重点县，也是国家级的贫困县。为了从根本上解决居住在土窑洞里的贫困群众脱贫致富问题，吉县和隰县通过采取城镇安置、建设移民新村、小村并入大村、分散自主购房等多种形式，搬迁安置移民。其中，吉县从2002年到2015年年底，共搬迁移民3151户、13832人；隰县从2007年到2015年，共搬迁移民11081人。

在吉县和隰县，本书成员重点调研了吉县东城乡的社堤村和柏东村、隰县陡坡乡的陡坡村。社堤村位于吉县县城以西12千米处，全村共辖上下社堤两个自然村，人口353户1024人。全村以种植和养殖为主导产业。柏东村位于吉县县城以西15千米处，是乡政府的所在地，该村辖柏东、拐窑、沟东三个自然村，共有252户1200人，耕地2800亩，其中，果园面积2730亩（1亩=666.67平方米），人均占有耕地2.3亩，生猪年存栏1200头，是2006年全省新农村建设的试点村之一，2007年被授予市级"文明和谐村"和"平安村"。陡坡村位于隰县八大塬之一的陡坡塬，距离县城大约37千米。全村共有167户784人，大牲畜85头，猪310头，羊920只。总耕地面积为2540亩，其中，果树面积610亩，烟草面积300亩，农民收入主要依靠果树、烟草、玉米种植和养殖业。

社堤村、柏东村和陡坡村的移民搬迁相对比较早，在移民搬迁中属于近距离的移民搬迁。因为距离较近，社堤村和柏东村采取村内移民搬迁的方式，大部分村民于2008—2009年从原来居住的土窑洞，搬到统规自建的移民新村；陡坡村采取了"小村并大村"的移民搬迁方式，21户村民于2007—2009年分别从河家山、下陡坡等地方搬迁到陡坡移民新村。这几个移民新村的房子统一进行了规划布局，面积为80—120平方米的砖混结构的小院子，院子前后有可以通车的水泥路，房子设施齐全，厨房、客厅、卧室、卫生间等一应俱全，水、电、沼气全通。总之，搬迁后移民群众的居住条件不仅大为改善，生活质量提高，而且其后续产业的发展也取得了显著的成效。

二　吉县和隰县生态移民后续产业发展成效显著

(一) 移民后农民顺利实现了产业转型

作为山区农业县,吉县和隰县企业数量少,经济发展较为缓慢。基于各种条件的限制,在产业项目的选择上,局限性比较大,比较适合的只能考虑农产品。20世纪80年代初期,根据当地特殊的地理特征和气候条件,吉县和隰县政府从实际出发,经过分析调研,认为本县的特色和优势主要在于果业。统一认识之后,他们在战略选择上优先发展果业,分别以苹果和梨果作为主导产业,带动群众脱贫致富。在移民搬迁后续产业发展中,吉县和隰县县委、县政府积极引导移民实现产业转型,让搬迁移民放弃传统的粮食种植改种果树,通过多种方式,诸如对群众进行技术培训,免费提供果树苗,派技术人员下乡面对面进行技术指导,再进一步提供资金帮助,村组干部带头示范,实行保护价收购等,对移民群众进行积极的鼓励和引导,从而促进产业顺利转型。移民从果业的发展中获得了较好的收益,种植果树的积极性更高了,这又进一步促进了果业产业的发展。

目前,吉县苹果种植的总面积突破了28万亩,总产量达到16万吨,产值达6亿多元。苹果产业在吉县实现了4个80%,即全县超过80%的耕地种植苹果,80%的村是"一村一品"苹果专业村,80%的农民是果农,农民收入的80%来自苹果销售。隰县的果树面积占到全县耕地总面积的70%以上,大量种植果树也为移民群众提供了更多的就业岗位,但就果业从业人员的数量看,已经达到了7万多人,占到全县总农业人口的80%以上。梨果产业已真正成为隰县农村经济发展的主导产业,成为农民的摇钱树。可以说,隰县农业产业已经成功转型。转型之后以果业为主的产业结构,不仅使移民群众脱贫致富,也为实施"一县一业"基地县建设,推进县域经济跨越式发展奠定了坚实的基础。

在移民后续产业发展方面,吉县和隰县一方面大力推进苹果和梨果产业的发展,另一方面又积极鼓励有条件的移民发展畜牧业。截至2014年年末,吉县有万头猪场2个、千头猪场5个、500头以上猪场10个;5万只鸡场一个、3000只以上鸡场12个;500只以上的羊场10个,规模养殖量占到全县饲养总量的40%以上,出现了天丰生态养殖有限公司、东城乡东旭养殖有限公司、辛村养殖专业合作社等一大批标准化的规模养殖场。隰县也不例外，目前有千头以上的猪场达 10 个、万只以上的鸡场达 16 个、畜牧养殖专业户达到 3000 余户。在畜牧业大发展的同时，牲畜产生的大量有机肥又可以追施果树，有机肥保证了果品的质量，促进了果业的发展，从而实现了畜牧业与果业的协同发展，形成了良性的生态果业循环经济。

（二）移民后农民的收入大幅度增加

在移民搬迁之前，吉县当地群众基本上以务农为主，大部分农民的家庭年收入在万元以下；移民搬迁以后，81.8% 的农民家庭年收入有所增加。以 2014 年为例，2014 年全年家庭年收入在 1 万元及其以上的占61.5%，5000—10000 元的家庭占 15.38%，5000 元以下的家庭占23.07%。特别值得一提的是柏东村和社堤村，现在果业收入已经占到农户家庭年收入的 80% 以上，可以说苹果产业的发展取得了显著的成效。社堤村移民刘维家，在移民搬迁之前，家里种植粮食作物，主要是小麦和玉米，每亩的收益只有 200 多元，全年 12 亩地的收入仅有 2000多元，他们自己形容这种生活是"收了麦子种棒子，年年都是老样子"。自从移民搬迁以后，家里种植了苹果树，销售苹果的收入使日子越过越红火。现在，刘维家的果园每亩地能产 2000 多千克的苹果，每亩地的收益达到 1.5 万元，年收入近 20 万元。2012 年，刘维家花费 12万元购买了一辆尼桑轿车，终于实现了他的购车梦，他感慨地说："都是扶贫移民政策好，才敢做以前根本不敢想的事儿。"再如，现任社堤村村支书张建龙一家，原来住在一座土窑洞里，四口人挤在一张土炕上，生活相当贫困。移民搬迁之后，他家原有的 7 亩多地全部种上了苹果树，每亩地平均收入达到 1 万多元。勤劳致富了，就追求生活质量，购置家电用品，在县城买房子，可以利用更多的空余时间学习果树栽培和剪枝方面的知识，了解市场需求。像张建龙这样的果农，在村里还有很多。总之，苹果产业不仅是柏东村和社堤村的富民产业，而且也是整个吉县的龙头产业。

（三）移民后发展"畜—沼—果"循环经济成效显著

尽管各地都在大力提倡发展循环经济，但在移民后续产业发展中，利用循环经济成效显著的，吉县和隰县具有代表性。在移民后续产业的发展中,吉县和隰县一方面积极引导农民实现产业转型,大量种植果树;另一方面,也鼓励农民在果园中养鸡、养猪,并大力推进各家各户沼气池的建设,利用畜粪产气,沼渣、沼液追施果树,形成了"畜—沼—果"的良性循环经济。通过"畜—沼—果"的综合利用,有效地减少了化肥的施用量,改善了果园的土壤结构,促进了果树的生长,提高了果品的产量和质量。

在这方面,吉县的具体做法有四个方面:一是注重发展循环经济。依托果园重点集中片区,按照一亩果园一头猪的要求,建设标准化的养猪场,形成果园—规模养殖场—小型沼气池的循环经济发展模式。二是发展生态畜牧业。依据当地地形、地势、地貌的特点,建设标准化的养羊场,发展舍饲养羊,充分利用果园、坡耕地、退耕还林地开展人工种草活动,利用草地发展生态畜牧业。三是发展城郊低碳畜牧业经济。围绕城市郊区,建设大中型标准化的养鸡场,促进了城郊低碳畜牧业经济的发展。四是通过政策导向,融资拉动,鼓励和支持企业建设有机肥加工厂,为有机水果基地的建设提供物质支持。

隰县也非常重视"畜—沼—果"循环经济的发展,目前正在全力打造多个现代化示范经济园区,诸如无鲁垣万亩玉露香及万只畜禽养殖循环经济园区、黄土村万头种猪养殖示范园区、桑梓村设施农业科技示范园区、陡坡垣林下循环经济示范园区、唐户垣—北庄垣的"公司+合作社+农户"种养循环经济示范园区。通过这些示范园区的带动,争取使相关搬迁移民户家家有增收的产业、户户有创收的项目,真正实现了搬迁以后"能致富"的目标。

通过推广"畜—沼—果"循环经济,不仅提升了果品的质量,而且改善了农村的人居环境和农业生态环境,更为重要的是拓宽了移民群众的就业途径,使直接从事沼气工作岗位的人数不断增加,推动了农村剩余劳动力就地就近转移。此外,通过推广"畜—沼—果"循环经济,还提高了农业生产的效益,实现了农业丰收和农民的增收,因为循环经济,每亩果园还因此减少农药化肥方面的投资 500 多元,商品果的经济效益同时也提高了 10% 左右,每亩平均增产 300 多千克,果农增收1500—2000 元,经济效益十分可观。

（四）移民搬迁促进了山区生态文明建设

所谓生态文明，简言之，就是人类在改造自然的同时又保护自然，达到人与自然的和谐统一。吉县和隰县通过实施移民搬迁工程，使原来居住在"山庄窝铺"的群众走出了大山，改变了他们"出行难、生产难、吃水难、就医难、上学难"等诸多的生活困境，不仅使搬迁以后的移民通过后续产业的发展彻底脱贫，而且也促进了山区生态文明的建设。吉县和隰县实施移民搬迁，减少了生态环境的压力，使生态逐渐恢复。同时结合退耕还林、退牧还草等重点项目，通过封山育林和涵养水源，使山区原本脆弱的生态系统得到了有效的保护。另外，吉县和隰县在移民搬迁后续产业发展中，还能够积极推广"畜—沼—果"循环经济，一方面，使人、畜、禽的粪便进入沼气池，进行密闭发酵处理，净化了环境，改变了农村"脏乱差"的状况，彻底改善了农村的人居环境；另一方面，用沼渣沼液追施果树，减少了化肥的施用，提高了果园土壤有机质的含量，促进了生态环境的改善。"畜—沼—果"生态循环经济，以沼气池建设为纽带，上连养殖业快速发展，下连果业优质高效，从而使果业发展步入了"植物生产—动物转化—微生物分解—果树吸收—人类利用"的良性循环的发展轨道，有效地促进了区域的生态文明建设。

三　吉县和隰县移民后续产业发展的启示

吉县和隰县移民的后续产业发展成效显著，其成功经验为其他地方移民后续产业的发展提供了以下几点启示。

（一）移民安置方式应该与移民后续产业的发展紧密联系

移民安置方式与移民后续产业的发展是紧密相连的，到底应该采取哪一种安置方式？应该从实际出发，因地制宜，既要结合当地的实际情况，还要充分了解移民户的具体情况，尊重移民个人的意愿。因为中西部连片特困地区情况各异，在搬迁安置模式的选择上必须根据当地的实际情况，因地制宜。当然，从移民后续产业发展的角度来看，有一些共同的原则还是应该遵循的：比如移民搬迁与产业开发相结合、移民搬迁与城镇化建设相结合、移民搬迁与旧村开发相结合、移民搬迁与社会保障相结合等。特别是移民搬迁与产业开发相结合的原则，是选择移民安置方式首先应该遵循的原则。在这方面，吉县的做法就值得推广。比

199

如，吉县东城乡的社堤村和柏东村，根据当地的实际情况，因地制宜，在移民安置方式上，考虑到种植果树的方便程度，这两个村采取了既不离土也不离乡的村内搬迁安置方式，移民只是从原来居住较为分散的土窑洞中，搬迁到集体规划的新社区。这种近距离的搬迁，主要考虑发展果业产业的方便程度，搬迁后村民顺利实现了产业的转型，绝大部分村民走上了脱贫致富之路。其他地方在移民搬迁中，也可借鉴这种方法，把移民安置方式与移民后续产业的发展紧密联系起来。实践证明，只有把产业发展、文化教育、医疗保障等统筹好，让移民群众看到发展的希望，才能真正实现"搬得出、留得住、能致富"的要求。

（二）移民后续产业的发展应该考虑到原有的产业发展基础

吉县的移民搬迁后续产业之所以选择苹果种植作为主导产业，是因为苹果在吉县早有发展基础。早在20世纪80年代初期，吉县政府就根据其地理状况和气候条件，把苹果种植作为该县的主导产业，其后历届县委、县政府按照这一思路，采取各种措施，围绕这一主导产业，从技术、资金、人力、生产、销售等各个环节，创新性地开展工作，使苹果产业有了快速的发展。目前吉县苹果种植总面积达到28万亩，年产苹果16万吨，产值达到6.27亿元。可以说，苹果不仅成为贫困群众脱贫致富的重要产业，而且还成为吉县除壶口瀑布之外的又一张亮丽的名片。

隰县素有"中国金梨之乡""中国酥梨之乡"美誉，在梨果传承和创新上经过漫长的历程，各个历史时期都有过辉煌，赞誉甚高的玉露香梨，是在隰县土地上成长起来最引人注目的梨品。移民搬迁后续产业之所以选择以梨果作为主导产业，是因为隰县栽种梨的历史悠久，也正因如此，在20世纪70年代末80年代初，隰县政府就根据其地理状况、气候条件以及历史传统，鼓励农民大面积栽种梨树。目前，隰县梨果总面积达到35万亩，产值4.2亿元，其中玉露香梨已经发展到10万亩。以玉露香梨为龙头的梨果产业，已经成为当地农民增收致富奔小康的支柱性产业。因此，虽然吉县和隰县在移民搬迁以前，大多数人居住在土窑洞里，以种植麦子和玉米等粮食作物为主。但是，在县政府的积极引导和邻村村民的示范带动下，搬迁移民很快实现了产业转型，由原来种植粮食作物转向大力发展苹果和梨果产业。可见，移民搬迁后续产业的发展，如果能以当地原有的特色产业作为依托，就能顺利实现产业的转型。

（三）移民后续产业发展中应该重视现代科技的运用

吉县和隰县移民搬迁后续产业之所以能够取得长足的发展，是因为他们在果业发展和畜牧业发展中，非常重视现代科学技术的运用。比如，吉县引进了无害化园艺栽培新技术，成功开发了富硒、富锌、SOD（超氧化物歧化酶）等品种的功能保健苹果。在功能保健苹果的开发过程中引进了 SOD 栽培技术，SOD 苹果具有显著的保健功能，生产出的优质精品苹果科技含量高，市场前景好，售价是普通苹果的 1 倍，大大地增加果农收入。养殖业的发展也离不开科学技术的进步，因为重视技术培训，养殖的规模和效益大大提高，部分环节可以实现自动化和智能化。在种植和养殖业中重视科技知识的传授和应用，已经成为吉县移民后续产业发展的典型特征。

（四）移民后续产业发展中应该充分发挥干部的"领头羊"作用

吉县和隰县在移民搬迁后续产业的发展中，尤其是果业发展中除了县委、县政府产业选择正确、政策扶持和注重引导之外，一些责任心强、工作能力强、组织协调能力强的基层干部在其中发挥了"领头羊"的作用，就像一些基层群众说的那样："有了一个好书记，老百姓就有了主心骨，再大的困难也不怕了。"比如，隰县午城镇习礼村梨果业的发展，就与原村支书闫云海的带领是分不开的。1984 年，闫云海当选为 110 户 600 多口人的习礼村村委会主任，当时这个村是"穷得不能再穷了"的地方，闫云海提出发展梨果业，靠山吃山，靠水吃水，自己示范引领，把自家的 11 亩好地和 14 亩坡沟地都栽上了梨树。看到他赚了钱，村民们都跟他学种梨，习礼村的梨园很快就发展到 1000 多亩。到 2008 年，全村梨果收入达到 140 万元，人均 2300 元，梨树成为习礼村的摇钱树。闫云海和习礼村种梨致富的事迹，就是隰县大力推广梨果富民发展战略的一个缩影。

再如，吉县东城乡的副乡长葛根朝，在带领村民栽种果树和新技术的推广中，也发挥了"领头羊"的作用。2003 年县里为了鼓励大家种植果树免费提供树苗，但是一些村民的观念依然没有转换，觉得种粮食年年有收成，保险系数大，而果树要在四五年后才能挂果，能不能挣钱短期内看不到，所以对种果树没有信心也没有兴趣。在这种情况下，葛根朝首先在自家的承包地里种上了果树，经过几年的精心管理，苹果大获丰收，使一些动摇不定的村民开始种果树，从此走上了致富之路。另外，在新技术的推广中葛根朝也发挥了"领头羊"的作用。2006 年，葛根朝去外地参观学习，意识到循环经济的重要性，回来之后也想采用"畜—沼—果"的发展模式，就动员农户大胆学习。因为以前没做过，大家犹豫不决，于是葛根朝就在自己家里开始了试验，试验成功之后，每亩果园不仅能够节约化肥费 400 多元，还节约燃料费 1000 多元，更为重要的是施用有机肥之后，苹果的品质也提高了，销售价格也提高了，增收致富的效果更为明显。看到这样的结果，移民户才开始相信并纷纷效仿。"畜—沼—果"的循环经济模式，不仅提高了农产品的附加值，而且带动了附近一大批农民从事养殖业和果业循环生产，有效增加了农民收入，调动了农民的生产积极性，使一大批群众摆脱了贫困，同时也促进了各项产业持续、高效、快速、健康地发展，加快了乡村振兴和农业现代化的步伐。

第七节　本章小结

本章的内容是本书成员在六盘山区、四省藏区、秦巴山区、吕梁山区选择的几个有代表性的重点区域进行的调查研究，包括典型案例的研究分析。从这些有代表性的重点调查区域的总体情况看，我国中西部连片特困地区生态移民后续产业不同程度地都有了一些发展，个别地方发展的情况还是很好的，较好地实现了生态移民"搬得出、稳得住、能致富"的总体要求。但是不同区域、不同的移民安置地之间发展的情况既有共同性，也有差异性，发展是不平衡的。

就重点调查区域的共同性来看，主要表现在：

第一，在对国家生态移民政策的认识方面，各安置点的移民群众对国家生态移民的政策总体是拥护的，对移民安置实施的情况满意度较高。这一点基本上在每个调查区域都得到了印证。特别是移民群众对于安置地的生活条件、基础设施包括水、电、路、网以及就医、就学、购物等方面都是非常满意的，对于周围的环境也比较满意，除个别老年人之外，基本上对生存环境的改善和生活质量的提高都给予了充分的肯定。

第二，在后续产业发展的项目选择方面，各地立足当地自然条件和资源状况，因地制宜选择移民后续产业，如宁夏回族自治区同心县的枸杞、特色中药材以及养牛业，山西省吉县的苹果产业和隰县的梨产业，陕西宁强县的食用菌产业，这些产业都已经成长为当地的优势特色产业或主导产业，对于移民的增收和安居乐业以及当地经济发展发挥了积极的推动作用。比较而言，实施生态移民较早的地区和人力资源状况较好的地方，后续产业发展的情况也较好。

第三，在后续产业发展的模式方面，各地都根据当地实际采取了不同的发展模式，如宁夏同心县的"合作社＋贫困户＋村集体"的模式、"互联网＋扶贫"模式，陕南地区的"旅游景点带动模式、产业园区带动模式、股份合作制带动模式、特色产业带动模式、劳务输出带动模式"，山西吉县和隰县的"畜—沼—果"循环经济模式、"公司＋基地＋农户""公司＋合作社＋农户"模式，等等，这些不同模式都是各地在实践中探索的结果，对移民后续产业的进一步发展有着重要的借鉴和参考意义。

第四，在后续产业发展的效果方面，各地不同程度地都取得了一定的成效，主要反映在移民的收入水平普遍有所提高，相当多的移民在搬迁后才真正告别了贫困，过上了幸福的生活。即便是目前有部分移民在外地务工或者经商的，也是在移民安置地接受了职业技能培训以后，转变了观念且具备了一定的能力，也才找到务工经商的机会。

第五，在后续产业发展面临的问题方面，各移民安置地也具有共同性。普遍面临的问题主要有：移民的就业与增收问题、移民素质提高的问题、移民村村级集体经济薄弱问题、优势特色产业不够鲜明所面临的市场问题、后续产业发展的依托问题、后续产业发展资金短缺的问题、农业科学技术的应用与推广问题、土地流转与土地制度改革问题、政策问题以及移民安置地社会治理与干部带头作用发挥的问题等，这些问题也正是本书所要关注的问题。

第七章

连片特困地区移民后续
产业发展的实证分析

移民后续产业的发展，不仅直接影响移民户自身的利益，而且关系移民在迁入地今后能否安居乐业。在实地调查中，本书成员了解到，生态移民后续产业的发展，得到了大多数搬迁移民群众的积极响应和配合，但是，如果从整体来看，不同的移民群众对后续产业发展所持的态度，也存在较为明显的差异。因为生态移民后续产业发展的决策，是一个较为复杂的过程，同时也是由多种因素共同影响和作用的结果。因此，本书拟利用 Logistic 回归模型，通过问卷调查获取的相关调查数据，对移民后续产业发展的意愿以及影响因素进行统计分析，以便揭示移民发展后续产业的影响机理。

第一节 数据来源与样本描述性统计

一 数据来源

本书的调查数据，来源于对陕南秦巴山区生态移民点的实地调研，样本主要分布在汉中市各个县区，调查地点选择在汉中市各个生态移民搬迁点。本书的数据具有典型性和代表性。从空间分布上来看，根据行政区划分在汉中市所辖的汉台区、南郑县、城固县、勉县、洋县、西乡县、宁强县、略阳县、镇巴县、留坝县、佛坪县一区十县中的每个区县的多个安置点进行随机抽样，每个区县选择 1 个规模较大的安置点，一共选出了 11 个安置点。在每个安置点发放 200 份调查问卷，进行随机抽样访问，在 11 个安置点总计发放了 2200 份调查问卷，收回的调查问卷为 2005 份，问卷回收率为 91.14%。剔除信息错填、漏填以及不符合逻辑的问卷一共 133 份，最终得到的有效问卷为 1872 份，问卷有效率为 85.09%。

本书采用 Logistic 模型，分析生态移民后续产业发展的意愿以及影响因素，使用 SPSS22.0 及 Stata12.0 作为数据统计分析的工具，主要运用了描述性统计分析法、相关性分析法和回归分析等统计分析方法。

二 样本描述性统计

本书对样本的人口学特征及一般情况进行描述性统计（见表 7-1）。

表 7-1   样本描述性统计   单位：%

指标	变量定义及赋值	样本量	百分比
户主年龄	20 岁及以下 = 1	3	0.16
	21—30 岁 = 2	145	7.75
	31—40 岁 = 3	670	35.79
	41—50 岁 = 4	633	33.81
	51 岁及以上 = 5	421	22.49
性别	男 = 1	1493	79.75
	女 = 2	379	20.25
受教育程度	文盲 = 1	393	20.99
	小学 = 2	917	48.99
	初中 = 3	449	23.96
	高中及中专 = 4	95	5.07
	大专 = 5	17	0.91
	本科及以上 = 6	1	0.05
健康状况	长期卧病在床 = 1	201	10.73
	体弱多病 = 2	857	45.78
	良好 = 3	814	43.48
特殊技能	无 = 1	1542	82.37
	有 = 2	330	17.63
内生动力	差 = 1	23	1.23
	一般 = 2	155	8.28
	强 = 3	1694	90.49

指标	变量定义及赋值	样本量	百分比
家庭收入水平	差=1	507	27.08
	中=2	1201	64.16
	好=3	164	8.76
家庭劳动力数量	0=1	144	7.69
	1=2	1405	75.05
	2=3	210	11.22
	3=4	77	4.11
	4个及以上=5	36	1.92
对后续产业收益预期	悲观=1	131	6.99
	一般=2	1230	65.70
	乐观=3	511	27.29
资金支持	低	875	46.74
	一般	723	38.62
	高	274	14.64
安置点距公路的距离	非常远（1000米以上）	32	1.71
	较远（801—1000米）	199	10.63
	一般（501—800米）	854	45.62
	比较近（201—500米）	700	37.39
	非常近（200米内）	87	4.64
搬迁补助政策	不好=1	2	0.11
	一般=2	45	2.40
	好=3	1825	97.49
地区虚拟变量	商洛=1		
	安康=2		
参与意愿	不愿发展后续产业=0	334	17.8
	愿意发展后续产业=1	1538	82.2

经过对1872户移民样本的调查，结果发现，愿意发展后续产业的移民户有1538户，占被调查移民户数的82.2%；不愿意发展后续产业的移民户有334户，占被调查移民户数的17.8%。

从被调查者的年龄来看，移民户户主的年龄绝大多数都在30岁以上，其中 31—40 岁区间的移民户户主人数最多，占被调查移民户数的 35.79%；其次是 41—50 岁区间的移民户户主，占被调查移民户数的 33.81%，两者之和总共占所有移民户户数的 69.6%。从性别来看，移民户户主男性居多，占被调查移民户户数的 79.75%。从接受教育的情况来看，受教育程度主要分布在小学和初中，其中，受教育程度为小学的占被调查移民户数的 48.99%，受教育程度为初中的占被调查移民户数的 23.96%，还有相当一部分样本户户主为文盲，占被调查移民户数的 20.99%，高中及以上文化程度的移民户户主仅占 6%。从身体健康的程度来看，"体弱多病"的移民户占被调查移民户数的 45.78%。从劳动技能来看，82.37% 的样本户户主没有特殊的专业技能。从发展产业的意愿来看，90.49% 的样本户户主有发展产业的内生动力。在对家庭收入的测量中，大多数移民户认为家庭收入适中。从劳动力的数量上来看，多数移民户家庭有 2 个劳动力。从移民对后续产业的收益预期来看，65.70% 的被调查移民户户主持一般态度。多数人认为后续产业发展的资金的支持力度偏低，仅依靠移民家庭自身的资金，发展产业难度较大。从移民安置点距离公路的远近情况来看，大多数安置点距离公路较近，其中有 45.62% 的被调查移民户距离公路在 501—800 米，生产生活都较为方便。

第二节 移民发展后续产业意愿的影响因素分析

一 模型选择与设计

本书的主要目的，是探索移民后续产业发展的意愿，因此，因变量就是移民后续产业发展的意愿。而影响移民后续产业发展意愿的所有内外部因素，就是自变量。基于现有理论基础以及预调研的结果，本书认为，可能影响移民后续产业发展意愿的因素，主要有以下几类：

（1）移民户户主特征，包括移民户户主的年龄、性别、健康状况、内生动力的强弱等因素；

（2）移民户的生产经营性特征，包括移民户的特殊技能、移民户对发展后续产业收益的预期等因素；

（3）移民户的家庭特征，包括移民户家庭劳动力的数量、家庭成员的健康状况等因素；

（4）后续产业的特征，包括对移民后续产业发展的资金支持力度、后续产业发展的难易程度等因素；

（5）移民搬迁以后所在的安置点（移民村、社区）的特征，主要是指移民搬迁以后所在安置点距离城市的远近程度、交通方便程度以及就近是否有扶贫车间、移民工厂等因素；

（6）其他外部特征，包括政策是否支持以及支持的程度、市场的发育程度、相关的政策以及制度等因素。

其函数表达式为：

移民发展后续产业的意愿 = f（内部及外部影响因素变量）= f（移民户户主特征变量、移民户生产经营特征变量、移民户家庭特征变量、后续产业特征变量、安置点特征变量以及其他外部因素特征变量）+ 随机干扰项

Logistic Regression 是社会科学中应用最为广泛的一种对定性变量的回归分析。主要分为 Binary Logistic Regression 和 Multi-nominal Logistic Regression，两者的区别在于自变量取值的不同。Binary Logistic Regression 的因变量只能取 1 和 0 两个值（虚拟因变量），而 Multi-nominal Logistic Regression 的因变量可以取多个值。在本书中，移民户对于后续产业发展只有愿意与不愿意两种类型，因此，本书应用 Binary Logistic Regression，即二分类逻辑回归。其一般表达式为：

$$P(Y=1) = \beta_0 + \beta_1 X_1 + \beta_2 X_2 + \cdots + \beta_k X_k$$

式中，Y 在本书中定义，如果移民愿意发展后续产业，则 $Y=1$。

X_i 为自变量，$i=1，2，3，\cdots，k$，本书中定义为影响移民户发展后续产业的所有内外部因素。

P 表示在自变量为 X_i（$i=1，2，\cdots，k$）条件下 $Y=1$ 的概率。

二 变量选取

基于现有的研究资料以及各种条件的限制，本书本着数据重要性以及可获得性的原则，筛选出了几个主要变量，用来进行实证分析。对于反映移民户户主特征的变量为：户主年龄、特殊技能、内生动力强弱、对后续产业收益预期；反映移民户生产经营特征的变量为：劳动力数量、安置点距公路最近距离、安置点是否有扶贫车间或移民工厂；反映

移民户家庭基本特征的变量为：移民户的收入水平、家中是否有需要照顾的老人（小孩）；反映后续产业特征的变量为：后续产业发展所需要的资金支持；相关政策以及制度等因素特征变量为：移民搬迁补助的相关政策。为控制地区间其他因素的差异，引入陕南地区另外两个市——安康市和商洛市作为虚拟变量，表征影响因素的具体解释变量共 11 个。

基于调查数据和已有理论分析，可以初步判断各解释变量对移民后续产业发展意愿的预期作用：

（1）移民户户主的特征：通常认为，移民户户主的年龄越小，身体各方面的素质越好，接受新信息、新技能的能力越强，发展后续产业的意愿也就越强；但也有学者认为移民户的年龄越大，积累的经验会更为丰富，也更加具有判断能力，如果对后续产业的预期收益高，发展产业的意愿也更为强烈。此外，户主如果掌握某一种或多种特殊的技能，发展产业的意愿就越强烈；发展产业的内生动力越强，也越愿意发展产业。在劳动力技能掌握方面，一般认为，如果移民户掌握的农耕技能越多，将更愿意发展产业；掌握的农耕技能越好，发展产业的积极性越高；但是，掌握的非农技能越多，从事非农产业的可能性将会越大。

（2）移民户生产经营的特征：移民户家庭中的劳动力数量，关系到家庭的整体收入水平，也与发展产业的意愿紧密相关，即家庭劳动力数量越多，就有更多的机会发展产业，发展产业的意愿也就更加强烈；安置点距公路的距离以及交通的便利程度也与发展产业的意愿呈正相关关系，即安置点距离公路越近，交通越便利，去市场的交通成本低，其享受资源配置的机会也就越多，也更容易将农产品卖出，移民户就会更愿意发展产业。此外，如果安置点附近设有移民工厂或者扶贫车间，移民群众不仅就业方便，而且能够更好地协调工作和生活，移民户发展产业的意愿也会更为强烈。

（3）移民户家庭的基本特征：一般认为，移民户的收入水平越高，发展产业的意愿就越强烈；移民户的家中如果没有需要照顾的老人（小孩），就会有更多的时间与精力发展产业，也就更愿意发展产业；移民户的家庭收入与发展产业的意愿紧密相关。移民户的收入，主要来源于农业收入和非农收入这两个部分。如果非农收入占比较重，说明农业收入并不是移民户收入的重要来源，移民户对土地的依赖程度就会降低；如果移民户家庭收入中农业收入占比较重，说明移民户对土地的依赖强，对土地的依赖性越强，发展产业的意愿也会越强。

（4）后续产业的特征：一般认为，移民户得到的发展后续产业资金支持越多，发展产业的意愿就越强烈；反之，如果移民户没有得到足够的资金，发展后续产业的物质条件不具备，则移民户发展产业的意愿将变弱。

（5）相关政策、制度等因素的特征：相关政策对农户生产行为的影响已被许多研究所证实。对移民户后续产业发展正向激励的政策或者制度，能够提高其生产的意愿；相反，负向的约束政策或者制度，则能够阻碍移民户发展后续产业的意愿。自变量对因变量的预期作用方向见表 7 - 2。

表 7 - 2　　　　　　　　自变量对因变量的预期作用方向

内部影响因素变量名称	预期作用方向	外部影响因素变量名称	预期作用方向
年龄	+ / -	安置点距公路最近的距离	+
特殊技能	+ / -	移民户收入水平	+ / -
内生动力	+	安置点是否有扶贫车间或移民工厂	+ / -
对后续产业收益的预期	+	获得的资金支持	+
劳动力数量	+	移民搬迁补助政策	+

注："＋"代表正向作用；"－"代表负向作用；"＋/－"可能为正也可能为负。

三　效度与信度检验

效度是测量调查问卷的准确性和有效性的一种指标。本书采用因子分析法测量调查问卷的效度。KMO（Kaiser Meyer Olkin）值作为效度的检验指标较为准确。一般认为，KMO 值大于 0.9，非常适合做因子分析；在 0.8—0.9，很适合进行因子分析；在 0.7—0.8，适合做因子分析；在 0.6—0.7，可以做因子分析；在 0.5—0.6，因子分析的效度就会很差；如果 KMO 值在 0.5 以下，就无法进行分析，应该选择放弃。Bartlett 球度检验（Bartlett's Test of Sphericity）的卡方显著概率值小于 0.01，则适合做因子分析。表 7 - 3 是 KMO 和 Bartlett 的检验。

表7－3   KMO 和 Bartlett 的球度检验

KMO		0. 854
Bartlett 的球度检验	卡方值	3010. 804
	Df	703
	Sig.	0. 000

信度主要用来测量调查问卷测量结果的一致性和稳定性。本书运用
SPSS22. 0 软件，采取 Cronbach's α 信度系数方法进行信度分析，其结
果如表7－4所示。

表7－4   各量表及总体量表维度 Cronbach's α 值

类别	Cronbach's α 值
年龄	0. 867
性别	0. 802
受教育程度	0. 911
健康状况	0. 908
特殊技能	0. 825
内生动力	0. 867
对后续产业收益的预期	0. 752
劳动力数量	0. 768
安置点距公路最近的距离	0. 876
移民户收入水平	0. 801
获得的资金支持	0. 783
移民搬迁补助政策	0. 848

四 相关性分析

从表7－1可以看出，本书所选的变量多为有序类别变量，因此可
以采用 Kendall's tau－b 相关性检验的方法，X_1—X_{12} 分别代表户主年
龄、性别、受教育程度、健康状况、特殊技能、内生动力、对后续产业
收益的预期、劳动力数量、安置点距公路最近距离、移民户收入水平、
获得的资金支持、移民搬迁补助政策，检验结果见表7－5。

表7-5　Kendall'stau-b 非参数相关性检验

	Wi	X_1	X_2	X_3	X_4	X_5	X_6	X_7	X_8	X_9	X_{10}	X_{11}	X_{12}
Wi	1.000												
X_1	0.137***	1.000											
X_2	-0.031	-0.049	1.000										
X_3	-0.124	0.151	-0.0326	1.000									
X_4	-0.138	0.223	0.048	0.576	1.000								
X_5	0.002	-0.039	0.096	-0.006	0.016	1.000							
X_6	-0.002	-0.012	-0.149*	0.057	0.008	0.012	1.000						
X_7	0.492***	0.264**	0.093	-0.008	0.056	0.039	0.062	1.000					
X_8	0.312***	0.160**	0.091	0.084	0.074	0.086	-0.029	-0.063	1.000				
X_9	-0.369***	0.167**	0.168**	-0.157**	-0.027	-0.063	-0.026	-0.067	0.022	1.000			
X_{10}	0.036	-0.069	0.036	-0.145**	-0.150**	-0.271**	-0.042	-0.125*	0.109*	0.010	1.000		
X_{11}	-0.005	0.172**	-0.098	0.137**	0.142**	0.236**	0.007	0.054	-0.013	-0.009	0.399	1.000	
X_{12}	0.074	0.159**	-0.095	0.133**	0.126*	0.139*	0.145**	-0.008	0.072	0.099	0.416	0.301	1.000

注：*、**和***分别表示统计检验达到10%、5%和1%的显著水平。

五 Ordered Logistic 回归分析

所谓相关性分析，就是对各变量之间的相关关系进行分析，而回归分析是表征各变量之间是否具有因果关系。借助 SPSS22.0 统计软件，对 2016 年移民户的样本调查数据进行了回归分析，回归结果参见表 7 - 6。

表 7 - 6　　　　移民户发展后续产业意愿的模型估计结果

变量	回归系数	Z 统计量值	显著性水平 P > ｜Z｜
户主年龄	0.137	0.224	0.000
性别	- 0.031	- 0.03	0.581
受教育程度	- 0.124	- 0.55	0.498
健康状况	- 0.138	- 2.57	0.078
特殊技能	0.002	0.03	0.972
内生动力	- 0.002	- 0.001	0.016
对后续产业收益的预期	0.492	0.256	0.000
劳动力数量	0.312	0.312	0.000
安置点距公路最近距离	- 0.369	- 0.309	0.000
移民户收入水平	0.036	0.19	0.849
获得的资金支持	- 0.005	- 0.04	0.210
移民搬迁补助政策	0.074	5.66	0.359

六 相关性分析及回归分析结果

通过相关性分析及回归分析，可以得出以下结果。

（1）以样本区为例，移民户发展后续产业的意愿受多种因素的共同影响。回归结果表明，移民户户主的年龄、家庭劳动力的数量、移民安置点距公路最近的距离、后续产业收益的预期对移民户发展后续产业的意愿具有统计意义上的显著影响。移民户户主的年龄对发展后续产业的意愿具有显著的正向影响，即户主的年龄越大，越愿意发展后续产业。家庭劳动力的数量对移民户发展后续产业的意愿具有显著的正向影响，即家庭劳动力数量越多，越愿意发展后续产业。移民安置点距公路最近的距离对移民户发展后续产业的意愿具有显著的负向影响，即移民安置点距公路越近，越愿意发展后续产业。后续产业的预期收益对移民户发展后续产业的意愿具有显著的正向影响，即对后续产业的预期收益越高，越愿意发展后续产业。

（2）对移民户发展后续产业的意愿具有显著影响的所有因素中，各影响因素的强度是有差异的。其中，后续产业的预期收益对移民户发展后续产业的意愿影响最为显著，其次为安置点距公路最近的距离，再次是家庭劳动力数量，最后是移民户户主的年龄。

（3）有一些预先设定的因素对移民户发展后续产业意愿的影响未通过检验，可能的原因一是不同地区安置点的移民是不同的，二是所选取的样本由于种种条件所限不可能覆盖所有的影响因素。

（4）在本章的分析中，仅就陕南的安康市和商洛市这两个虚拟变量的估计结果来看，因为同处在陕南地区，这两个区域对移民户发展后续产业意愿影响的差异，在统计意义上并不显著。这也表明，安康、商洛这两个区域移民户发展后续产业意愿的影响因素，与汉中市基本一致。

第三节　结论与启示

本书通过对汉中市一区十县移民安置点的抽样调查，通过 Kendall's tau - b 相关性检验以及 Logistic 回归模型，构建了一个移民户发展后续产业影响因素的分析框架，并对移民户发展后续产业的影响因素进行了实证分析，揭示了移民户发展后续产业行为决策的影响机理。结果表明，移民户发展后续产业的意愿，是受多种因素影响的。实证分析的结果也表明，移民户户主的年龄、家庭劳动力数量、移民安置点距公路最近距离以及对后续产业的收益预期等因素，对移民户发展后续产业的意愿，具有统计意义上的显著影响，而且各个影响因素的强度，也是有差异的。其中，后续产业的预期收益对移民户发展后续产业的意愿，影响最为显著。可见，移民户是否愿意发展后续产业，最主要的因素在于，发展后续产业是否能够获得收益。

上述结论，对于发展后续产业的启示主要有：

（1）移民户也是经济人，在市场经济中对后续产业发展在决策方面，也逐渐趋于理性。也就是说，移民户也在追求自己的经济收益，在产业发展方面，也想让自己的收益最大化。这就要求各级政府在制订移民搬迁规划和产业发展规划时，要能够高瞻远瞩、未雨绸缪，了解国家的政策取向，预测市场的需求及其变化的规律，在移民后续产业项目的选择上，能够精准定位，使移民群众在产业发展中能够直接获益。如果后续产业不能给移民户带来较高的收益，那么移民户对发展后续产业的积极性就调动不起来，对产业发展的关注度也就不够，产业也不可能获得持久性的发展。即使移民能够"搬得出"，但如果不能致富，"稳得住"也是一个问题。

（2）要促使移民户积极主动地发展后续产业，最关键的问题是要能够持续保障移民户的收益。作为政府要履行的职能，就是及时出台相关的配套措施或者奖补政策。通过政策的引导和激励，促使移民户发挥自身的内生动力，积极选择并发展产业。只有产业发展了，移民户收益的持续性才能有所保障，这种来自物质上的利益保障，也才能使移民户发展产业的意愿具有持续性。

（3）后续产业发展过程中，需要不断提升移民户的人力资本水平，这不仅是移民创业或者就业的关键因素，更是移民受益保障的前提。政府应该在移民教育和培训方面加大投入的力度，落实好培训措施，让有资质的真正热爱农村工作既有理论素养又有实践经验的教师授课，使培训能够见到实效。尤其是面对市场需求的变化，通过强化培训，培养一支懂经营、能管理、懂技术的高素质人才，带动其他移民群众，后续产业的发展才能更具持续性和有效性。

第八章

连片特困地区移民后续
产业发展绩效的评价与分析

第一节　指标体系及选点的说明

一　关于指标体系

绩效一般是指组织中个人或群体特定时间内的可描述的工作行为和可衡量的工作结果。就生态移民而言，其绩效所包含的内容较多也较为复杂，因此对其进行评价也是一件十分复杂的事情，因为只有从经济、政治、文化、社会和生态等多个方面构建指标体系，才能对其效果做出较为客观的评价，而且某些方面的效果也不是短时间就能显露出来的，这样就使评价愈加复杂。生态移民后续产业发展的绩效是生态移民绩效的一个重要方面，既涉及经济方面的一些指标，也涉及社会方面的一些指标；既涉及宏观方面的指标，也涉及微观方面的指标。对于移民家庭来讲，不仅涉及生存方面的指标，也涉及发展方面的指标；不仅涉及当前发展的指标，也涉及长远发展的指标。还有，由于现有移民中贫困人口包括近年来刚刚脱贫的人口占绝大部分比重，对移民后续产业发展绩效进行分析评价，还应该把脱贫的因素也考虑进去，才能比较符合实际情况。考虑到上述这些因素，本书对移民后续产业的发展绩效分析，拟借鉴国家扶贫部门对贫困户和贫困村退出的指标体系，加以改造综合，来作为移民后续产业发展绩效分析评价的指标体系（见表8-1）。

表 8 – 1　　　　　生态移民后续产业发展绩效的主要指标及其含义

序号	指标类别		指标含义
1	家庭人均纯收入		家庭稳定纯收入主要是家庭经营收入（如稳定产业）、工资性收入（如稳定就业）和财产性收入（如稳定的财产收益）。贫困户退出时，家庭人均纯收入应稳定超过扶贫标准
2	有安全住房		指现有住房能保证安全居住；列入贫困退出的易地扶贫搬迁对象，全部达到国家规定的入住标准
3	无义务教育阶段辍学学生		子女义务教育阶段无因家庭贫困不能入学或辍学（因病休学和因残疾、智障而不能上学、辍学的除外）
4	有基本医疗保障		是指家庭成员全部参加新型农村合作医疗和大病保险
5	有安全饮水		饮水水质符合国家《生活饮用水卫生标准》；居民生活用水量为20升/人/日以上；供水到户或人力取水往返时间不超过20分钟；水源保证率一般地区不低于95%，严重缺水区不低于90%
6	贫困发生率		所在行政村或移民安置点（社区）贫困发生率降至3%以下
7	人均可支配收入		所在行政村或移民安置点（社区）居民人均可支配收入，达到当年全省农村居民人均可支配收入60%以上
8	集体经济组织		所在行政村或移民安置点（社区）有集体经济或合作组织、互助资金组织
9	基础设施	道路	所在行政村或移民安置点（社区）通沥青（水泥）路
10		饮水	所在行政村或移民安置点（社区）有安全饮水
11		电力	所在行政村或移民安置点（社区）电力入户率达到100%
12	基本医疗		所在行政村或移民安置点（社区）有标准化卫生室

　　家庭人均纯收入水平是一个非常重要的指标，在很大程度上可以反映移民家庭的生计状况，也是贫困退出中"两不愁"（不愁吃、不愁穿）的物质基础，同时特定区域个别家庭收入状况的综合，可以在一定程度上反映出该区域产业发展的状况。因此，本书选取了这一指标并作为关键性指标。

　　有安全住房、无义务教育阶段辍学学生和有基本医疗保障被称为"三保障"，加上有安全饮水，有的地方称为"四保障"。住房、医疗加上饮水，既是反映移民生存状态的指标，也是反映移民生活水平的重要标志；无义务教育阶段辍学学生，是衡量移民家庭发展的指标，同时也是阻断贫困代际传递的前提和基础。因此，这几个指标也要选用。

对要进行脱贫"摘帽"的贫困村或者移民安置点（社区）来讲，要求贫困发生率必须降至 3% 以下，农村居民人均可支配收入达到当年全省农村居民人均可支配收入的 60% 以上，还要有集体经济或合作组织以及互助资金组织。这些指标都是衡量当地经济发展水平的指标，在很大程度上可以折射出当地移民后续产业发展状况和移民家庭的生计状况，因而这些指标也要选用。

水、电、路以及标准化卫生室都是反映当地基础设施状况的指标，对于移民后续产业发展有重要的影响作用。因此，这些指标也予以借用。

二 关于地点选择

对于移民后续产业绩效进行评价与分析的地点选择，本书选择了陕南秦巴山区的留坝县，主要是基于以下理由：一是该县是陕西实施生态移民较早的一个县，由于该县的人口相对较少，移民搬迁任务已经接近完成，该县新合并的行政村同时也是移民安置点，移民比较集中，即将脱贫的贫困人口，同时也是属于移民搬迁后即将脱贫的贫困户；二是该县近年来经济发展情况较好，预调研时本书成员已了解到，该县生态移民后续产业发展卓有成效。因此，对移民后续产业绩效的评价与分析，选择了该县。

第二节 调查区域基本情况

一 自然概况

留坝县属于秦巴连片特困区陕南地区的一个贫困县，位于秦岭南麓，陕西省西南，汉中市北部。地理坐标为东经 106°38′05″—107°18′14″；北纬 33°17′42″—33°53′29″。东连洋县、城固，南接汉台，西邻勉县，北靠太白、凤县。东西长 46.4 千米，南北宽 67.2 千米。全县辖 8 个镇（办）：青桥驿镇、马道镇、火烧店镇、武关驿镇、留侯镇、玉皇庙镇、江口镇和紫柏镇街道办事处，共 75 个行政村和 1 个居民委员会，人口4.7 万，其中农业人口 3.8 万，有耕地 2897.5 公顷（43462.5 亩），占总面积的 1.48%，其中旱地 32741 亩，占 75.3%，水田 10721 亩，占

24.66%。气候独特，自然资源丰富，被人们称为"天然氧吧""绿色宝库"。留坝县既是陕西省扶贫开发的重点县，也是陕西省财政直管试点县，同时也是陕西省首批旅游强县和陕西省 7 个旅游示范试点县之一。

二 社会经济概况

2015 年，留坝县全年实现生产总值 12.77 亿元，增长了 13.5%；完成财政总收入 1.23 亿元，增长了 80.9%，其中地方财政收入为 6877 万元，增长 58.2%，财政支出 7.03 亿元，增长 14.4%，财政收入和支出均创历史最高水平；2015 年完成全社会固定资产投资 21.32 亿元，比上年增长 35.2%；实现社会消费品零售总额为 3.73 亿元，增长了 13%；留坝县城镇居民可支配收入达 25825 元，农村居民人均现金收入 8015 元，分别增长了 9.2% 和 10.3%。第一产业增加值为 2.99 亿元，增速为 5.2%；第二产业增加值为 3.21 亿元，增速为 18.4%；第三产业增加值为 6.58 亿元，增速为 14.6%。从图 8-1 也可以看出，留坝县作为典型的农业县，目前第二产业发展的势头很猛，第三产业的优势相对也比较突出，这和留坝县近年来的发展战略密切相关。（见图 8-1）

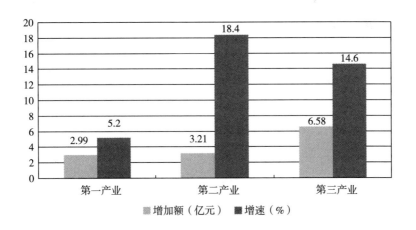

图 8-1 2015 年留坝县各产业增速

近几年来，留坝县委、县政府认真贯彻落实习近平总书记提出的"五大发展理念"，抢抓西部大开发的历史机遇，带领全县人民顽强拼搏，真抓实干，大力实施"生态立县、药菌兴县、旅游强县"的发展战略，发挥当地资源优势，凝聚各方力量，强化产业意识，加快城乡的基础设施建设，更加注重保障和改善民生，统筹推进经济建设、政治建设、文化建设、社会建设和生态文明建设，努力把留坝县建设成"小而精、小而美、小而富、小而强"的宜居和谐的山水家园，实现从经济欠发达县向人均经济强县的跨越式发展。

2016 年以来，留坝县结合脱贫攻坚和生态移民，大力推进生态农业和生态旅游业的发展，特别是易地扶贫搬迁工作成效卓著，目前约有80% 的移民对象已经实施了搬迁，现有镇村为"撤乡并村"调整后的镇村，人口已经相对比较集中，多数为移民新村，有的村已经脱贫退出贫困。2016 年，有 20 个贫困村要实现脱贫，到 2018 年全县实现脱贫摘帽，退出贫困县。

三 贫困状况

2016 年，留坝县总人口 4.7 万人，其中农业人口 3.8 万，农户7779 户、26090 人，经过对全县 75 个行政村及 1 个社区摸排走访，最终确定贫困村为 39 个，全县建档立卡的贫困户为 1872 户、4411 人，2016 年将实现 1051 户、2768 人脱贫，20 个贫困村退出贫困村的行列。

（一）贫困村、贫困人口概况（见表 8-2 和图 8-2、图 8-3）

表 8-2　　　　　　　　留坝县贫困村、贫困人口分布一览

项目 镇（办）	管辖村、 社区（个）	贫困村、 社区（个）	农业总户 数（户）	贫困户 （户）	农业总人 口（人）	贫困人口 （人）	贫困发生 率（%）
紫柏街道办	6	1	1084	151	3917	361	9.22
青桥驿镇	6	5	608	169	1979	409	20.66
马道镇	13	8	1483	289	5234	712	13.60
火烧店镇	7	3	953	114	3283	209	6.37
武关驿镇	10	5	1562	335	4999	790	15.8
留侯镇	6	4	831	140	2739	306	11.17
玉皇庙镇	11	5	1389	257	4735	631	13.33
江口镇	17	8	2430	417	8829	993	11.25
合　计	76	39	10340	1872	35715	4411	13.35

贫困发生率是衡量某一区域贫困程度的重要指标。表 8 – 1 和图 8 – 2、图 8 – 3 显示，在全县 39 个贫困村中，平均贫困发生率为 13.35%，其中青桥驿镇虽然贫困人数较少，但贫困发生率最高，达到了 20.66%；江口镇虽然贫困人口最多，但贫困发生率相对较低，仅为 11.25%。火烧店镇和紫柏街道办事处相对而言，人数较少，贫困发生率也相对更低，分别为 6.37% 和 9.22%；其余的马道镇、武关驿镇、玉皇庙镇、江口镇不仅贫困人口多，而且贫困发生率也高，均超过了 10%，因此，这 4 个镇的脱贫工作任务繁重，压力最大。从总体上来看，留坝县的贫困发生率较高，有的镇不仅贫困发生率高，贫困程度相对也比较深，这和各镇所处的地理位置、所拥有的产业发展资源等要素密切相关。

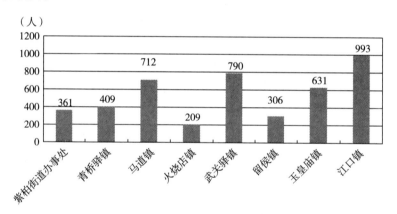

图 8 – 2 留坝县各镇贫困人口数

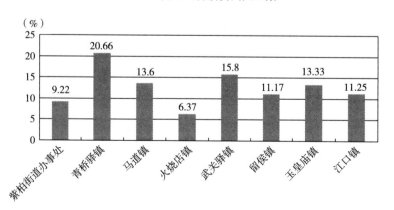

图 8 – 3 留坝县各镇贫困发生率

（二）贫困户类型（见表 8-3、表 8-4 和图 8-4）

贫困户通常依据其发展能力，划分为一般贫困户和特殊贫困户。特殊贫困户指"五保户"和"低保户"。根据表 8-3 和表 8-4 的统计数据，在留坝县 1872 个贫困户中，一般贫困户 638 户，涉及贫困人口 2072 人，占全县贫困总人口的 46.97%。享受"五保"、"低保"的特殊贫困户共 1234 户，涉及贫困人口 2339 人，占全县贫困总人口的 53.03%。其中，"低保户" 748 户，涉及人口 1814 人，占全县贫困总人口的 41.12%；"五保户" 486 户，涉及人口 525 人，占全县贫困总人口的 11.9%。"低保户""五保户"比例已经超过一半，表明今后留坝县社会保障面临的压力较大。尤其是占全县贫困总人口的 41.12% 的"低保户"，如何激发起这一类贫困户的内在动力，使其不依赖于国家和政府而自食其力，最终能够彻底脱贫，对留坝县整体脱贫至关重要。

表 8-3　　　　　　　　　　留坝县贫困户类型一览

项目 镇（办）	贫困村 （个）	贫困户及人口		一般贫困户		"低保户"		"五保户"	
		户数	人数	户数	人数	户数	人数	户数	人数
紫柏街道办事处	1	151	361	31	95	90	235	30	31
青桥驿镇	5	169	409	85	263	56	114	28	32
马道镇	8	289	712	135	462	56	149	98	101
火烧店镇	3	114	209	15	44	42	105	57	60
武关驿镇	5	335	790	165	550	97	162	73	78
留侯镇	4	140	306	46	128	58	139	36	39
玉皇庙镇	5	257	631	68	229	140	346	49	56
江口镇	8	417	993	93	301	209	564	115	128
合计	39	1872	4411	638	2072	748	1814	486	525

表 8-4　　　　　　　　　　留坝县贫困人口类型比例

项目 镇（办）	贫困总人数	一般贫困户 占比（％）	"低保户" 占比（％）	"五保户" 占比（％）
紫柏街道办事处	361	26.32	65.10	8.59
青桥驿镇	409	64.30	27.87	7.82

续表

项目 镇（办）	贫困总人数	一般贫困户占比（%）	"低保户"占比（%）	"五保户"占比（%）
马道镇	712	64.89	20.93	14.19
火烧店镇	209	21.05	50.24	28.71
武关驿镇	790	69.62	20.51	9.87
留侯镇	306	41.83	45.42	12.75
玉皇庙镇	631	36.29	54.83	8.87
江口镇	993	30.31	56.80	12.89
合　计	4411	46.97	41.13	11.90

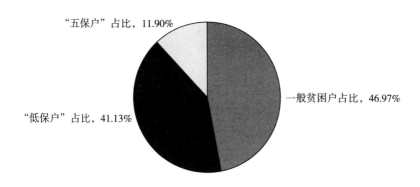

图 8-4　留坝县贫困人口类型比例

（三）贫困人口致贫原因

导致贫困的原因往往比较复杂，对大部分贫困家庭来说，也不是单一因素导致的，因此只能考察其主要的致贫原因。考察贫困户致困原因的意义在于，它有助于我们在帮扶工作中对症下药，靶向瞄准，精准施策。就留坝县贫困人口的致贫原因来看，也涉及了多个方面，诸如因为疾病、残疾、供养孩子上学、自然灾害、缺技术、家庭缺劳动力、在发展项目上缺少资金等，不同的家庭致贫原因也不尽相同（见表 8-5 和图 8-5）。

表8-5　　　　　　　　　　留坝县贫困人口致贫原因

项目\镇(办)	因病		因残		因学		因灾		缺技术		缺劳动力		缺资金		其他	
	人	%	人	%	人	%	人	%	人	%	人	%	人	%	人	%
紫柏街道办	74	20	73	20	20	6	0	0	4	1	179	50	11	3	0	0
青桥驿镇	143	35	14	3	0	0	0	0	18	4	76	19	90	22	2	0
马道镇	189	27	85	12	23	3	3	0	168	24	183	26	25	4	36	5
火烧店镇	77	37	69	33	8	4	0	0	20	10	34	16	0	0	1	0
武关驿镇	182	23	130	16	63	8	0	0	122	15	212	27	81	10	0	0
留侯镇	37	12	26	8	8	3	17	6	6	2	107	35	102	33	3	1
玉皇庙镇	207	33	82	13	56	9	0	0	54	9	82	13	150	24	0	0
江口镇	330	36	65	7	145	15	0	0	148	15	266	27	109	11	121	12
合计	1239	27	544	12	323	7	20	0.5	540	12	1139	24.5	568	13	163	4

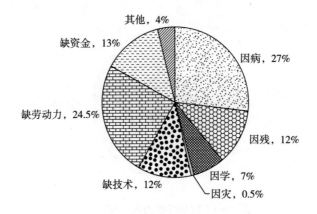

图8-5　留坝县贫困人口致贫原因

注：由于部分贫困人口致贫原因有多个，故上图比重之和大于100%

从表8-5和图8-5可以看出，全县因病致贫的贫困人口占27%；因残致贫的贫困人口占12%；因学致贫的贫困人口占7%；因灾致贫的贫困人口占0.5%；因缺技术导致贫困的人口占12%；因缺劳动力导致贫困的人口占24.5%；因缺资金导致贫困的人口占13%；其他方面如因交通不便等原因造成贫困的仅占4%。可见，因病、因缺劳动力、因残而导致贫困的情况相当严重，这三个原因所占的百分比分别为27%、24.5%和12%，加总后达到了63.5%。其中，火烧店镇、江口镇、青桥驿镇和玉皇庙镇因病致贫的比例均超过了 30%，四个镇之中火烧店镇的比例最高，达到了 37%，而其他 3 个镇也分别占到了 36%、35% 和 33%。这种情况在一定程度上也指明了今后留坝县扶贫工作的重点和主攻方向，尤其是需要建立健全农村地区的医疗基础设施，提高农村医护人员的专业技术水平，使农户有病时能够得到及时的就近救治。

四 脱贫攻坚工作进展情况

2014 年以来，留坝县各镇政府和村民委员会经过 5 轮精准识别，一共核定贫困户 1872 户 4411 人，为了做到精准施策，县委、县政府依据"六个一批"对贫困户进行了帮扶，在帮扶措施的选择上，重视产业发展，把依靠移民后续产业发展放在首位，同时通过生态补偿、医疗救助、教育帮扶等相关措施，帮助贫困户摆脱贫困。各镇（办）"六个一批"帮扶情况见表 8－6。

表 8－6　　　　　留坝县各镇（办）"六个一批"帮扶情况

镇（办） ＼ 项目	"六个一批"帮扶措施					
	产业扶贫（人）	移民搬迁扶贫（人）	教育扶贫（人）	生态扶贫（人）	医疗扶贫（人）	社会兜底（人）
紫柏街道办	103	56	72	27	37	12
青桥驿镇	174	85	6	0	84	146
马道镇	395	238	23	623	69	232
火烧店镇	100	36	11	124	8	109
武关驿镇	576	205	60	217	132	240
留侯镇	182	141	3	195	22	99
玉皇庙镇	402	74	125	248	268	229
江口镇	689	224	121	442	161	313
全县	2621	1059	421	1876	781	1380

注：本表数据来源为各拟脱贫村基本情况统计表；"六个一批"帮扶措施则涉及 8 个镇（办事处）的所有贫困户，数据来源为各镇基本情况统计表。

第三节　调查的基本内容、方法及样本特点分析

一 调查时间、范围及对象

本次调查活动准备工作从 2016 年 10 月 15 日开始，主要涉及对调

查人员的相关培训，组织学习精准脱贫工作的相关文件，设计调查问卷（分为贫困户、非贫困户和脱贫户 3 类），设计对镇、村一级的调查统计表，模拟访谈；调查时间从 2016 年 12 月 20 日开始，至 2016 年 12 月 31 日完成；调查报告拟在 2017 年 1 月 10 日前后完成。本次调查范围涉及留坝县 8 个镇（街道办）；调查对象为 2016 年度拟脱贫退出的 20 个贫困村。

二 调查的基本内容与方法

（一）调查的基本内容

本次对留坝县的调查，在入户调查移民搬迁户包括脱贫户家庭基本生活状况的基础上，重点考察村级贫困发生率、村级农村居民人均可支配收入的状况，以及村级集体经济组织建设和移民搬迁后续产业发展的状况。

（二）调查的方式方法

本次调查主要采取实地查看、问卷调查、座谈交流、查阅有关资料等方式，调查范围涉及留坝县 8 个镇（办）、20 个拟脱贫村、397 个样本户，本书成员全面采集数据信息，广泛收集意见建议。一共填写调查问卷 397 份，其中，脱贫户问卷 359 份，非贫困户问卷 38 份。从问卷审核的情况来看，有效问卷 376 份，其中脱贫户有效问卷 338 份，无效问卷 21 份，问卷有效率为 94.7%，这些有效问卷、收回的镇村调查统计表以及调查者的访谈和实际感知到的情况，都将作为本书分析的基础。

三 样本分布及特点

（一）贫困村脱贫户抽样样本分布

表 8–7　　　　　　　　留坝县贫困村脱贫户样本户分布情况

镇、村	项目	农业总户数（户）	贫困户（户）	农业总人口（人）	贫困人口（人）	贫困发生率（%）	样本户（个）
紫柏街道办	青羊铺村	172	34	628	115	18.31	17
青桥驿镇	社火坪村	170	46	620	105	16.94	12
马道镇	马道街村	307	30	936	53	5.66	18
	庞家嘴村	92	26	277	59	21.30	18
	龙潭坝村	82	27	247	72	29.15	18

续表

项目\镇、村	农业总户数（户）	贫困户（户）	农业总人口（人）	贫困人口（人）	贫困发生率（%）	样本户（个）
马道镇 辛家坝村	145	27	475	75	15.79	20
马道镇 二十里铺村	109	27	310	60	19.35	14
火烧店镇 石家院村	146	17	493	30	6.09	9
火烧店镇 佛爷坝村	94	16	325	30	9.23	13
武关驿镇 松树坝村	135	33	503	89	17.69	17
留侯镇 营盘村	103	27	351	61	17.38	19
留侯镇 庙台子村	246	35	749	71	9.48	18
玉皇庙镇 玉皇庙村	157	40	590	117	19.83	17
玉皇庙镇 两河口村	163	31	505	67	13.27	21
玉皇庙镇 下西河村	122	28	377	71	18.83	20
江口镇 柳川沟村	152	39	522	85	16.28	15
江口镇 范条峪村	95	17	374	47	12.57	19
江口镇 柘梨园村	185	23	736	37	5.03	18
江口镇 锅厂村	99	38	367	121	32.97	20
江口镇 磨坪村	105	17	407	46	11.30	15
合　计	2879	578	9792	1411	14.41	338

注：本表中户数及人数数据来源为各拟脱贫村基本情况统计表。

从拟脱贫村的贫困发生率来看（见图8-6），贫困发生率超过20%的村子有3个，分别是锅厂村32.97%、龙潭坝村29.15%、庞家嘴村21.30%，贫困发生率介于14.41%—20%的贫困村有9个，即贫困发生率超过贫困村平均贫困发生率14.41%的贫困村占到了60%；而柘梨园村、马道街村和石家院村相对来说，贫困发生率较低。由此可见，同样是贫困村，但贫困的深度、脱贫任务的难度，其差异也是比较大的。

（二）贫困村脱贫户抽样样本的基本特征

1. 抽样脱贫户接受教育程度的结构

调查数据显示，贫困户中文化程度的高低与贫困之间存在一种内在的联系，即文化程度及接受教育的程度越低，发生贫困的可能性就越大。由于文化水平的限制，接受科学技术的能力相对较差，这也是导致

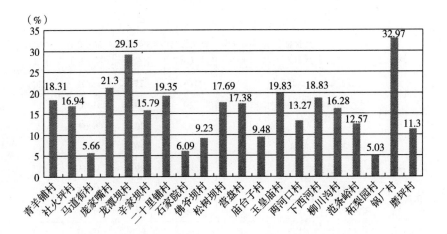

图 8 - 6　2016 年留坝县贫困发生率情况

贫困户家庭缺少技术的深层次原因。因此，这一现象的分析对于贫困原因的探究及贫困的治理，有着重要的意义。留坝县抽样脱贫户接受教育程度的结构见表 8 - 8、图 8 - 7。

表 8 - 8　　　　留坝县贫困村脱贫户样本户被调查者受教育情况

镇、村	项目	样本户（个）	文化程度					
			文盲（人）	小学（人）	初中（人）	高中及中专（人）	大专（人）	本科及以上（人）
紫柏街道办	青羊铺村	17	5	8	4			
青桥驿镇	社火坪村	12	6	6				
马道镇	马道街村	18	9	7	2			
	庞家嘴村	18	9	8	1			
	龙潭坝村	18	6	11	1			
	辛家坝村	20	10	7	3			
	二十里铺村	14	10	3	1			
火烧店镇	石家院村	9	5	4				
	佛爷坝村	13	8	4		1		
武关驿镇	松树坝村	17	6	5	4	2		
留侯镇	营盘村	19	4	11	4			
	庙台子村	18	14	3	1			

228

续表

镇、村	项目	样本户（个）	文化程度					
			文盲（人）	小学（人）	初中（人）	高中及中专（人）	大专（人）	本科及以上（人）
玉皇庙镇	玉皇庙村	17	9	6	2			
	两河口村	21	6	8	7			
	下西河村	20	13	5	2			
江口镇	柳川沟村	15	1	8	4	2		
	范条峪村	19	12	6	1			
	柘梨园村	18	6	7	3	2		
	锅厂村	20		11	7	2		
	磨坪村	15	6	7	2			
合计		338	145	135	49	9		

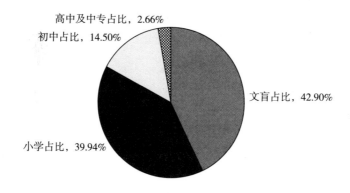

图8-7 留坝县贫困村脱贫户样本户被调查者受教育情况

2. 抽样脱贫户家庭劳动力状况结构

一定区域内的劳动力状况，不仅能够说明这一区域当下的发展，也在很大程度上可以预示这一区域未来的发展。这就是人们常说的"人气"。人是生产力的决定因素，尤其是具有较高素质的人口，始终是特定区域经济社会发展的主要推动者。对于贫困山区来说，这一点也不例外。从留坝县抽样获取的贫困村和贫困样本户的情况来看，劳动力的状况呈现一般状态（见表8-9和图8-8）。

表8-9　　　　　留坝县贫困村脱贫户样本户劳动力数量情况

镇、村	项目	村农业总人口	村劳动力数量	劳动力数量占总人口比例（%）	样本户（个）	样本户家庭平均人口	样本户家庭平均劳动力	样本户家庭劳动力占家庭人口比例（%）
紫柏街道办	青羊铺村	628	356	56.69	17	3.88	2.35	60.57
青桥驿镇	社火坪村	620	110	17.74	12	3.42	1.17	34.21
马道镇	马道街村	936	361	38.57	18	2.11	0.78	36.97
	庞家嘴村	277	142	51.26	18	2.44	0.72	29.51
	龙潭坝村	247	120	48.58	18	3	1.83	61.00
	辛家坝村	475	250	52.63	20	3.05	1.65	54.10
	二十里铺村	310	118	38.06	14	2.64	0.79	29.92
火烧店镇	石家院村	493	345	69.98	9	2	0.78	39.00
	佛爷坝村	325	136	41.85	13	2.54	1.69	66.54
武关驿镇	松树坝村	503	282	56.06	17	3.24	1.47	45.37
留侯镇	营盘村	351	250	71.23	19	3.16	1.74	55.06
	庙台子村	749	375	50.07	18	2.39	1.28	53.56
玉皇庙镇	玉皇庙村	590	280	47.46	17	3.24	1.94	59.88
	两河口村	505	369	73.07	21	2.67	1.14	42.70
	下西河村	377	207	54.91	20	3.15	1.45	46.03
江口镇	柳川沟村	522	190	36.40	15	2.73	1.47	53.85
	范条峪村	374	188	50.27	19	3.16	1.63	51.58
	柘梨园村	736	462	62.77	18	2	0.44	22.00
	锅厂村	367	190	51.77	20	3.95	2.4	60.76
	磨坪村	407	205	50.37	15	2.67	1.93	72.28
合　计		9792	4936	50.41	338	2.87	1.43	49.88

注：本表中村农业总人口数及村劳动力数量数据来源为各拟脱贫村基本情况统计表。

从表8-9的数据看，20个贫困村劳动力数量占总人口比例为50.41%，样本户家庭平均人口为2.87，而样本户家庭劳动力平均为1.43人，样本户家庭劳动力占家庭人口的比重为49.88%，略低于20个贫困村农业劳动力占农业总人口的比重。如果只看总数据，说明劳动力短缺并不是导致贫困户贫困最主要的原因，但仔细研究各贫困村的数据，则会发现，不同的贫困村和贫困户之间，劳动力占比的差异是很显著的。

从图 8 - 8 分析可以看出，整个贫困村及样本户都严重缺劳动力的是社火坪村、马道街村和二十里铺村，这几个村的劳动力都远低于平均值。而在贫困村中劳动力数量较多的是两河口村、营盘村和石家院村，但这三个村样本户劳动力占比则远低于该村的劳动力占比，且营盘村和石家院村的整村劳动力比例高出样本户劳动力比例超过 30%。这一现象说明，缺少劳动力，发生贫困的概率就大。同时也说明在这 6 个村中，劳动力短缺是贫困户致贫的主要原因之一，也是社火坪村、马道街村和二十里铺村整村贫困的原因。

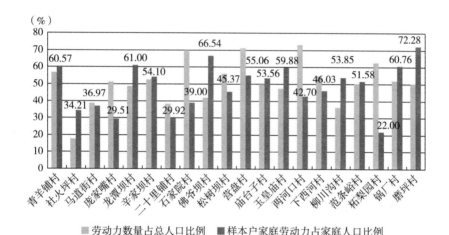

（%）

■ 劳动力数量占总人口比例　■ 样本户家庭劳动力占家庭人口比例

图 8 - 8　拟脱贫村劳动力状况结构对比

注：为看图清晰，只标出了样本户劳动力占家庭人口百分比。

从图 8 - 8 中的数据还可以分析得到的另一个现象是，部分贫困村样本户劳动力占比反而远高于整村劳动力占比，其中高出 20% 之多的有佛爷坝村，高出 24.79%，玉皇庙村高出 22.42%，磨坪村高出 21.91%。说明在这 3 个村子中，劳动力短缺并不是贫困户致贫的主要原因，在解决脱贫问题时，就要考虑其他因素。

从表 8 - 10 及图 8 - 9 可以看出，贫困村脱贫户样本户劳动力就业，主要以务农为主，占比达到 50.41%；其次是外出务工和本地打零工，这也和留坝县大力发展培育壮大"药、菌、渔、果、菜"这五大产业，加快开发特色农产品的政策导向有一定的关系，为样本户的增收脱贫奠定了一定的基础。但另一方面也说明，有近一半的劳动力仍然从事第一产业，而外出从事第二、第三产业的劳动力，占比相对较低。劳动力的就业状况折射出留坝县的产业结构仍然以第一产业为主，说明该县依然是一个农业县。

表8－10　　　　留坝县贫困村脱贫户样本户劳动力就业状况

镇、村	项目	村样本户劳动力总数	在家务农		在外打工		本地做零工		其他	
			数量	%	数量	%	数量	%	数量	%
紫柏街道办	青羊铺村	40	19	47.5	11	27.5	10	25.0	0	0.0
青桥驿	社火坪村	14	3	21.4	5	35.7	2	14.3	4	28.6
马道镇	马道街村	14	8	57.1	1	7.1	3	21.4	2	14.3
	庞家嘴村	13	5	38.5	3	23.1	4	30.8	1	7.7
	龙潭坝村	33	18	54.5	12	36.4	3	9.1	0	0.0
	辛家坝村	33	16	48.5	9	27.3	8	24.2	0	0.0
	二十里铺村	11	6	54.5	2	18.2	3	27.3	0	0.0
火烧店	石家院村	7	5	71.4	1	14.3	1	14.3	0	0.0
	佛爷坝村	22	12	54.5	9	40.9	1	4.5	0	0.0
武关驿	松树坝村	25	9	36.0	9	36.0	6	24.0	1	4.0
留侯镇	营盘村	33	16	48.5	5	15.2	10	30.3	2	6.1
	庙台子村	23	11	47.8	5	21.7	7	30.4	0	0.0
玉皇庙	玉皇庙村	33	16	48.5	12	36.4	5	15.2	0	0.0
	两河口村	24	13	54.2	5	20.8	6	25.0	0	0.0
	下西河村	29	15	51.7	4	13.8	10	34.5	0	0.0
江口镇	柳川沟村	31	17	54.8	10	32.3	4	12.9	0	0.0
	范条峪村	22	9	40.9	4	18.2	8	36.4	1	4.5
	柘梨园村	8	6	75.0	2	25.0	0	0.0	0	0.0
	锅厂村	48	25	52.1	19	39.6	4	8.3	0	0.0
	磨坪村	29	19	65.5	6	20.7	4	13.8	0	0.0
合　计		492	248	50.4	134	27.2	99	20.1	11	2.2

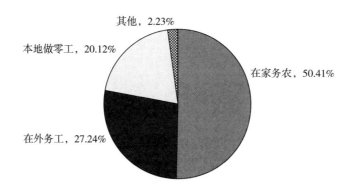

图 8 – 9　脱贫户样本户劳动力就业状况

3. 抽样脱贫户致贫原因分析（见表 8 – 11 和图 8 – 10）

从表 8 – 11 和图 8 – 10 可以看出，总体上导致贫困村样本户致贫的主要原因，是因病和缺少劳动力，两者占比总体上达到了 49%，其他原因如因残致贫的占 13%、因缺技术致贫的占 11%、因缺资金致贫的占 11%、因学致贫的占 10%。除了上述致贫原因外，在其他原因里，被调查者提到了交通不便也是导致贫困的一个原因。可见，导致贫困发生的原因是多方面的。

表 8 – 11　　　　　　　　　留坝县抽样脱贫户致贫原因分析

项目 镇、村		因灾		因病		因残		因学		缺技术		缺劳动力		缺资金		其他	
		户	%	户	%	户	%	户	%	户	%	户	%	户	%	户	%
紫柏街道办	青羊铺村	0	0	3	18	3	18	1	6	2	12	7	41	0	0	1	6
青桥驿镇	社火坪村	0	0	4	33	2	17	0	0	1	8	4	33	1	8	0	0
马道镇	马道街村	0	0	5	28	2	11	0	0	1	6	8	44	1	6	1	6
	庞家嘴村	1	6	3	17	3	17	0	0	4	22	6	33	1	6	0	0
	龙潭坝村	2	11	5	28	2	11	0	0	5	28	4	22	0	0	0	0
	辛家坝村	0	0	7	35	4	20	1	5	3	15	5	25	0	0	0	0
	二十里铺村	1	7	4	29	2	14	3	21	0	0	4	29	0	0	0	0
火烧店镇	石家院村	0	0	6	67	2	22	0	0	0	0	1	11	0	0	0	0
	佛爷坝村	0	0	2	15	1	8	1	8	0	0	1	8	6	46	2	15
武关驿镇	松树坝村	0	0	4	24	3	18	2	12	5	29	3	18	0	0	0	0

续表

镇、村	项目	因灾		因病		因残		因学		缺技术		缺劳动力		缺资金		其他	
		户	%	户	%	户	%	户	%	户	%	户	%	户	%	户	%
留候镇	营盘村	3	16	5	26	0	0	2	11	2	11	1	5	6	32	0	0
	庙台子村	1	6	3	17	1	6	0	0	3	17	3	17	2	11	5	28
玉皇庙镇	玉皇庙村	0	0	3	18	1	6	3	18	3	18	3	18	4	24	0	0
	两河口村	0	0	6	29	7	33	1	5	0	0	6	29	0	0	1	5
	下西河村	0	0	12	60	0	0	3	15	2	10	0	0	3	15	0	0
江口镇	柳川沟村	0	0	4	27	2	13	3	20	0	0	5	33	1	7	0	0
	范条峪村	0	0	3	16	2	11	3	16	0	0	3	16	7	37	1	5
	柘梨园村	0	0	8	44	4	22	0	0	0	0	5	28	0	0	1	6
	锅厂村	0	0	3	15	1	5	6	30	5	25	4	20	1	5	0	0
	磨坪村	0	0	2	13	2	13	4	27	2	13	1	7	3	20	1	7
合计		8	2	92	27	44	13	33	10	38	11	74	22	36	11	13	4

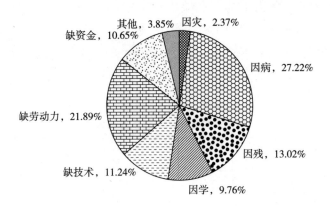

图8-10 脱贫户样本户致贫原因分析

从表8-11中标出的部分还可以看出，不同的村贫困样本户致贫的原因都各不相同，有的村主要原因相对比较单一，占比超过40%的，如青羊铺村主要是缺劳动力占41%、马道街村缺劳动力占44%；下西河村因病致贫的占60%、石家院村因病致贫的占67%；佛爷坝村因缺资金致贫的占46%。但是，有些村贫困样本户致贫的原因则很复杂，既缺资金，又因病或因灾，是多种原因导致的贫困。由此可见，对不同的村扶贫时需要采取不同的帮扶措施，不能"千村一策"，如庙台子村和锅厂村，都应该加大教育扶贫的力度，而相对于锅厂村、庙台子村还应该致力于改善交通条件，对佛爷坝村则可以考虑在金融贴息扶贫方面，多做细致的工作。

四 调查的具体内容项目

（一）贫困人口退出条件分析

（1）抽样脱贫户收入及"两不愁"状况分析。通过对 338 户脱贫户走访调查，问卷中涉及的"您家里是否达到了'不愁吃、不愁穿'的标准"这一问题时，几乎 100% 的脱贫户都回答"是"，只有龙潭坝村 1 户样本户的回答是"否"，调查组立即对这一户重点调查，查看资料，核算收入，寻找原因。计算完该户 2016 年的人均纯收入以后发现，该户家庭人均收入是 14450 元，早已超过了"不愁吃、不愁穿"的标准，但进一步查找其致贫原因却发现，原来是因灾致贫，因此该户脱贫后尚有一定压力。从定性分析的角度看，"不愁吃、不愁穿"确实已经不是问题。

"不愁吃、不愁穿"的定量分析，则是脱贫户的收入水平，按照陕西省确定的 2016 年度贫困户脱贫的标准，农村居民人均纯收入达到 3015 元即看作从收入上的脱贫，表 8 - 12 是样本户人均纯收入水平状况的分析。

表 8 - 12　　　　　　脱贫户样本户人均纯收入水平状况分析

镇、村	项目	样本户数（户）	人均纯收入（元）		达标率（%）	分镇达标率（%）
			村表测算数	问卷调查数		
紫柏街道办	青羊铺村	17	3874	6929	229.82	229.82
青桥驿镇	社火坪村	12	3300	8633	286.33	286.33
马道街镇	马道街村	18	3360	9463	313.86	268.48
	庞家嘴村	18	3200	8081	268.03	
	龙潭坝村	18	3250	8149	270.28	
	辛家坝村	20	3655	6986	231.71	
	二十里铺村	14	5310	7795	258.54	

续表

项目 镇、村		样本户数 （户）	人均纯收入（元）		达标率 （％）	分镇达标率 （％）
			村表测算数	问卷调查数		
火烧店镇	石家院村	9	5033	7840	260.03	294.73
	佛爷坝村	13	3200	9932	329.42	
武关驿镇	松树坝村	17	3300	7880	261.36	261.36
留侯镇	营盘村	19	3350	11371	377.15	304.15
	庙台子村	18	5200	6969	231.14	
玉皇庙镇	玉皇庙村	17	4100	10024	332.47	283.31
	两河口村	21	4800	8206	272.17	
	下西河村	20	4205	7395	245.27	
江口镇	柳川沟村	15	4853	8166	270.85	286.43
	范条峪村	19	3550	9281	307.83	
	柘梨园村	18	3900	6871	227.89	
	锅厂村	20	3780	12685	420.73	
	磨坪村	15	3600	6177	204.88	
平均分		338	3941	8441.65	279.99	279.99

由表 8 - 12 的相关指标来看，对脱贫户样本户人均纯收入水平状况的定量分析可以看出，脱贫户样本户人均纯收入水平普遍较高，按照陕西省 2016 年人均纯收入 3015 元的脱贫标准，脱贫户样本户的人均纯收入均超过这一标准的 200%（最小为 204.88%），个别村脱贫户样本户人均纯收入甚至 4 倍于省市 3015 元的标准（锅厂村为 420.73%）。从村上提供的基本情况统计表的测算数和问卷调查数对比来看，两者之间的差异还是比较大的，问卷调查数所获得的脱贫户样本户人均纯收入远超过村基本情况统计表所测算的脱贫户样本户人均纯收入。如果用"问卷调查数/村表测算数"，最小为 1.34 倍，最大为 3.39 倍。说明留坝县脱贫户人均实际收入增长较快。

分析造成村统计表的测算数和问卷调查数两方面差异的原因：一是由于大多数贫困村在填写村表测算值的时候，出于保守估计会有意识地偏低一些，比如刚刚超过省市标准线即可，以避免本村测算值偏高；二是调查人员在调查收入情况时，问得仔细，且实事求是地估算脱贫户样本户的各项收入，调查人员在查阅贫困户手中的帮扶台账时，也发现有收入计账值偏低的现象；还有一点，则是部分贫困户不愿意退出，在镇、村收入摸底的调查工作中，存在部分贫困户隐瞒真实收入的情况。

（2）抽样脱贫户"三保障"状况分析。在脱贫户样本户"三保障"方面，没有贫困户因为贫困辍学的学生，符合教育扶贫政策的学生都享受了贫困户学生的相关优惠政策；在医疗保障方面，所有的脱贫户样本户家庭成员，都参加了新型农村合作医疗和大病保险，基本医疗都有保障。在安全住房有保障方面，脱贫户样本户的房屋以砖混和土坯房为主，从调查人员的实际感知来看，98%以上的房屋是安全的。而在被问及土坯房是否安全时，被调查脱贫户样本户的回答大多是"安全"，回答"基本安全或不安全"的，会补充说明土坯房只是老房，已经买了移民安置房，正等待交钥匙或者装修。由此可见，脱贫户样本户的安全住房也是有保障的。而根据镇基本情况调查统计表以及村基本情况调查统计表所填写的住建部门的专业检测结论来看，安全住房有保障这一指标是达标的（见表8-13、表8-14）。

此外，有安全饮水这一条件作为第四个保障，因调查区域水资源特别丰富，调查的结果也是达标的。

表8-13　　　　　　　脱贫户样本户"三保障"状况分析

镇、村	项目	样本户数（户）	无因贫辍学学生（%）	基本医疗有保障（%）	安全住房有保障（%）	达标率（%）	分镇达标率（%）
紫柏街道办	青羊铺村	17	100	100	100	100	100
青桥驿镇	社火坪村	12	100	100	100	100	100
马道街镇	马道街村	18	100	100	100	100	100
	庞家嘴村	18	100	100	100	100	100
	龙潭坝村	18	100	100	100	100	100
	辛家坝村	20	100	100	100	100	100
	二十里铺村	14	100	100	100	100	100
火烧店镇	石家院村	9	100	100	100	100	100
	佛爷坝村	13	100	100	100	100	100
武关驿镇	松树坝村	17	100	100	100	100	100

续表

镇、村	项目	样本户数（户）	无因贫辍学学生（%）	基本医疗有保障（%）	安全住房有保障（%）	达标率（%）	分镇达标率（%）
留侯镇	营盘村	19	100	100	100	100	100
	庙台子村	18	100	100	100	100	100
玉皇庙镇	玉皇庙村	17	100	100	100	100	100
	两河口村	21	100	100	100	100	100
	下西河村	20	100	100	100	100	100
江口镇	柳川沟村	15	100	100	100	100	100
	范条峪村	19	100	100	100	100	100
	柘梨园村	18	100	100	100	100	100
	锅厂村	20	100	100	100	100	100
	磨坪村	15	100	100	100	100	100
平均分		358	100	100	100	100	

表 8 – 14　　　　　　　　脱贫户样本户住房状况分析

村（社区）	钢混	砖混	砖木	土坯	其他	是否安全
青羊铺村	2	5	9	1	0	是
社火坪村	0	2	1	6	3	是
马道街村	0	10	5	0	3	是
庞家嘴村	0	1	11	1	5	是
龙潭坝村	0	16	1	0	1	16 户安全、2 户基本安全
辛家坝村	0	17	1	4	0	17 户安全、2 户基本安全、1 户不安全
二十里铺村	1	5	6	2	0	是
石家院村	1	2	0	6	0	3 户安全、5 户基本安全、1 户不安全
佛爷坝村	0	4	3	6	0	是
松树坝村	6	2	6	3	1	10 户安全、7 户基本安全
营盘村	0	3	0	16	0	16 户安全、1 户基本安全、2 户不安全
庙台子村	1	5	6	6	0	是
玉皇庙村	0	8	1	8	0	14 户安全、1 户基本安全、2 户不安全
两河口村	0	4	9	8	0	是
下西河村	1	4	0	15	0	是
柳川沟村	0	2	12	1	0	是

续表

村（社区）	钢混	砖混	砖木	土坯	其他	是否安全
范条峪村	4	2	4	9	0	是
柏梨园村	3	6	0	9	0	14 户安全、4 户基本安全
锅厂村	1	9	4	6	0	15 户安全、5 户基本安全
磨坪村	2	6	5	2	0	是
合计	22	113	84	106	13	305 户安全、27 户基本安全、6 户不安全

注：房屋安全性方面，安全、基本安全和不安全只是调查人员的主观感受，是否安全最终应以住建部门提供的专业检测标准为依据。

（二）贫困村退出的条件分析

（1）贫困村退出的标准。本次调研，采用陕西省贫困村脱贫退出验收的指标体系，以贫困发生率为主要衡量指标，统筹考虑村内基础设施、基本公共服务和村集体经济发展状况等因素，共 7 项具体指标，全部达标后就可以退出，见表 8－15。

表 8－15　　　　　　　　　贫困村退出验收标准

序号	指标类别		验收指标
1	贫困发生率		贫困发生率降至 3% 以下
2	人均可支配收入		农村居民人均可支配收入达到当年全省农村居民人均可支配收入 60% 以上
3	集体经济组织		有集体经济或合作组织、互助资金组织
4	基础设施	道路	行政村通沥青（水泥）路
5		饮水	有安全饮水
6		电力	电力入户率达到 100%
7	基本医疗		有标准化卫生室

（2）贫困村退出的程序。在贫困村的退出方面，留坝县按照《陕西省贫困退出实施意见》中关于贫困村退出的有关内容，分 3 个步骤开展贫困村脱贫退出工作。2016 年 11 月下旬，各镇（办）组织村"两委"评议，核实贫困村退出 7 项指标，收集行业部门出具的认定结果，初步提出贫困村脱贫退出名单；12 月初，在全镇（办）范围内公示，并向县脱贫办上报请求核查认定的请示；紧接着，县级核查组对贫困村

脱贫退出指标、程序进行核查。经核查，2016年拟脱贫退出的20个贫困村，其退出7项指标已全部达标。

（3）贫困村贫困发生率分析。贫困村的退出，其贫困发生率为主要衡量指标。贫困发生率＝（贫困村贫困人口数÷贫困村农村人口总数）×100%。贫困村贫困发生率降至3%以下，该项指标达到退出验收标准；贫困发生率大于等于3%，则达不到退出标准。

经过对镇基本情况统计表、镇基本情况介绍材料、村基本情况统计表、村基本情况介绍材料，以及338个脱贫户样本户贫困状况的调查评估，2016年度留坝县20个贫困村的贫困发生率平均为0.39%，最高的为2.39%，均低于3%的标准，此项指标可以达标，见表8-16及图8-11。

表8-16 留坝县拟脱贫村贫困发生率分析

镇、村	项目	农业总人口（人）	原有贫困人口（人）	原有贫困发生率（%）	2016年拟脱贫（人）	实现脱贫后贫困发生率（%）	分镇贫困发生率（%）
紫柏街道办	青羊铺村	628	115	18.31	100	2.39	3.70
青桥驿镇	社火坪村	620	105	16.94	105	0.00	10.31
马道街镇	马道街村	936	53	5.66	51	0.21	5.87
	庞家嘴村	277	59	21.30	59	0.00	
	龙潭坝村	247	72	29.15	71	0.40	
	辛家坝村	475	75	15.79	59	0.63	
	二十里铺村	310	60	19.35	60	0.00	
火烧店镇	石家院村	493	30	6.09	30	0.00	2.50
	佛爷坝村	325	30	9.23	30	0.00	
武关驿镇	松树坝村	503	89	17.69	89	0.00	5.80
留侯镇	营盘村	351	61	17.38	61	0.00	4.42
	庙台子村	749	71	9.48	71	0.00	
玉皇庙镇	玉皇庙村	590	117	19.83	115	0.34	3.70
	两河口村	505	67	13.27	67	0.00	
	下西河村	377	71	18.83	71	0.00	

续表

镇、村	项目	农业总人口（人）	原有贫困人口（人）	原有贫困发生率（%）	2016年拟脱贫（人）	实现脱贫后贫困发生率（%）	分镇贫困发生率（%）
江口镇	柳川沟村	522	85	16.28	79	1.15	3.57
	范条峪村	374	47	12.57	47	0.00	
	柘梨园村	736	37	5.03	34	0.41	
	锅厂村	367	121	32.97	119	0.54	
	磨坪村	407	46	11.30	42	0.98	
合计（均计）		9792	1411	14.41	1373	0.39	4.59

注：表中人口数主要来源于各镇基本情况统计表、镇基本情况介绍材料、村基本情况统计表、村基本情况介绍材料。

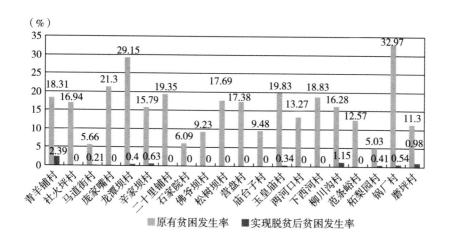

图8-11 脱贫户样本户贫困发生率对比

对8个镇（街道办）的贫困总人口、2016年拟脱贫人口进行汇总以后，2017年各镇的贫困发生率由平均14.41%降至4.59%，但各镇的脱贫压力有所不同，压力最大的是青桥驿镇，贫困发生率仍为10.31%；最小的为火烧店镇，贫困发生率已降至2.50%，主要因其贫困程度本来就不深，2016年年初精准识别后贫困发生率为6.37%。

（4）贫困村农民人均可支配收入状况。按照陕西省贫困村退出的条件，贫困村农村居民人均可支配收入须达到当年全省农村居民人均可支配收入的60%以上。在验收时2016年度全省农村居民人均可支配收入，可以采用2015年全省农村居民人均可支配收入计算。2015年，全省农村居民人均可支配收入为8698元。以此标准来计算，2016年度留坝县拟脱贫的20个贫困村农村居民人均可支配收入均超过60%，最小的占比为66.68%，最大的占比为146.42%，此项指标已经达标，见表8-17。有2个村（锅厂村、柳川沟村）2015年度的农村居民人均可支配收入，就已经超过了全省农村居民人均8698元的可支配收入。

表8-17 留坝县拟脱贫退出贫困村农村居民人均可支配收入情况分析

镇、村	项目	2015年度（元）	2016年度（元）	年度增长率（%）	占全省农村居民人均可支配收入8698元的比例（%）	分镇情况
紫柏街道办	青羊铺村	5885	6765	14.95	77.78	达标
青桥驿镇	社火坪村	4500	6800	51.11	78.18	达标
马道街镇	马道街村	5520	6860	24.28	78.87	达标
	庞家嘴村	6047	6390	5.67	73.47	
	龙潭坝村	4560	6580	44.30	75.65	
	辛家坝村	4763	7015	47.28	80.65	
	二十里铺村	5360	6870	28.17	78.98	
火烧店镇	石家院村	5200	8000	53.85	91.98	达标
	佛爷坝村	4600	5800	26.09	66.68	
武关驿镇	松树坝村	5129	6000	16.98	68.98	达标
留侯镇	营盘村	4780	6570	37.45	75.53	达标
	庙台子村	5200	8499	63.44	97.71	
玉皇庙镇	玉皇庙村	5500	8026	45.93	92.27	达标
	两河口村	5680	11031	94.21	126.82	
	下西河村	5640	9411	66.86	108.20	
江口镇	柳川沟村	9253	9775	5.64	112.38	达标
	范条峪村	5850	6500	11.11	74.73	
	柘梨园村	6600	7189	8.92	82.65	
	锅厂村	10650	12736	19.59	146.42	
	磨坪村	5780	6178	6.89	71.03	
平均分		5824.85	7649.75	31.33	87.95	

注：表中人口数主要来源于各镇基本情况统计表、镇基本情况介绍材料、村基本情况统计表、村基本情况介绍材料。

本书从各村村表上又获取了 20 个拟脱贫村 2016 年度贫困户和非贫困户的人均纯收入数据，并据此做了一个对比，见表 8 - 18，并据此表做了贫困村各类收入的增长对比图，见图 8 - 12。

表 8 - 18　　　　　　　　留坝县贫困村各类收入的增长对比

村（社区）	全村居民人均可支配收入			全村贫困户人均纯收入（元）			全村非贫困户人均纯收入			非贫困户与贫困户人均纯收入之比	
	2015 年（元）	2016 年（元）	年度增长率（％）	2015 年（元）	2016 年（元）	年度增长率（％）	2015 年（元）	2016 年（元）	年度增长率（％）	2015 年	2016 年
青羊铺村	5885	6765	14.95	2620	3874	47.86	4130	4584	10.99	1.58	1.18
社火坪村	4500	6800	51.11	2720	3300	21.32	3120	7000	124.36	1.15	2.12
马道街村	5520	6860	24.28	2830	3360	18.73	4800	6200	29.17	1.70	1.85
庞家嘴村	6047	6390	5.67	2450	3200	30.61	6871	7020	2.17	2.80	2.19
龙潭坝村	4560	6580	44.30	3100	3250	4.84	4560	5100	11.84	1.47	1.57
辛家坝村	4763	7015	47.28		3655	0.00		8650	0.00		2.37
二十里铺村	5360	6870	28.17	2850	5310	86.32	5360	9028	68.43	1.88	1.70
石家院村	5200	8000	53.85	2600	5033	93.58	5800	10000	72.41	2.23	1.99
佛爷坝村	4600	5800	26.09	2560	3200	25.00	7500	8200	9.33	2.93	2.56
松树坝村	5129	6000	16.98	2900	3300	13.79	7131	7520	5.46	2.46	2.28
营盘村	4780	6570	37.45	2780	3350	20.50	5800	6214	7.14	2.09	1.85
庙台子村	5200	8499	63.44	2600	5200	100.00	5100	7600	49.02	1.96	1.46
玉皇庙村	5500	8026	45.93	2600	4100	57.69	7884	11400	44.60	3.03	2.78
两河口村	5680	11031	94.21	2710	4800	77.12	6127	11970	95.36	2.26	2.49
下西河村	5640	9411	66.86	2620	4205	60.50	6341	10619	67.47	2.42	2.53
柳川沟村	9253	9775	5.64	2830	4853	71.48	6890	7950	15.38	2.43	1.64
范条峪村	5850	6500	11.11	2780	3550	27.70	4320	4880	12.96	1.55	1.37
柘梨园村	6600	7189	8.92	3020	3900	29.14	5080	5500	8.27	1.68	1.41
锅厂村	10650	12736	19.59	2950	3780	28.14	6270	6980	11.32	2.13	1.85
磨坪村	5780	6178	6.89	2875	3600	25.22	4750	5380	13.26	1.65	1.49

注：表中人口数主要来源于各镇基本情况统计表、镇基本情况介绍材料、村基本情况统计表、村基本情况介绍材料。辛家坝村未提供 2015 年度数据。

从表 8 - 18 及图 8 - 12 可以看出，拟脱贫退出贫困村的各类收入都在逐渐增长中，但增速各有不同。在人均纯收入的年度增长速度和非贫困户与贫困户年度纯收入之比两方面，社火坪村的非贫困户纯收入增速超过了贫困户，且年度纯收入之比也呈增长趋势，说明社火坪村的贫富差距有显著增大的趋势。马道街村、龙潭坝村、两河口村、下西河村这4个村在人均纯收入的年度增长速度和非贫困户与贫困户年度纯收入之比两方面也呈增长趋势，但不明显，即贫富差距有可能增大，也应该关注。

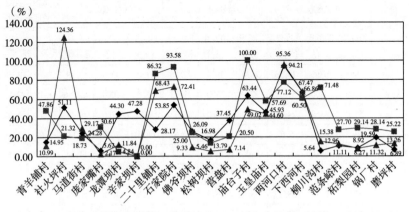

图 8 - 12　留坝县贫困村各类收入的增长对比

从表8-18及图8-12还可以看出，锅厂村和柳川沟村贫困户和非贫困户之间的贫富差距也是比较悬殊的，但差距在逐渐缩小。二十里铺村、石家院村、庙台子村、两河口村、下西河村、柳川沟村的年度人均纯收入的增长速度均超过60%，且二十里铺村、石家院村、庙台子村和柳川沟村这4个村的贫困户年度人均纯收入的增长速度，大幅反超该村非贫困户的年度人均纯收入增长速度和农村居民人均可支配收入的增长速度，说明这4个村的精准扶贫帮扶措施效果更为显著。

（5）贫困村集体经济状况分析。贫困村退出的一个重要条件是村上要有集体经济或合作组织、互助资金组织，包括各类专业合作社、各类专业协会、行业协会、资金互助组织等经济合作组织。根据调查了解的情况，20个拟脱贫村均有集体经济组织，每个村都有互助基金组织，并开展了相关的业务（见表8-19）。

表 8 – 19 留坝县拟脱贫退出贫困村集体经济达标情况分析

村（社区）	集体经济组织名称及工作形式、内容	是否达标
青羊铺村	扶贫互助资金协会和扶贫互助合作社，带领贫困群众种植中药材，以土地入股分红	是
社火坪村	扶贫互助合作社（原扶贫互助资金协会和宏图种养殖专业合作社），带领贫困群众种植中药材、养猪，下设社火坪村卫生保洁队、红白喜事理事会、基础设施建设队、产业技术服务队	是
马道街村	银杏合作社，2016 年下半年成立扶贫资金协会	是
庞家嘴村	银杏合作社，有 10 户产业发展户进入合作社，种植药用银杏	是
龙潭坝村	养殖（养蜂、养羊）合作社和猪苓合作社，吸纳产业发展户入股	是
辛家坝村	辛家坝东兴生态蔬菜合作社，带领贫困户发展蔬菜种植和加工；开展电子商务	是
二十里铺村	二十里铺村裕民种养殖专业合作社，发展生猪养殖和土蜂养殖	是
石家院村	2015 年成立中药材合作社，2009 年建立扶贫资金协会，2016 年与合作社合并运行	是
佛爷坝村	板栗协会	是
松树坝村	扶贫互助资金协会和扶贫互助合作社，组建了农业生产综合服务队、工程建设服务队等 5 个服务队	是
营盘村	扶贫互助合作社，发展种植、养殖及农家乐和农户宾馆等乡村旅游业	是
庙台子村	扶贫互助资金协会，有 7 个服务队，庙台子村种养殖协会（土猪及土蜂养殖、西洋参种植）	是
玉皇庙村	种养殖合作社，发展袋料食用菌的生产及加工	是
两河口村	种养殖合作社，发展袋料食用菌的生产及加工	是
下西河村	种养殖合作社，发展袋料食用菌的生产及加工	是
柳川沟村	扶贫互助资金协会和合作社，发展"三养一药"、乡村旅游等	是
范条峪村	扶贫互助合作社，发展棒棒蜂养殖	是
柘梨园村	苗木合作社（劳务、土地输出、土地入股）、养蜂合作社、林麝养殖场、中药材种植	是
锅厂村	扶贫互助合作社，发展养蜂、养猪、养鸡、花卉种植、中药材及袋料食用菌种植	是
磨坪村	扶贫互助合作社，下设建筑施工、卫生保洁、水电维修、红白喜事等服务队，双基联动工作站、电子商务服务点为补充；发展袋料食用菌种植	是

对照贫困村退出指标，20 个拟脱贫村有集体经济或者合作经济这一指标可达。

（6）脱贫村基础设施状况分析。留坝县地处汉中北部山区，贫困村历史欠账较多，基础设施建设相对落后，影响了当地脱贫致富的进程，因此，加快其基础设施建设十分必要。2016 年度，县委、县政府整合相关部门的帮扶资金，大力开展"五化五通"（硬化、绿化、亮化、净化、美化，通路、通电、通水、通电视、通信）建设，逐村摸排建设项目，全面完成 75 个行政村基础设施的升级完善工作。全县新修道路 102 千米，改建 150 千米，新修桥梁 25 座 1114 延米，渠道 83 千米，人饮工程 34 处。

（7）村级基本医疗状况分析。在基本医疗方面，留坝县加快推进分级诊疗提升医疗服务能力，构建合理的就医秩序，通过多种渠道，落实乡村医生的补偿政策，为了能够让乡村医生在农村安心扎根，不断提高乡村医生的待遇。同时也需要全面优化乡村医生队伍的素质，提升村级医疗卫生服务的水平。留坝县还出台了《村医培养实施办法》，积极与汉中职业技术学院合作，开展乡村医生定向培养，从 2016 年起，每年定额选送县内应届和往届高中毕业生，到汉中职业技术学院进行为期3 年的临床医学专业培养。目前，已经选录 5 名应届高中毕业生参加定向村医培养，努力打造一支能稳得住、留得下的村医队伍。制定出台了《留坝县乡村医生管理考核办法》，加大对乡村医生的业务培训和管理考核力度，在多渠道落实乡村医生补偿政策的同时，对乡村医生各项补助实行了动态调整，逐步提高乡村医生的待遇水平，全面优化乡村医生队伍素质，切实提升村级医疗卫生服务水平。结合县上的实际，合理配置、修建村卫生室，并积极争取项目，对村卫生室进行标准化建设，有效解决"一村多室"和"空白村"的问题，确保村卫生室和乡村医生实现全覆盖。

2016 年 12 月 25—31 日，调查人员就 2016 年的 20 个拟脱贫村的基础设施和基本医疗情况进行了座谈、走访、实地观察，表 8 - 20 是 20 个拟脱贫村的基础设施和基本医疗达标情况分析。

表 8－20 留坝县拟脱贫退出贫困村基础设施和
基本医疗达标情况分析

村（社区）	基础设施			基本医疗		是否达标
	安全饮用水	电力入户率（%）	路	有无标准化卫生室	医师有无执业资格	
青羊铺村	有	100	水泥路通至村委会、组和部分户	有	有	达标
社火坪村	有	100	水泥路通至村委会、组和部分户	有	有	达标
马道街村	有	100	水泥路通至村委会、组和部分户	有	有	达标
庞家嘴村	有	100	水泥路通至村委会、组和部分户	有	有	达标
龙潭坝村	有	100	水泥路通至村委会、组和部分户	有	有	达标
辛家坝村	有	100	水泥路通至村委会、组和部分户	有	有	达标
二十里铺村	有	100	水泥路通至村委会、组和部分户	有	有	达标
石家院村	有	100	水泥路通至村委会、组和部分户	有	有	达标
佛爷坝村	有	100	水泥路通至村委会、组和部分户	有	有	达标
松树坝村	有	100	水泥路通至村委会、组和部分户	有	有	达标
营盘村	有	100	水泥路通至村委会、组和部分户	有	有	达标
庙台子村	有	100	水泥路通至村委会、组和部分户	有	有	达标
玉皇庙村	有	100	水泥路通至村委会、组和部分户	有	有	达标
两河口村	有	100	水泥路通至村委会、组和部分户	有	有	达标
下西河村	有	100	水泥路通至村委会、组和部分户	有	有	达标
柳川沟村	有	100	水泥路通至村委会、组和部分户	有	有	达标
范条峪村	有	100	水泥路通至村委会、组和部分户	有	有	达标
柘梨园村	有	100	水泥路通至村委会、组和部分户	有	有	达标
锅厂村	有	100	水泥路通至村委会、组和部分户	有	有	达标
磨坪村	有	100	水泥路通至村委会、组和部分户	有	有	达标

从表 8－20 可以看出，在基础设施和基本医疗方面，2016 年拟脱贫的 20 个贫困村均已达标。调查者在实际走访中发现，个别贫困村水泥路通户的比例也是比较高的，如玉皇庙村、庙台子村、青羊铺村，究其原因，庙台子村为留侯镇政府驻地，距留坝县城 14 千米，距张良庙—紫柏山风景区 3 千米，316 国道纵贯全境，青羊铺村则是 316 国道

纵贯全境，玉皇庙村主要是发展袋料食用菌和旅游，因此这几个村基础交通设施都较好。

（8）"六个一批"精准帮扶情况分析。留坝县按照"六个精准""六个一批"的要求，对全县各种扶贫资金首先进行整合，再根据贫困户不同的致贫原因制订分类扶持计划，逐步实施，强力推进"五大脱贫攻坚行动""1＋21配套支持计划"，重点在于狠抓各项政策措施的落实。具体来看，主要有以下几点：

一是大力扶持移民后续产业的发展。留坝县结合产业扶贫政策的有关要求，根据留坝县的具体情况，在原有产业的基础上，围绕"三养一药一旅游"为主的产业扶贫思路，以建立移民和扶贫产业基地为突破口，带动移民户和贫困户在种植业和养殖业领域培育产业，扶持移民户和贫困户种植西洋参等中药材和袋料香菇，鼓励贫困户养蜂、养鸡，仅就种养这两项产业，就使移民和贫困户年人均增收达到了30%以上；始终坚持景区景点就业岗位优先安置移民和贫困人口，以景区为中心辐射带动周边移民和贫困户发展餐饮、住宿业。出台奖励扶持政策，鼓励扶持社会力量、群众从事旅游产业和旅游商品生产，全县直接从事旅游业的移民和贫困户达到252户740人，直接或间接地参与到旅游产业的移民和贫困户占到贫困户总数的70%。

二是大力发展电子商务。在6个镇建立了电子商务服务站并投入运营，发展电子商务示范户28户、个人网店367家和物流、快递企业13家，并在礼泉县袁家村设立了留坝县特色农产品经销点，把留坝县的特色产品销售到更为广泛的区域，解决了农户的产品销售难的问题。而且电子商务使农户的销售成本降低，利润空间增加，使广大移民群众脱贫增收。

三是重视合作经济，大胆创新融资方式。留坝县重视扶贫互助资金协会的作用，在11个试点村整合农村专业合作社和扶贫互助资金协会，县上为每个试点村注资60万元，建立了由村"两委"主导、移民和贫困户参与的经济合作体，在经济合作体下建立了有关的服务队，在工程建设、环境清洁和农忙收种等环节，为大家提供服务。脱贫户样本户"六个一批"精准帮扶情况分析见表8－21。

表8-21 脱贫户样本户"六个一批"精准帮扶情况分析

村(社区)	样本户数(户)	"六个一批"精准帮扶						产业扶持金			扶贫贴息贷款			技术培训			其他帮扶支持		
		产业扶持	移民搬迁	教育扶贫	生态补偿	医疗救助	社会保障兜底	有	无	不清楚	有	无	不清楚	有	无	不清楚	有	无	不清楚
青羊铺村	17	9	3	0	0	1	4	12	5	0	9	8	0	14	3	0	15	2	0
杜火坪村	12	8	0	0	0	0	4	8	4	0	1	11	0	12	0	0	12	0	0
马道街村	18	7	0	0	0	0	11	12	6	0	4	14	0	10	7	1	18	0	0
庞家嘴村	18	10	0	0	0	0	8	10	8	0	6	12	0	10	8	0	18	0	0
龙潭坝村	18	9	2	0	0	1	6	8	0	10	10	8	0	18	0	0	18	0	0
羊家坝村	20	4	3	0	0	0	13	11	9	0	4	16	0	12	7	1	20	0	0
二十里铺村	14	4	0	5	0	1	4	14	0	0	8	5	1	13	1	0	14	0	0
石家院村	9	3	0	0	0	1	5	4	5	0	2	7	0	7	1	1	9	0	0
佛谷坝村	13	11	0	0	0	0	2	10	2	1	7	5	1	13	0	0	13	0	0
松树坝村	17	13	0	0	0	0	4	14	3	0	9	8	0	12	5	0	16	1	0
营盘村	19	16	0	0	0	0	3	14	5	0	5	14	0	18	1	0	19	0	0

续表

村(社区)	样本户数(户)	"六个一批"精准帮扶						产业扶持金			扶贫贴息贷款			技术培训			其他帮扶支持		
		产业扶持	移民搬迁	教育扶贫	生态补偿	医疗救助	社会保障兜底	有	无	不清楚	有	无	不清楚	有	无	不清楚	有	无	不清楚
庙台子村	18	7	2	0	0	1	8	16	2	0	3	15	0	17	1	0	18	0	0
玉皇庙村	17	9	1	0	2	0	5	12	5	0	12	5	0	14	3	0	17	0	0
两河口村	21	7	0	0	1	0	13	8	13	0	6	15	0	20	1	0	13	8	0
下西河村	20	12	2	2	0	0	4	16	4	0	11	9	0	20	0	0	20	0	0
柳川沟村	15	14	0	0	0	0	1	14	1	0	9	6	0	15	0	0	2	13	0
范条峪村	19	14	0	0	0	2	3	17	2	0	6	13	0	16	3	0	13	6	0
柘梨园村	18	7	0	0	0	0	11	18	0	0	5	13	0	16	2	0	16	2	0
锅厂村	20	15	0	1	0	3	1	19	1	0	17	1	2	20	0	0	20	0	0
磨坪村	15	7	2	1	2	0	3	14	0	1	7	6	2	14	1	0	14	1	0
合计	338	186	15	9	5	10	113	251	75	12	141	191	6	291	44	3	305	33	0
各项占比(%)	100	55.0	4.4	2.7	1.5	3.0	33.4	74.3	22.2	3.5	41.7	56.5	1.8	86.1	13.0	0.9	90.2	9.8	0

250

从表8-21可以看出，在精准帮扶方面的"六个一批"里，主要以产业扶持和社会保障兜底为主，产业帮扶占到55%，社会保障兜底占到33.4%，仅这两项总占比达88.4%；74.3%的移民和脱贫户样本户明确表示享受到了产业扶持的资金，但只有41.7%的移民和脱贫户样本户享受到了金融贴息贷款或互助基金，说明多数移民和脱贫户样本户因为各种原因，对使用金融贴息贷款仍然有所顾虑；超过85%的移民和脱贫户样本户接受过各种类型的技术培训，没有接受技术培训的大多为社会兜底保障的"五保户"；超过90%的移民和脱贫户样本户接受过政府或村上给予的其他帮扶支持。从表8-21中数据可以看到，"六个一批"精准帮扶还是狠抓落实的，但是如何长远持久地鼓励移民和贫困户发展产业，制定可持续发展的脱贫政策，是县镇村三级政府都要认真思考的严肃问题。

第四节 调查反映出的问题

一 精准识别方面的主要问题

（一）贫困户认定精准度较高，但致贫原因分析不够精准

调查显示，精准扶贫工作实施以来，留坝县20个拟脱贫贫困村村干部、村民普遍认为贫困户识别准确，在调查问卷中，只有个别被调查者选择基本准确，贫困户识别精准度得到了绝大部分移民贫困户和非贫困户的认同，尤其是对于"五保户""低保户"评定的认同度较高。在贫困识别准确率中，"村上确定贫困户有没有错评或漏评情况"这一问题选择上，几乎全部选择了"没有"。但也有部分被调查者反映，一般贫困户在认定中有打擦边球、受村干部关系影响的现象存在；同时，调查中发现非贫困户对扶贫工作关心度不够，认为此事与己无关，政策知晓度也较低，有些甚至也不愿意参与这一工作。

对比贫困户建档立卡名册与实际走访、问卷分析，有被调查户的致贫原因与扶贫手册不一致，相当多的致贫原因不是致贫原因或者不是主要的致贫原因，对致贫原因的理解和分类，具有较大的主观性和随意性。个别镇甚至对一般贫困、"低保户"、"五保户"的分类统计，在镇基本情况调查表和镇基本情况介绍中，都存在不一致的问题。在8个镇

（街道办）20 个拟脱贫贫困村中，只有两河口村、下西河村、范条峪村和柘梨园村这 4 个村的基本调查表和基本情况介绍吻合、数据计算准确，8 个镇的镇基本情况介绍表及其余 16 个村的村基本情况介绍，不同程度地存在基本情况调查表和基本情况介绍数据不一致、贫困发生率计算错误、收入达标程度计算错误等问题。对贫困人口数字的误差、增减也未做出必要的说明。

（二）贫困户退出工作程序有待完善，精准度有待提高

本次调查对象主要是 2016 年年底拟整村脱贫的贫困村，也是移民后续产业发展富有成效的移民安置地，因此，是属于较早脱贫"摘帽"的贫困村和贫困人口。按照退出程序，目前大多数村的退出工作程序比较规范，在收入调查摸底的基础上，开展了评议、公示、上报、发出脱贫通知书等工作环节。但也有一些贫困村对此项工作准备不足，仓促上阵，显得比较忙乱，不得要领，资料归档也不够规范。在退出精准度方面，有少部分贫困户仅知道年底脱贫，但对于贫困户、贫困村的退出标准知晓度不高，或者只了解个大概情况。这说明在贫困户退出工作中，关于退出的标准和程序等宣传解释动员工作，还做得不够到位，宣传解释方式也不够有效，可能未考虑到贫困户的文化程度、年龄、接受能力等各方面的因素，推进力度比较缓慢。

（三）贫困户退出意愿偏弱

在调查和访谈中，有部分脱贫户在高度认同扶贫政策和举措及其效果的同时，也希望不要急于脱贫或退出，要求再帮扶几年，有少部分被调查者故意隐报、瞒报收入来源，压低自己的收入水平，使其收入低于政府确定的脱贫标准。而通过调查者观察，"两不愁、三保障"对于其家庭早已不是问题。还有少部分贫困户缺乏志气和信心，"等靠要"思想严重，"靠着墙根晒太阳，等着政府送小康"的现象也是存在的。一些贫困户不能客观地认识自身的不足，一味地好高骛远，大事做不来，小事不想做，不愿与别人合作，也不愿参与扶贫项目。在部分拟脱贫村调查时，遇到有脱贫户已经达到脱贫标准而看到后来的优惠政策，又不愿意脱贫的情况，明显属于"争贫不真贫"的情况；有的贫困户对扶贫产业项目热情不高。

（四）贫困户户籍管理工作有待加强

有的被调查的贫困户家庭实际生活人口数与扶贫手册上登记的人口数不符，存在为获得扶贫政策红利、资金而出现的分户、拆户、并户现象。虽然这种情况也许在精准扶贫政策之前已经发生，但明显地将子女赡养老人的义务甩给了国家和政府，加重了社会保障和兜底的压力；另外，较多地存在"分户不分家"问题，导致贫困户与非贫困户共处一家。这些现象都引起了群众对贫困认定的误解与非议。

二 精准帮扶方面的主要问题

（一）脱贫规划偏重短期效果，可持续性不强

调查显示，100%的村（社区）已经完成了脱贫规划的制定工作，但是在资料查阅中，很少看到完整的规划文本和支撑材料，部分村以产业规划代替脱贫规划，缺乏系统性和完整性。相当多的"一户一策"规划内容基本相同，没有针对性和差异性。从贫困户发展规划内容以及其实施的具体情况来看，到户规划均以养殖、种植为主，尤其是以一些"短、平、快"的短期项目为主，且发展项目雷同。在一些劳动力相对充裕的贫困村，则以劳务输出为主，农、畜牧产品的加工、销售项目基本缺失，尤其缺乏对本地经济发展有长远影响的特色优势产业项目，"互联网＋"时代的产销模式和项目尚未形成。在村级层面规划时，没有与贫困户规划进行有效的对接。部分村在制订产业发展规划时，村（社区）干部和驻村工作队缺乏深入的研究和思考，没有严格按照"一村一策，一户一法"的要求，充分挖掘利用当地的资源优势，存在多个贫困村产业发展规划雷同、产业结构单一，产业发展的可持续性有待验证。当然，产业发展规划雷同或许和留坝县整体的经济发展规划思路是相吻合的，目的是扩大产业规模，但仅仅扩大规模是远远不够的，还需要有更多提高产品质量、培育完善产品市场体系的举措相配套，需要考虑如何做到"人无我有，人有我精"，才能具有市场竞争力。

（二）帮扶工作方式有待转变

调查中发现，虽然贫困户有帮扶责任人、贫困村有帮扶单位，但大多数帮扶行为并不是系统的组织行为，而更具有某些"私人"性质；有的帮扶单位或部门没有细致深入的调研，未能针对贫困户的真正致贫原因采取有针对性的帮扶措施，驻村工作缺乏长效机制；一些部门由于

自身资源的原因，至今未投入有效的人力、物力进行帮扶，不同帮扶单位之间因为资源条件的不同，帮扶力度尤其是资金帮扶差异较大。掌握资源多的单位往往处于强势地位，而掌握资源少的单位或部门的工作难以得到认可，甚至引发了贫困村与贫困村之间、贫困户与贫困户之间、贫困户与非贫困户之间的矛盾，也是出现"争贫不真贫"现象的原因之一。被调查的贫困户虽然对扶贫政策满意，但普遍担忧帮扶举措缺乏长远性，短时间脱贫之后，今后又可能会出现返贫现象。

虽然对所有贫困户都落实了帮扶干部及脱贫措施，但少部分干部对帮扶工作仍然停留在走访了解阶段，极少数的仅与贫困户合影挂牌或者给点慰问金、米面油等这一浅表层次上，而没有深入贫困户家庭感同身受，帮助贫困户出主意、想办法、谋出路。作为被帮扶的一些村（社区）和贫困户，对扶贫的理解就是帮扶单位拿钱来，对于给钱少的帮扶单位就有意见，因此被帮扶的贫困户也存在一个观念转变问题。

（三）帮扶对象自身发展动力不足制约脱贫

从调查了解的情况看，不少贫困户发展观念落后，缺乏主动发展的意识和自我发展的动力；部分贫困户在产业项目的选择、产业项目信息的获取、市场风险的估计、贷款风险的认知等方面，受自身文化程度的影响，具有主观性和盲目性，存在很大的风险；在发展的主动性上，"等靠要"的思想十分突出。部分被调查户认为，脱贫是政府急、帮扶人急，自己无所谓，因此帮扶单位和帮扶干部应当具有主动性，镇村帮扶工作应该主动找农户商量问题；部分被调查贫困户希望发展产业，但面临资金短缺问题，没有意识到可以通过扶贫贷款获得产业发展资金，或者对贷款的风险有顾虑；部分拟脱贫户不认可到 2016 年年底脱贫，认为应该继续享受"优惠"政策。

三　精准退出方面的主要问题

（一）贫困户和贫困村退出标准难以准确把握

脱贫标准及其实现程度是减贫成效的基本衡量标准，也是减贫、脱贫行动的基本指南。客观上，长期以来由于省、市没有实行明确的脱贫量化指标，导致贫困户和贫困村的认定、退出标准多为描述性指标，对于"两不愁、三保障"等指标的理解，也具有较大的随意性和差异性，进而导致镇、村在脱贫进度安排，脱贫率、返贫率的填报方面出现较大的争议。主观上，此项统计是动态数据，必须对相关状态进行及时跟踪、动态监控，这是一项工作量大而且需要一定技能的工作，目前大部分村级管理人员的工作动力和能力尚难以完成，导致镇、村对此项指标估算的准确率较低。

（二）部分贫困户隐瞒收入，统计难度大

收入指标是贫困人口认定和脱贫的重要指标之一。贫困户脱贫退出时以贫困人口人均纯收入作为认定指标，而贫困村的退出则是以本村农村居民人均可支配收入作为标准进行统计的。人均可支配收入是指调查户可用于最终消费支出和储蓄的总和。既包括现金收入，也包括实物收入；按照收入的来源则包含以下五项内容：工资性收入、经营净收入、财产净收入、转移净收入和自有住房折算净租金，但一般很少考虑自有住房折算净租金。

上述统计误差的重要影响因素：一是农村家庭收入多元化，对于包括自用住房在内的净租金、合作社入股经营性收入、土地出租收入以及来自家庭以外的政府或亲属的转移收入未能精确统计，导致收入估算偏低；二是一般农户只计算最终储蓄，而不计算生活支出，将建房、婚嫁、应急性支出等来自收入或储蓄的支出，统统视作负债而不计入收入；三是为争取政策扶持和享受优惠，故意隐瞒、转移部分收入和财产。

（三）贫困人口收入增长快但缺乏可持续性

依据镇、村所填报的调查统计表中所提供的基本数据可以看出，一方面，农村中村与村之间贫困人口可支配收入增长率差异较大，有的村高，有的村低；另一方面，同一村组内部贫困户与非贫困户之间的收入差距也在拉大，贫富差距和相对贫困的问题会越来越突出。需要特别指出的是，2016 年度收入增长这一部分中，很多来自政府的转移性收入，包括产业扶持补贴、临时性救助或资助等暂时性收入，这种收入不具有可持续性，短期达标之后能否维持如此高的增长水平值得怀疑。另外，能否使贫困人口脱贫后不出现返贫，也是一个需要认真关注的问题。

四 群众满意度的主要问题

（一）贫困户、脱贫户、非贫困户满意度分化明显

从问卷、走访和座谈反映出来的情况看，镇村两级组织在扶贫政策

宣传方面做了不少工作，群众对扶贫政策的知晓度较高。走访中虽然群众有认识能力和理解能力的差异，但无论是贫困户、脱贫户还是非贫困户，基本上能说出大概的脱贫标准。特别是贫困户，其政策知晓程度很高。贫困户整体满意度高，而脱贫户、非贫困户满意度相对低于贫困户，尤其是 2015 年的脱贫户，意见较大，满意度较低。因为按照政策规定，2016 年脱贫退出的贫困户，可以继续享受贫困户优惠政策 3 年，而 2015 年脱贫户退出之后，则不能继续享受贫困户的优惠政策，认为自己脱贫早吃亏了，因而满意度较低。

满意度与对精准识别的看法关系较大，贫困户识别的认可度高而非贫困户认可度相对较低，归根结底和利益有关。焦点在于产业的奖补政策，因为涉及直接的现实利益。贫困户是政策的受益者，满意度高；非贫困户没有直接受益，所以不满意。特别是 2015 年的脱贫户，去年贫困户什么好处也没有，今年脱贫了，贫困户的优惠政策特别多，所以意见很大，认为自己不该早脱贫。这间接也说明我们的扶贫工作过多地关注了个体帮扶，而忽视了整村推进，虽然单个贫困户脱贫没有问题，但整村摘帽可能困难不小，而且也激化了村集体内部的矛盾。

（二）包村帮扶单位帮扶力度有待加大

包村帮扶单位积极性没有调动起来，除个别单位投入一定的人力、财力和物力，如有的单位过年给贫困户金额不等的慰问金，有的送米、面、油等生活用品。但这种帮扶工作属于慰问性、短期行为，不能从根本解决问题。大多数帮扶单位仅仅属于一般慰问性帮扶。还有的帮扶单位未能充分利用自身的资源和能力，为当地出谋划策、争取建设项目。特别是企业的优势没有完全发挥出来，比如各村都在发展种植业，如种植食用菌、天麻、西洋参、猪苓、药用银杏等，养殖业如养猪、牛、羊、鸡、蜂等产业，但"龙头企业＋农户"的模式并不普遍。在产业帮扶政策带动下，农户发展产业的积极性起来了，但分散的、盲目的产业发展，如果缺乏技术指导和市场保障，其可持续性将大打折扣。

（三）扶贫政策宣传需要更加细致深入

镇、村领导对扶贫宣传的重视程度不断加深，主动作为的意识加强，但村"两委"对于精准脱贫的标准和程序宣讲不够，宣讲方式不够多样化，未能适应文化程度偏低的贫困人口的理解能力，工作细致程度不足。虽然各村在识别程序上都能遵守规定，但很多贫困户、非贫困户不知道本村、本组有哪些贫困户、因为什么原因建档立卡，对村上扶贫政策、扶贫动向并不十分清楚。多数村未与在外务工的生活困难人员进行沟通，也未能全面倾听在外务工的贫困人员意见。对于一些处于贫困线边缘却未建档立卡的非贫困户，对贫困人口认定产生了误解，又不能及时得到正确的政策引导和说明，导致其满意度较低。

第五节 相关建议

一 强化工作责任，全力推动各项政策落实到位

（一）加强领导，加大扶贫工作力度

对于留坝县来讲，虽然 2016 年度有部分贫困村和贫困人口将脱贫退出，但是由于相对贫困面大、贫困发生率高，2017 年，对精准扶贫工作不得有丝毫懈怠。因此，在精准脱贫工作中，要充分发挥县镇村各级政府脱贫攻坚领导小组作用，加强领导力量，充分协调好不同的部门，整合扶贫资金，选好产业项目，精准施策，把移民后续产业的发展摆在重要的议事日程上，通过产业引领，让贫困户真正脱贫。通过2016 年的脱贫户，树立榜样，坚定信心，带动后续的贫困户脱贫。

（二）强化村"两委"精准扶贫工作的职能

脱贫攻坚，工作的重点在基层，特别是镇政府和村干部。因为基层政府直接与贫困群众接触，党的路线、方针和政策依靠基层向群众宣传，所以镇村干部的责任更为重大。因此在脱贫攻坚工作中，要进一步强化村"两委"在精准扶贫工作中的职能，建立脱贫攻坚工作的长效机制，在产业项目的带动和贫困户精准退出的工作中，认真学习，吃透政策精神，宣传好党的政策，正确引导移民和贫困户。

（三）落实好第一书记和驻村工作队的工作责任

脱贫攻坚工作是当前一项十分重要的工作，关系到全面建成小康社会目标的实现。因此，行业帮扶、社会帮扶单位同样要负起责任，为精准扶贫事业做出贡献。驻村第一书记和帮扶人员，要立足于贫困村和贫困户长期脱贫和可持续发展问题，进一步发挥好驻村帮扶的作用，帮助贫困群众出主意、想办法，谋求长远的发展。

（四）增强党员干部的责任感和使命感

要认真学习贯彻习近平总书记近年来有关脱贫攻坚和精准扶贫的讲话精神以及市、省有关文件精神，不断增强党员干部的脱贫攻坚的使命感、责任感和紧迫感，针对贫困退出的相关条件和要求，认真解决当前面临的突出困难和问题，确保贫困户稳定脱贫和贫困村稳定"摘帽"。

二 加快落实脱贫攻坚规划，确保规划项目资金落地

（一）抢抓机遇，做好规划

对留坝县来讲，在今后的脱贫攻坚工作中，要结合本县的特点，审时度势，抢抓机遇，尤其要抢抓国家脱贫攻坚的有利时机和《川陕革命老区振兴发展规划》实施的机遇，战略性地做好产业项目发展规划，关注政策取向，争取更多的项目资金，争取把项目规划落到实处。

（二）进一步完善基础设施

精准扶贫本身就是最大的民生工程，但要从长计议，尤其要重视贫困地区基础设施的建设。作为山区县，基础设施建设面临成本高、周期长的特点，有些居住较为分散的贫困村，基础设施建设进度较为缓慢。基层政府在脱贫攻坚工作中，要充分认识到基础设施建设的重要性，要有克服困难的勇气，提高执行力，加快实施水、电、路、气、房、环境治理等项目的建设和改造，重视群众的医疗保健和子女的就学问题，加大对少数贫困户土坯房的改造力度，尽早消除危房隐患。完善的基础设施，对后续产业的发展、减少贫困和预防返贫问题的出现，都具有决定性的意义。

三 精准施策，增强脱贫的内生动因

（一）坚持政府主导与群众主体相结合

精准扶贫，政府是主导，贫困群众既是帮扶对象，也是脱贫的主体。在扶贫脱贫工作中，要把这两方面很好地结合起来，真正调动贫困群众自身脱贫致富的积极性，改变少数贫困群众的落后观念，树立和宣传脱贫典型，增强其脱贫的内生动因。政府和帮扶单位不能越俎代庖，否则只会助长少数贫困户的懒惰思想。

（二）建立动态的检测系统

对于大部分人来讲，贫困既是动态的，也是一个相对的概念。对于贫困对象的识别和确认，也应该是动态的。已经建档立卡的贫困户因为

习得一技之长，或者勤劳节俭，实现增收脱贫的，可以及时退出；而对于已经脱贫的农户，因为灾害或疾病等原因又返贫的，也要能够及时救助。一旦动态的检测系统建成，有些贫困户退出时就不会有更多的担忧。

（三）重视培训和技能的提升

山区贫困地区教育观念落后，移民和贫困户文化水平较低，在移民后续产业发展中，加强对贫困户的技能培训，提高贫困人员的生产技能和务工能力，同时也要培养贫困人口的创业意识。对于少数观念落后、"等靠要"思想严重的贫困户，进行思想教育，改变其观念，激发其自身的能动性。从长远来看，对农民的教育问题任重道远。

四 坚持产业扶贫不动摇，进一步创新帮扶方式

（一）统筹推进产业扶贫

产业扶贫是贫困人口最终脱贫的基础，因此要高度重视产业扶贫，完善产业扶贫机制，借鉴产业扶贫的经验，加强宣传和推广，为贫困户脱贫提供更多的选择机会。尤其是移民搬迁以后，随着生活环境的改变，就业问题就会凸显。按照产业规划，统筹推进产业扶贫，无论种植还是养殖，发展特色农业是未来农业发展的趋势，引导贫困农户加入新型农业经营主体，通过发展产业实现脱贫的目标。

（二）大力发展集体经济

贫困人口要实现稳定脱贫，小农户必须要能够对接大市场，一家一户的小规模生产，不仅生产成本高，更重要的是获取信息进而做出决策的难度较大。现代农业的发展，要求农户必须组织起来，建立集体经济组织，"抱团取暖"。大力发展青年集体经济，这也是贫困人口稳定脱贫的必然要求。

五 强化制度建设，严格监管和考评

（一）强化扶贫制度建设

精准脱贫工作要想取得实效，强化扶贫工作的制度建设尤为重要。在制度建设中，镇村两级是关键。包括专职的领导班子、各种文件的学习和落实、各种资料的归档、贫困户的各种信息资料，尤其是各类收入的台账，不能多次涂改。各级组织的检查，也要形成制度，多部门无序的频繁检查，冲淡了基层的工作安排，给基层增加了不必要的负担，影响了正常工作的进行。

（二）严格监管和考评

脱贫攻坚工作头绪多，涉及的面广，县级脱贫攻坚办大多是临时抽调的人员，帮扶单位的驻村干部也采用轮换制，所以在具体工作中，对于扶贫资金的使用，需要严格的监管；对于精准脱贫工作的效果，需要定期进行考评。留坝县在2016年进行初次评估时，能够引入第三方机构，对精准脱贫工作进行客观公正的评价，总结了脱贫工作中的优点和经验，也找出了不足和差距，确保了后续工作的顺利进行，以期脱贫攻坚目标如期实现。

第九章

连片特困地区移民后续
产业发展的挑战与机遇

第一节 中西部连片特困地区生态移民
后续产业发展的挑战

党的十八大以来，中西部连片特困地区生态移民后续产业的发展取得了巨大的成就，各地也涌现出了很多具有典型性的产业发展模式，为移民群众提供了大量的就业，实现了移民搬迁之后"稳得住"和"能致富"的目标。但是从整体情况来看，中西部地区经济基础较为薄弱，基础设施不太完善，尤其是连片特困地区，在后续产业发展中，依然面临着较为严峻的挑战。

一 人力资源的挑战

人力资源是现代经济发展最为重要的资源，尤其是在人力资源基础上形成的人力资本，也被看作比物质资本更为重要的资本。改革开放以来，随着我国经济的发展，产业结构也随之进行了调整，城市化步伐加快，工业和服务业快速发展。与此同时，也吸纳了一大批农村劳动力到城市或城镇务工经商，农村人口迅速向城市转移。据国家统计局发布的《农民工监测调查报告（2017）》数据显示，2017 年我国农民工总量达到 28652 万人，比 2016 年增加了 481 万人，增长 1.7%，增速比 2016 年提高了 0.2 个百分点。这近乎 3 亿人的庞大的农民工队伍，其规模在人类发展史上也是波澜壮阔、气势磅礴的，他们都是从农村包括中西部连片特困地区"走出来"的劳动力。应当说，农民工进城是社会经济发展的必然趋势，也是我国发展成就的一个反映，在一定程度上也缓解了农村的人口压力和人多地少的矛盾，有利于农业劳动生产率的提高。但是，也应该看到，大规模的农村劳动力到城市务工或者经商，对农业和农村经济的发展也带来新的挑战。

（一）农村社会精英流失，人口素质下降

由于二元经济结构的影响，一般来说，我国大部分农村较为落后，和城市的差别十分鲜明，因此，农村很多的年轻人或有经营意识的农民，都不愿意长期待在农村，而是想去城市发展。农村青年中，通过高考升入大学是农村精英的一次流失，这部分农村精英一般将通过体制的认可，转化为完整意义上的"城里人"，而农村精壮年劳动力进城务工或经商，则是又一次精英的流失，这部分人虽然并非完整意义上的"城里人"，而以"农民工"的身份出现在城镇，他们的"根"和"家"依旧在农村。但是，由于常年在外，基本上和农业生产脱离，尤其是被称为"新生代农民工"年轻的一代，他们基本上不会种地，也不想种地，与农业农村农民也越来越陌生。在连片特困地区生态移民后，这种状况也同样存在。由于精英的流失，现有劳动力中大部分素质和技能相对低下，不仅从事第二、第三产业的技能不足，难以实现转移，而且接受现代农业科学技术难度较大，继续从事农业生产的能力也相当欠缺。可见，连片特困地区移民后续产业的发展，首先面临着优质人力资源的挑战。

（二）人口老龄化严重，导致人力资源短缺

在对移民安置地的调查过程中，群众普遍反映农村尤其是贫困地区劳动力短缺的问题。由于劳动力的短缺，导致短期工价不断上升。以陕南茶叶生产基地为例，由于山区采茶依然要靠人工，近年来，在采茶季节面临的一个最突出的问题，就是采茶的劳动力极为短缺，不仅提高了采茶的成本，而且由于人手不够错过了最佳的采茶季节和时机，结果使高品质的茶叶不能大量供应市场，也影响了茶农的收入。由于青壮年劳动力外出务工或经商，目前在农村实际劳作的劳动力，基本上属于留守老人和妇女，在很多移民安置地进行调研时，很少能够看见40岁以下的青壮年男性劳动力。从宏观的角度看，我国已经步入老龄化社会，国家统计局发布的第六次全国人口普查主要数据公报显示，2000年，我国60岁及以上人口为17764.87万人，占全部人口的比例为13.26%，其中65岁及以上人口为11883.17万人，占全部人口的比例为8.87%。2016年，我国60岁以上人口占总人口比重达到了16.7%，65岁以上人口占总人口比重达到全部人口的比例为10.8%。通过两组数据对比可以看出，我国60岁及65岁以上的老年人的比例增加较快。

按照国际标准，通常把60岁及以上人口占总人口的比例达到10%及以上，或者65岁及以上人口占总人口的比例达到7%，作为国家或地区进入老龄化的标准。依据这一标准，2016年我国这两个比例分别为16.7%和10.8%，远远高于国际标准。可见我国社会老龄化的特征已经十分明显，如果考虑到人口流动和实际居住的因素，贫困地区包括连片特困地区人口老龄化的问题，更加突出（见表9-1）。

表9-1　　　　　　　　我国人口老龄化的状况

指标	60岁及以上人口占总人口比例（%）	65岁及以上人口占总人口比例（%）
国际老龄化通用标准	10	7
2000年我国人口普查老龄化状况	13.26	8.87
2016年人口普查老龄化状况	16.7	10.8

资料来源：根据《第六次全国人口普查主要数据公报》以及《2016年度国民经济与社会发展统计公报》整理。

（三）劳动力健康状况堪忧

按照人力资本理论的看法，人力资源即劳动力健康状况会直接影响其使用效果。健康状况不佳，一方面，使其不能像正常人力资源那样增加社会产出；另一方面，在其治疗和恢复过程中，还需要花费大量的医疗、护理费，甚至还需要家庭其他劳动力专程陪护而放弃工作，这也会减少家庭的收入。因此，劳动力健康状况所带来的影响是多重的。本书成员在对秦巴连片特困地区陕西汉中市的调研中发现，贫困人口中因病因残致贫的比例较高，尤其是山区，占到贫困人口总数的40%，而这部分人口大多数是不具备劳动力或者只具有部分劳动能力。可见，连片特困地区贫困人口的健康状况，已经对后续产业的发展带来了消极的影响。

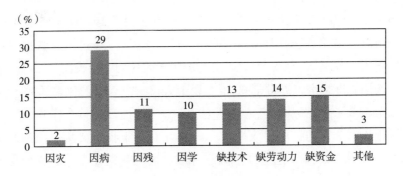

图9－1　秦巴片区汉中市陕南移民搬迁户中贫困人口致贫原因

资料来源：根据课题组调研数据计算整理。

（四）贫困代际传递的威胁依旧存在

尽管国家近年来对中西部地区包括连片特困地区的教育投资力度不断加大，但是对于贫困地区而言，由于人力资本存量先天不足，短期内投资力度加大也解决不了当下的问题。和东部沿海地区相比，中西部连片特困地区的教育水平仍然比较低下，无论是在教育的硬件投资还是软件投资方面，都存在历史欠账较多的问题。硬件投资的欠账，主要是部分地区学校条件差或路途较远，导致适龄儿童上学难；软件投资的欠账，则表现为因为学校条件差、待遇低，导致了优秀教师的流失，现有教师总体水平下降，不合格教师的比例上升。尤其是一些边远偏僻地区，教师极度短缺，以致造成部分山区孩子无法上学的情况。虽然这几年开展了教育扶贫和志愿者支教活动，但远远满足不了贫困地区的需求。教育是人力资本最主要的投资，而教师则是人力资本存量提高的实现者，作用尤为突出。连片特困地区教师教学水平的低下，必然导致教育低水平循环。而教师水平低下，则导致学生人力资本积累少。进一步加剧劳动者利用先进的生产要素的能力低下，贫困的恶性循环和代际传递难以消除。

贫困代际传递的风险，还反映在新生代农民工（指1980年以后出生的农民工）群体中。在老一辈农民工逐步开始退出劳动队伍的同时，新生代农民工已成为进城务工或者经商这一劳动大军的主体。据国家统计局发布的《2017年度农民工监测调查报告》数据，在2017年度我国28652万人的农民工总量中，其中新生代农民工14469万人，占农民工总数的50.5%，数量上首次超过老一辈农民工。新生代农民工高度渴望子女能够接受良好的教育，改变下一代的生存状况，但实际上困难重重。根据目前的收入和社会保障水平，新生代农民工的婚姻和定居在城市都已经成为难题，更何况在"分级办学，属地管理"的教育体制下，没有城市户口的农民工子女难以享受与城市孩子同等的教育条件，尽管有些城市也有专门接收农民工子女的学校，但因各种原因，大部分农民工子女还是留在当地上学。因此，农民工子女与城市儿童之间的差距，可能会变得越来越大，很可能引发农民工代际贫困问题。

（五）劳动力资源的不合理占用增加

由于贫困地区教育资源的缺失和城乡之间教育不公问题的存在，贫困地区的家长为了让子女接受更好的教育，需要到乡镇甚至市区就学，以至于出现了从小学到初高中家长就一直在城镇陪读上学的现象，劳动力资源被占用，并且这种现象在经济不发达地区越来越普遍。据陕西省决策咨询委员会对陕南秦巴山区的调查，基础教育各个阶段学生就学时家长陪读的比例为23%。在幼儿园、小学、初中、高中不同阶段，家长陪读的比例分别为20%、29%、22%、31%，高中学生家长陪读比例最高。家长陪读逐渐改变了一个家庭的生产和生活结构，使贫困家庭的收入进一步减少。在家长陪读的过程中，至少会有一个成年劳动力放弃自己原有的岗位，而全身心地投入到孩子的生活和学习中，这对一个贫困家庭来说，无疑是一个沉重的负担。同时，陪读过程中会产生较高的交通费、生活费、房租等费用，在学校附近租房的费用平均为2092元/年，为了方便，绝大部分陪读的家长通常会选择在学校附近租房。农村家庭的特殊性决定了男性无法单独完成农业生产和生活，为了孩子上学陪读，不少家庭收入骤减，甚至一部分农户放弃熟练的农业生产到县城打工，而由于年龄大、缺乏专业技能等因素，大部分只能从事简单的体力劳动，收入一般较低。由于子女上学陪读，不仅占用了劳动力资源，还减少了家庭的收入，甚至导致部分家庭陷入贫困。

城乡之间的教育资源配置的不合理所带来的消极影响是多方面的。

一方面，贫困地区部分家庭为了让子女能够获得更好的教育，不使孩子输在起跑线上，便千方百计让子女能够到城市上学就读，使原本贫困的家庭更加贫困；另一方面，从城市中小学的角度看，大批农村学生的到来，不仅挤占了城市中小学教育有限的资源，形成了城市中小学班大、人多的局面，在一定程度上降低了教学质量。为了限制农村孩子或非学区的学生到名校就读，一些学校便明里暗里通过"借读费"这种门槛的形式，来减少更多学生的涌入，这在一定程度上也引发了教育的腐败并败坏了社会风气。而从贫困地区政府的角度来看，由于本地学生的数量不断减少，只能对原有学校进行合并，这就给农村学生就学造成更大的困难。虽然国家近年来持续加大对贫困地区中小学教育的投入力度，但在短期内仍然无法和城市学校的软硬件配套设施相比，最终导致的结局尴尬：政府投入了更多的资金建设贫困地区的中小学，但贫困地区学生的数量却在不断减少。

二 资源短缺的挑战

和东部地区相比，我国中西部地区特别是西部地区，地域面积辽阔，在能源和矿产资源等方面，具有一定的优势，这在一定程度上为工矿业的发展提供了比较有利的条件。但是就自然条件来看，中西部地区无法与东部地区相比，特别是连片特困地区，自然条件比较恶劣，生态环境十分脆弱，植被覆盖率低，干旱少雨的状况比较严重，而且沙漠戈壁面积大，加之山多地少、海拔高、气候寒冷等因素，严重制约了区域经济社会的发展水平。应该说，贫困与自然条件的恶劣和资源的短缺存在密切的关系。在靠天吃饭的情况下，当地群众被迫在已经很脆弱的生态环境下垦殖放牧，结果使现有的耕地和草地的水土流失加剧，沙漠化程度严重。这种状况，无疑对后续产业的发展也带来了极为不利的影响。

为了确保生态移民搬迁以后能够安居乐业，政府为生态移民提供了较好的住房条件和一定数量的土地资源，也为移民社区的发展提供了较好的基础设施，可以说在一定程度上为生态移民发展后续产业，创造了基本的条件。但是，中西部连片特困地区大多处在山区，还有部分在深山区，平地本来就少，随着移民搬迁工程的实施和移民人数的增加，各地普遍反映，生态移民安置地选址问题越来越困难，尤其是那些"近水、沿路、靠城"发展环境良好的地方，继续搬迁选址十分困难。当前，一部分生态移民安置地，移民后续产业的发展并不尽如人意，其主要原因在于后续产业发展涉及的面太广，因素太多，也太复杂，难度确实很大，而并非地方政府和相关部门不重视后续产业的发展和培育。特别是在全球经济增长低迷和我国宏观经济进入新常态后，社会总需求也有所减少，经济增速明显放缓，就业机会相对稀缺，原本较好的生态移民社区发展环境也出现了不佳的状态。移民要耕种土地，但贫困地区土地数量少、质量差，而且基本已经实现了托管；移民要就业岗位，但经济发展疲软，用工单位需求量小，工作不容易找到。值得注意的是，在我国经济进入新常态后，资源的约束对经济增长的制约表现得更加突出。对于连片特困地区移民后续产业发展来说，资源的约束特别是土地资源的约束更为明显。

（一）现有土地的数量不足

国土资源部在 2016 年出具了《中国国土资源公报（2016）》，数据显示，截至 2015 年年末，我国农用地的拥有量为 64545.68 万公顷。从农用地的结构来看，有耕地、园地、林地和牧草地。再从各类农用地的面积来看，13499.87 万公顷为耕地，1432.33 万公顷属于园地，林地为 25299.20 万公顷，还有 21942.06 万公顷是牧草地；全国拥有 3859.33 万公顷的建设用地，其中包含 3142.98 万公顷城镇村以及工矿企业的建设用地。2015 年，因为建设占用、灾毁、生态退耕、农业结构调整等原因，全国的耕地面积减少了 30.17 万公顷。后来又通过土地整治、农业结构调整等各种措施，耕地面积又增加了 24.23 万公顷，一增一减，结果 2015 年全国年内净减少的耕地面积为 5.95 万公顷。

"十二五"时期，尽管国家和地方政府千方百计控制耕地面积的减少，但随着城镇化的发展，可耕地不断被占用，耕地面积逐年减少的趋势并没有得到有效地扭转。相关数据显示，除个别年份以外，总体新增的耕地面积明显低于减少的耕地面积。

进入"十三五"以后，全国耕地资源依然处在减少的状态之中。以 2016 年为例，2016 年年末，全国耕地面积为 13495.66 万公顷；全国建设用地面积 3903.82 万公顷，新增建设用地 51.97 万公顷。如果再分地区来看，东部地区占全国土地面积总量的 37.4%，中部地区占全国土

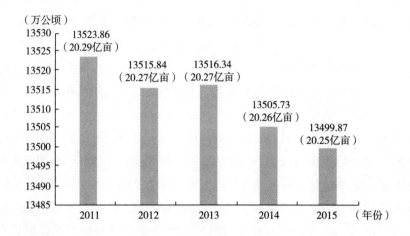

图 9 - 2　2011—2015 年全国耕地面积变化情况

资料来源：国土资源部《中国国土资源公报（2016）》。

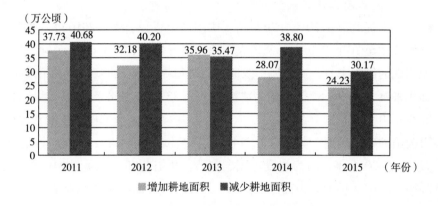

图 9 - 3　2011—2015 年全国耕地增减变化情况

资料来源：国土资源部《中国国土资源公报（2016）》。

地面积的 27.2%，而西部地区占全国土地面积的 35.4%。再把 2016 年的占比和上年相比，东部地区土地面积增加了 3.9 个百分点，中部地区土地面积减少了 0.2 个百分点，西部地区土地面积减少 3.8 个百分点。通过对比可以看出，越是经济落后地区，土地减少的百分比越大。

表9－2　　　　　　　　三大区域供地总量占比及增减情况

指标	东部地区	中部地区	西部地区
供地总量占比（%）	37.4	27.2	35.4
比上年增减百分点	+3.9	-0.2	-3.8

资料来源：国土资源部《中国国土资源公报（2016）》。

近年来，因为城市化和基础设施建设的步伐加快，挤占耕地的情况短期内也许难以避免，但问题在于，有的地方农村工业的发展也大量圈占耕地，还有地区占用耕地建开发区，实际上没有产业规划，或者基础设施不完善，还有的因为太偏远，交通成本太高，客商根本不会前来，导致开发区"开而不发"，造成了土地的浪费。因为农业产业结构调整，需要改变耕地的用途，从而使耕地面积减少。土地的荒漠化、盐碱化面积逐年扩大，一定程度上也在挤压、吞噬耕地，加上退耕还林、还草、还湖等原因，使可耕地面积也在减少。土地作为不可再生资源，面临的形势十分严峻。耕地的大量减少，不仅严重影响到国家的粮食安全，而且也影响了农民的生计，因为无地可种，在有些地方产生了不少"种田无地，上班无岗，低保无份""三无"游民，也影响了社会治安。

（二）土地质量退化严重

有资料表明，我国耕地的退化率已经超过了40%。耕地质量退化的后果，使耕地的可利用程度和效率降低，甚至难以恢复耕作或者永久不能耕种，这部分土地实际上等同于耕地数量的隐性减少。根据第一次全国水利普查中关于水土保持情况的普查成果，中国已经有294.9万平方千米的土壤被侵蚀，占普查范围总面积的31.1%。其中，129.3万平方千米被水力侵蚀，165.6万平方千米被风力侵蚀。[1] 资料表明，目前我国水土流失面积为350多万平方千米，占国土面积的37.42%。每年流失表层土在50亿吨以上，丧失的肥力高出全国化肥的产量；土地沙化面积约为169万平方千米，约占国土面积的17.6%，且每年扩大到3000平方千米，相当于每年损失一个中等县的土地面积；土壤盐渍化

---

[1] 中华人民共和国水利部：《第一次全国水利普查水土保持情况公报》，《中国水土保持》2013年第10期。

问题十分突出，现已形成的盐渍化土地近37万平方千米，加上原生的盐渍化土地，面积已经达到了80多万平方千米；目前，土地肥力下降的矛盾也比较突出，根据对全国1403个县的10.3亿亩耕地调查资料显示，土壤无障碍因素的优质耕地仅占15.3%，土壤有机质含量低于0.6%的约占10.6%，缺磷的占59%，缺钾的占23%，磷、钾俱缺的占14%，耕层浅的占26%，土壤严重板结的占12%。[①]

受自然地理条件的限制，我国耕地资源中有相当一部分位于干旱和半干旱地区、山地丘陵地区以及低洼易涝地区，耕地资源从整体上看质量不高。在现有的耕地中，水资源充沛、热量充足且灌溉条件良好的优质耕地，仅占我国耕地总量的25%左右。我国耕地有机质含量平均为1.5%，明显低于欧美等一些国家2.5%—4%的水平。在一些水土流失严重的地区，如北方黄土高原、南方丘陵地区，土壤有机质含量不足0.5%，全磷含量低于0.05%，全钾含量低于1.5%。此外，我国耕地资源的地区分布也很不均衡，特别是耕地资源与水资源的空间分布很不匹配，这也严重制约着土地生产率的提高。比如长江及其以南地区，水资源量占全国的80%以上，而耕地面积大约只占到全国耕地面积的62%。

（三）后备耕地资源短缺

后备耕地资源短缺，也是影响经济发展特别是农业发展的一个限制因素。我国农业历史悠久，绝大部分的宜垦土地资源早就已经开发，宜农的土地资源利用率已经达到90%以上，基本上呈"饱和"甚至"超饱和"的状态。质量较好的耕地后备资源储备已经不多。国土资源部在2014年进行了耕地后备资源调查，评价结果显示，我国耕地后备资源总面积约为8029.15万亩。其中，可开垦的土地为7742.63万亩，占96.4%，可复垦的土地约为286.52万亩，占3.6%。全国耕地后备资源以可开垦荒草地（5161.62万亩）、可开垦盐碱地（976.49万亩）、可开垦内陆滩涂（701.31万亩）和可开垦裸地（641.60万亩）为主，占耕地后备资源总量的93.2%。人均耕地后备资源不足0.8亩，当前

---

① 赵媛：《乡村可持续发展——目标与方向》，南京师范大学出版社2009年版，第57页。

可供开发利用的耕地，后备资源数量十分有限。

土地是最重要的资源。西方古典经济学的创始人威廉·配第曾有过一句至理名言："土地是财富之母，劳动是财富之父。"足以说明土地对于社会财富创造的意义。由于地理条件的原因，无论是在土地数量方面还是在土地质量方面，连片特困地区的土地资源状况，都难以达到中西部的平均水平。土地资源的短缺，不仅对今后移民安置点的选择和后续产业的发展带来影响，尤其是对于期望有土安置的移民，如果因为土地短缺而难以吻合其期望，影响会更大。同时，对区域工业和服务业的发展，也带来了不利的影响。

水资源短缺的问题，也是制约我国经济发展包括连片特困地区生态移民后续产业发展的一个"瓶颈"。大多数地区尤其是西部干旱地区，实施生态移民工程，与水资源的短缺有着直接的关系。有资料显示，我国人均淡水资源仅为世界平均水平的1/4，在世界上排名在100位以后，是人均水资源贫乏的国家之一。国家之所以实施规模浩大的"南水北调"工程，与北方城市严重缺水的实际情况，有着极为密切的关系。国家在西部大开发战略中，要求实施"退耕还林、还草、还湖"，也与水资源短缺有关。因为水资源的限制，时至今日，西部地区干旱缺水仍然是制约经济发展的一大障碍。

三 生态环境保护的挑战

近年来，国家高度重视生态文明建设，保护生态环境，也对中西部连片特困地区生态移民后续产业的发展提出了新的要求。党的十八大将生态文明建设纳入中国特色社会主义事业"五位一体"总体布局当中，提出坚持绿色发展、建设美丽中国的宏伟目标，党的十九大在"五大发展理念"中，进一步强调了绿色发展。这充分体现了党和政府对生态环境以及生态文明建设问题的高度重视，对其认识提到了一个新的战略高度。中西部连片特困地区，绝大部分是我国的生态脆弱区，并且承担着防风固沙、涵养水源等多项重要的生态功能。这些功能的退化和丧失，将会威胁到区域乃至整个国家的生态安全。但是，随着区域经济的发展和资源的过度消耗，中西部连片特困地区经济发展与生态保护之间的矛盾十分突出。

环境是人类生存和发展的物质基础，人类自身的社会活动都要从环境中汲取资源，然后才能进行生产活动，最后还要将产生的废物排入环境。环境一旦污染和恶化，治理起来不仅面临诸多困难，还包括要求技术方面的能力，同时环境治理也往往需要一个过程。尽管国家近年来对于中西部地区生态环境给予了高度的关注，也大幅度地增加了中西部地区生态环境保护的投入，对于其生态环境状况的改善，发挥了明显的促进作用。但是，就中西部连片特困地区的具体情况来看，目前生态环境问题依然比较突出，原有的环境问题在退耕还林还牧以及生态移民过程中，仅仅只是得到了缓解或者部分缓解，生态环境保护的压力依然很大。以乌蒙山区的六盘水市为例，过去丰富的矿产资源曾带给这一地区丰厚的利润和回报，但在开采过程中，也给环境带来了严重的污染。20世纪80年代至90年代，由于大规模粗放式的开发，六盘水地区森林覆盖率最低时竟然降低到了7.6%，森林的减少，水土流失和石漠化现象严重，空气被污染，长江的水质也被严重的污染。

生态环境问题的凸显，与粗放型的经济增长方式之间有着密切的联系，与产业结构的低层次也有很大的关系。虽然我国脱贫攻坚工作取得了巨大的成就，生态移民以及移民后续产业的发展也取得了一定的成绩。但是，从总体上来看，我国农村的产业结构依然不合理，绝大多数连片特困地区在产业发展中，仍然奉行以粮食生产为主的种植业，林业、畜牧业和渔业的发展相对较为薄弱，绿色发展的理念尚未得到很好的体现。这种状况，在一定程度上使自然资源的多样性得不到合理有效的利用，加剧了农村生态环境的恶化，也制约了移民后续产业的发展和乡村振兴。虽然现代农业包括循环农业、节水农业、低碳农业等，在中西部连片特困地区总体上仍然以资源、人力的过度消耗为代价，并没有从根本上减轻对环境的压力，依然采用粗放型的经济增长方式，导致了农业产业的发展与资源和环境之间的矛盾比较尖锐。

国家实施大规模生态移民的目的，一方面是为了坚持以人为本的理念，使生活在生态环境恶劣地方的群众能够早日摆脱贫困，生活得更好；另一方面也是为了减缓人类活动对生态环境的影响，使经济社会发展与资源以及生态环境之间能够平衡，最终实现可持续发展。但是从近年来移民的情况来看，由于远距离跨省区搬迁移民的情况很少，绝大多数的移民都是在市域、县域甚至乡镇范围内进行的，因而使大部分移民未能脱离原有的生态环境，人类活动对区域生态环境的影响和干扰并没有完全排除，因此总体上并未减轻对生态环境的压力。有的地方生态环境的面貌依旧，甚至生态恶化的势头并未从根本上得到遏制。以宁夏中南部地区为例，该地区是我国西北内陆生态环境最为脆弱、贫困人口最为集中的地区之一。自然条件极为恶劣，干旱缺水情况非常严重，经济发展比较滞后，人民生活困苦。加上该地区是我国回族聚居地，长期以来人口自然的增长率高，人均资源占有量极少，人口、资源以及生态环境之间的矛盾就显得十分突出。目前，宁夏贫困人口集中分布在中南部，尽管该区域实施生态移民已经有了多年的历史，移民搬迁成效也比较显著，但是，该区域自然条件恶劣、产业基础薄弱，加之教育，科技以及其他方面社会化程度较低，短期内要使面貌发生根本的变化，可能也是不现实的。

种植业的粗放经营、广种薄收，并没有能够从根本上减轻生态环境的压力，而近年来部分地区在畜牧业的发展中，也存在畜禽养殖粪便和秸秆焚烧污染的情况，农业生产过程中化肥、农药、农地膜的不合理使用等，与生态环境保护的矛盾比较突出。如果不能及时采取严格有效的管控以及治理措施，连片特困地区农村的生态环境也会受到不利的影响。

为了减轻生态环境的压力，近年来各地包括一些移民安置地，也在倡导发展循环经济、生态经济、低碳经济包括绿色产业等，有的地方政府也出台了激励和优惠措施，成效也比较显著。但是对大部分地区来说，由于技术条件和体制机制方面条件的限制，目前生态循环经济发展的效果并不理想，特别缺乏成效显著的模式和样板，有的地方虽然有挂牌的循环经济或者生态经济产业园区，但是产业之间的生态关系或者循环关系，并没有建立起来，有的只是形同虚设，名不副实；还有的地方虽然也做了规划，反复论证，只是不见实施。因此，从产业发展的角度，究竟如何体现生态循环和环境保护的要求，不仅需要继续探索，也需要实实在在地按照规划去做。

四 市场经济的挑战

（一）后续产业发展面临市场竞争的挑战

当前移民安置地普遍遭遇到市场竞争的挑战。有的地方虽然发展了特色产业和特色产品，而且也有了一定的规模，但由于长期受小农经济观念的影响，缺乏创新意识，闯市场的本领尚未形成，加之短期行为的影响，忽视产业链的延伸，往往是别人干什么，自己也就干什么，产业趋同包括产品的趋同化现象比较严重。因为同质化现象严重，出现边际收益递减，加之受市场供求状况的变化的影响，移民增收的效果也不够理想，有的移民坚持不住，干脆转产他业，如陕西有的移民安置地把种植苹果、梨子作为支柱产业，也有了一定的规模，但因为市场供求变化，短期内供大于求，导致苹果、梨子的价格大幅度下降，有的果农便气愤地砍掉了苹果树或梨树，又改种粮食或其他农作物；宁夏枸杞产区因为规模扩大而导致价格下跌，有的移民也放弃了枸杞的栽培。近年来很多地方都大力发展核桃、李子、樱桃等果业生产，产业趋同化现象严重，如果不能在产品的深加工环节做文章，进而延伸产业链，趋同化产业的市场风险可能较大。

（二）后续产业发展面临生计选择的挑战

移民后续产业的发展和移民家庭生计问题，实际上是一个问题的两种表现。从区域或者移民安置地的角度来讲，是产业问题，而从移民家庭谋生手段的角度看，则是生计问题。目前绝大部分地区，移民后续产业发展仍然处于低端的粗放发展阶段，而且产业结构相对比较单一，导致移民产业收入缺乏稳定性和可持续性。对于有土安置的移民来讲，虽然有的移民安置地政府千方百计为移民调剂争取到了部分可以耕种的土地，但是受土地资源的限制，面积十分有限，有的移民将其转包出去以后，获得非常有限的土地转让费，也不足以维持家庭的基本生活，移民还需要通过其他途径增加收入，来维持家庭的开销。对于从事畜牧业生产的移民，他们更习惯于传统的家庭养殖方式，而每户所分配的庭院面积较小，根本无法满足庭院养殖的需要，而大规模的养殖往往又缺乏条件。对于有的地方推行的"政府+公司+农户"的合作养殖模式，往往由于利益分配兼顾不当，能够长期坚持下去的并不多见。尤其是"十二五"时期新近迁入的移民，受资源禀赋的限制，种养殖业发展都十分困难，劳务产业就成为众多移民村的支柱产业。但实体经济的衰退，使劳务产业这一"铁杆庄稼"不再旱涝保收，部分移民家庭收入随之大幅下降，而移民搬迁户支出较多，尤其是生活费开支较大，一些移民家庭因入不敷出又出现返贫的情况。

（三）后续产业发展面临市场主体缺失的挑战

产业是脱贫之基，但产业的发展也离不开市场主体的参与和带动。我国多年的扶贫实践证明，产业发展是脱贫的必由之路。没有产业带动的生态移民最终是难以摆脱贫困的。目前，移民安置地后续产业发展方面仍然面临诸多问题，发展总体也不够理想。究其原因主要有以下几个方面：

一是区域第二、第三产业不发达，从业人员少。2013年，在全国法人单位中，东部地区占55.4%，比2008年年末提高了2.9个百分点；中部地区占19.7%，下降了0.2个百分点；西部地区占18.2%，下降了1个百分点；东北地区占6.7%，下降了1.7个百分点。法人单位从业人员东部地区占54%，比2008年年末下降了0.5个百分点；中部地区占20.9%，提高了0.7个百分点；西部地区占18.4%，提高了0.9个百分点；东北地区占6.7%，下降了1.2个百分点。中西部地区无论从法人数量还是就业人员数量看，与东部地区存在较大差距，而对于连片特困地区来讲，其差距会更大。

表9-3　　东部、中部、西部和东北地区的法人单位和从业人员

区域	法人单位		从业人员	
	数量（万个）	比重（%）	数量（万人）	比重（%）
东部地区	601.9	55.4	19224.5	54.0
中部地区	214.1	19.7	7428.8	20.9
西部地区	197.4	18.2	6567.2	18.4
东北地区	72.2	6.7	2381.8	6.7
合计	1085.7	100.0	35602.3	100.0

资料来源：《第三次全国经济普查主要数据公报》。

二是非公有制经济不发达，市场活力不足。《第三次全国经济普查主要数据公报》显示，在有证照个体经营户中，东部地区占40%，比2008年年末提高了0.5个百分点；中部地区占23.3%，下降了1.4个百分点；西部地区占27.9%，提高了1.9个百分点；东北地区占8.8%，下降了1.1个百分点。有证照个体经营户从业人员中，东部地

区占 43.6%，比 2008 年年末下降了 0.9 个百分点；中部地区占 23.3%，下降了 0.2 个百分点；西部地区占 25.6%，提高了 3 个百分点；东北地区占 7.6%，下降了 1.9 个百分点。

表 9 – 4　　东部、中部、西部和东北地区的有证照个体经营户和从业人员

区域	个体经营户		从业人员	
	数量（万个）	比重（%）	数量（万人）	比重（%）
东部地区	1311.4	40.0	3926.1	43.6
中部地区	762.5	23.3	2095.7	23.3
西部地区	915.4	27.9	2305.6	25.6
东北地区	289.7	8.8	686.0	7.6
合　计	3279.1	100.0	9013.4	100.0

注：表中数据为四舍五入的 100%。

资料来源：《第三次全国经济普查主要数据公报》。

国家工商行政管理总局提交的《全国小型微型企业发展情况报告》数据也显示，2013 年年底，我国各类企业总数为 1527.84 万户。其中小型微型企业 1169.87 万户，占企业总数的 76.57%。如果将 4436.29 万户个体工商户也纳入小微企业统计后，小型微型企业所占比重则达到 94.15%。但从小微企业的地域分布看，东部 11 个省市小微企业占全国小微企业的比重为 60.40%，中部 8 个省占比为 20.35%，西部 12 个省区市比重仅为 17.23%。同时，在产业分布上也表现出明显的地域性差异，东部地区集中了 2/3 的小微工业企业。

表 9 – 5　　　　　　　2013 年全国小微企业发展情况

区域	数量（万个）	比重（%）
东部地区	3419.7	60.40
中部地区	1143.7	20.35
西部地区	965.9	17.23
合计	5606.16	100

资料来源：根据《全国小型微型企业发展情况报告》计算。

三是缺少龙头企业的带动。由于各种条件所限，连片特困地区现有龙头企业整体规模较小，带动辐射能力十分有限。有的企业只热衷于所谓的"短平快"项目，只注重短期效益，对市场需求容量缺乏深入研究，只想着通过个别项目捞上一把了事，无长期打算，缺乏可持续性。加之龙头企业与移民户利益连接不够紧密，有的企业与移民建立的产业基地，由于缺乏长远规划，没有多长时间基地就存在不下去了，因而未能充分发挥带领移民脱贫致富的作用。正如有人所形容的："有产品，没产业；有基础，没龙头。"

（四）后续产业发展面临特色产品缺位的挑战

产业化不仅离不开市场化，也同样离不开特色发展。目前，从连片特困地区总体情况看，农业产业化推进的速度相对比较缓慢，大部分地区特色农业发展水平较低。作为国民经济的基础，农业的发展对增加农民收入和提高移民的生活水平，有着重大的推动作用。因而大力发展特色农业，尽快推进农业的产业化，对连片特困地区后续产业发展，同样有着巨大的推进作用。连片特困地区在特色农产品发展方面应该注意的问题有以下几点：

一是观念缺乏创新。在"快鱼吃慢鱼"的时代，对不同渠道信息的筛选，对市场机会的把握，都需要观念的创新。如果对市场需求不去了解，市场开拓就无从谈起。有的地方政府则"凭着自我感觉抓生产，跟着别人后头抓调整"，一遇市场波动，便给区域经济发展带来很大影响，甚至引起当地农民或移民的误解，使有关政府和部门陷入被动。

二是科技含量低。贫困地区因为相对闭塞，信息不灵，科技推广因为各种原因往往滞后，因而导致农业科技含量不高，农产品的附加值低，难以获得市场认可，价格就上不去。尤其是一些种植技术的推广，显得严重滞后，实用技术的覆盖面本来就小，加之不计成本的粗放式经营，就提高了成本，这就会使农产品在价格的竞争上处于劣势。

三是加工流通滞后。有的很有特色的农产品，由于加工没有跟上，不能够实现增值，绝大多数移民地企业只是从事简单的农产品初级加工，不仅技术含量低，加工转化率也低，使特色产品的优势难以发挥。加之流通环节的阻滞，一些产品因腐烂变质导致使用价值丧失，使生产者蒙受重大损失。农产品流通也因渠道的缺乏反过来对生产的持续性带来消极影响。

四是产业链尚未形成。从经济学的角度来看，农产品属于需求缺乏弹性的产品，如果不向深加工行业延伸产业链，"谷贱伤农"的现象就会影响移民户的收入。连片特困地区大部分农产品只能出售附加值低的初级产品，导致移民增收效果不够明显。

五是缺乏规模经营。有的移民安置地对扶贫"一户一策"存在误解，单纯依靠移民单打独斗发展产业或产品。由于信息闭塞，加之缺乏严密论证，对于市场需求变化以及风险把握不准，结果导致部分移民产业发展陷入困境。一些地方移民发展种植业或养殖业，多属于市场长线产品和需求弹性小的产品，因此，往往会出现类似于"谷贱伤农"的现象。

（五）后续产业发展面临市场条件下政府如何定位的挑战

当前，生态移民后续产业发展总体不够理想，其原因是多方面的，但与政府与市场的关系未能理顺有着绝大的关系。首先，移民后续产业的发展一般需要一个较长的过程，短期内很难达到应有的效果。由于短期内难以见效，一些地方和部门则把注意力转移到所谓的"短平快"产业项目上，而对移民长远发展有影响的产业项目却未能引起足够的注意。其次，不合理的检查评比、考核指标体系以及短视的政绩观误导了后续产业的发展。尤其是一些地方在对扶贫干部工作考核中，仅仅停留在统计移民干部是否"签到"和给予移民户或贫困户钱物多少的浅表层次上，而对扶贫干部究竟怎样帮助贫困群众出主意、闯市场、谋发展很少研究和考虑。再次，政府实施产业扶贫也确实存在天然的缺陷。既然市场机制在资源配置中发挥着决定性的作用，那么，发展产业必须面对市场竞争，后续产业发展也不可能例外。而地方政府以及部门不同于企业，也不是市场竞争的合格主体，地方政府各级干部也不是合格的企业经营管理人员，大多不具备应对市场竞争所需要的知识、技能和经验。因此，地方政府很难根据市场信息做出有效的决策。政府实施产业扶贫的效果也往往难以保证，这也导致了部分贫困地区后续产业发展步履艰难。可见，市场条件下政府在移民后续产业发展中该干什么、如何定位的问题也需要研究。

五 融资困难的挑战

除了物质资源特别是土地资源短缺之外，连片特困地区后续产业发展也面临资本资源短缺的挑战，其突出表现就是融资困难。融资难的问题，从根本上讲原因在于金融抑制，从表现形式上看则是金融机构网点尤其是农村金融机构网点数量的偏少和布局的不合理。贫困地区农村金融机构的服务网点基本设在县城及以上，一些乡镇没有设置服务网点，这样就使金融支持扶贫以及后续产业发展缺少依托。以青海省为例，2014 年全省的农村金融机构网点为 381 个，而全省乡镇数为 399 个，这就意味着部分乡镇尚未设置农村金融机构的服务网点。由于青海地广人稀，平均一个营业网点的服务区域近 2000 平方千米，因此，目前仍有 70% 左右的村（社区）没有金融服务机构，约 45% 的农牧民既无贷款也无存款，基本享受不到金融服务。2014 年西藏自治区共有 694 个乡镇，而银行业分支机构数为 677 个，仅覆盖了 411 个乡镇，覆盖率为 60.6%。其中，拉萨市及市属县的银行分支机构有 398 个，占整个西藏银行分支机构的 58.7%，表明西藏其他贫困地区银行分支机构极少，一些高寒地带金融服务处于"真空"状态。根据中国人民银行公布的统计数据，2015 年内蒙古农村信用社发放涉农涉牧贷款 1378 亿元，仅占全区金融机构人民币各项贷款的 8.03%。新疆农村信用社 2015 年涉农贷款 1170 亿元，占各项贷款比重仅为 8.57%。其中，农户贷款余额 798 亿元，较年初增加 77 亿元，增幅为 10.67%。广西农村信用社 2015 年涉农贷款 1593 亿元，占各项贷款的比重为 8.79%。不难看出，连片特困地区涉农贷款占各项贷款的比重较低，涉农贷款中主要用于农业贷款，农户贷款占比更低，表明金融机构对农户信贷支持力度还不够，存在较为严重的金融抑制现象。

农村金融抑制以及中小微企业贷款难的问题由来已久，原因也很多，但与当前整个社会信用缺失、社会征信机制还不健全有很大关系。这就导致了金融机构"惜贷"现象的发生，尽管金融管理机构和政府也采取了不少措施包括扶贫贴息贷款，以支持贫困地区的群众发展产业以实现脱贫，但是金融机构处于资产安全的考虑，在发放贷款方面，往往也顾虑较多。从贫困群众的角度看，由于缺乏金融意识，相当多的贫困群众不敢利用贷款发展生产，也不知道应该选择什么样的产业项目。

这就使一些连片特困地区金融业务萎缩。为了利用扶贫贷款和其他涉农贷款，有的涉农企业便以贫困户的名义将国家支持贫困户的扶贫贷款集中起来作为贫困户的股份来发展一些产业项目，并承诺在一定期限内给贫困户分红。这种做法虽有其合理性，有的地方政府和金融机构也心知肚明，但是由于贷款毕竟在贫困户名下，一旦经营发生问题，风险则会转嫁到贫困户身上。这种现象应该引起注意。

目前，生产资金匮乏，已经成为制约移民后续产业发展的一个重要因素，移民自有资金极其有限，多靠亲朋好友借款发展，虽然有的移民贷款意愿较强，但贷款门槛相对较高，整体上移民生产资金来源渠道单一，无法有效支撑生产和创业项目，移民增收效果不明显，脱贫致富步伐减缓。

除上述外，移民后续产业发展中也面临移民自身观念的挑战。总体上看，连片特困地区现有劳动力的思想观念、劳动技能远远适应不了后续产业发展的要求。从某种意义上说，经济落后仅仅是区域贫困的显性表现，教育及思想观念的陈旧落后才是制约区域发展、导致贫困恶性循环的深层次原因。由于接受教育的年限普遍较短，文化水平低，知识视野十分有限，缺乏接受新事物、新思想、新技术的能力。在行动方面更缺少创新、进取精神，有的自我发展的动力明显不足。毫无疑问，陈旧落后的思想观念已经成为后续产业发展的障碍因素。

思想观念陈旧落后在连片特困地区具有普遍性。主要原因在于山区相对比较封闭的环境，限制了人们的活动范围，大部分移民群众文化水平较低，缺乏创新的思路和能力，在单一的产业结构中生产，限制了人的想象能力。同时，人们的思想受传统观念束缚较大，一些落后的道德文化习俗仍有一定的市场，小农意识、迷信意识、家族宗法观念在一些地方仍然盛行，而与社会主义核心价值观相联系的社会意识尚未形成，这些地区贫困人口中普遍缺乏市场意识、竞争意识、进取意识。对自身目前的境况，一方面表现出悲观无奈、消极等待、不思进取；另一方面又表现出小富即安、自满自足。

第二节 中西部连片特困地区生态移民后续产业发展的机遇

一 国家高度重视生态文明建设的战略机遇

党的十九大把建设美丽中国作为全面建设社会主义现代化强国的重大目标，同时把生态文明建设和生态环境保护提升到前所未有的战略高度，集中体现了习近平总书记新时代生态文明建设战略的重要思想，为西部地区经济社会发展以及连片特困地区生态移民后续产业的发展带来了难得的机遇。党和国家对生态文明建设的高度重视，意味着今后将更加重视中西部地区的生态环境的保护，实现人与自然的和谐共生。习近平总书记多次强调，"绿水青山就是金山银山"。中西部地区绿水青山的建设和保护，不仅影响本区域的发展，而且也关系到整个国家民族的繁荣发展和长治久安，涉及整个中华民族的长远利益。因此，国家高度重视生态文明建设，也意味着将投入更多的资源来保护中西部地区的生态环境和绿水青山，加大产业结构调整的步伐，促进经济发展方式的转变，加快资源节约型和环境友好型社会的建设，更好地满足人民对于美好生活包括美好环境的需要，这对于中西部连片特困地区生态移民后续产业的发展将带来更多的机会。

二 加快实施"一带一路"倡议的历史机遇

"一带一路"倡议是我国主动应对全球形势发生的变化，统筹国内国际两个大局所做出的重大战略决策，对相关国家作为一种倡议也得到了很好的响应。坚持开放发展是我国"十三五"发展的重大理念之一，国家将推进双向开放，完善区域布局，尤其是"一带一路"成为中西部地区加快发展的有力抓手。

我国经济发展长期处于"东南沿海领先、中西部欠发达"的不均衡的状态，"一带一路"为我国经济的均衡协调可持续发展，提供了重大的历史机遇。《推动共建丝绸之路经济带和21世纪海上丝绸之路的愿景与行动》中也明确指出，基础设施互联互通，这是"一带一路"建设的优先领域。这就意味着国家将加大基础设施建设的力度，同时也将扩大对外投资的领域，可以预见，这对中西部地区基础设施和产业发展环境建设将起到助推作用，同时，也将打破中西部尤其是西部地区相对封闭的状态，使中西部地区将以更加开放的面貌出现在国际经贸市场和文化舞台。"一带一路"倡议以高铁为代表进行基础设施建设，快捷的高铁将使我国同中亚、南亚、中东、东欧、俄罗斯直至西欧的相对距离大大缩短，且都将经过中西部地区，毫无疑问，这对于提高我国的对外开放水平有着深远的意义。

三　决胜建成全面小康和乡村振兴战略的机遇

近年来，我国已经进入决胜全面小康社会建设的关键时期，尤其是自 2013 年以来，习近平总书记提出了精准扶贫的方略，我国脱贫攻坚进入一个新的发展阶段，也即"攻坚拔寨"的阶段，精准扶贫、精准脱贫成为我国当前工作的一大中心。为了使贫困地区以及连片特困地区的贫困群众早日实现脱贫，与全国人民一道步入全面小康社会，国家扶贫政策及相关优惠政策密集出台，对于贫困群众的帮扶力度不断加大，这对于贫困群众尽早告别贫困也提供了绝好的机会，连片特困地区尤其是深度贫困地区，应该充分利用国家政策的红利，增强脱贫攻坚的信心和决心，加快后续产业的发展，从根本上遏制返贫的可能性，以确保脱贫的持续性。"十三五"时期，国家实施易地扶贫搬迁的人口数量接近1000 万，目前搬迁已近尾声，因此，要借助国家精准扶贫、乡村振兴以及建设"美丽中国"战略实施提供的政策红利，立足于农业农村的现代化，加快连片特困地区基础设施建设，为移民安置地后续产业的发展打下良好的基础，以实现"产业兴旺、生态宜居、乡风文明、治理有效、生活富裕"的乡村振兴宏伟战略目标。

第十章

连片特困地区移民后续
产业发展的主要对策

第一节　进一步提高对生态移民后续产业
发展意义作用的认识

如前所述，我国生态移民是在多年扶贫开发经验教训基础上总结出来的一种扶贫方式，也是面对恶劣的自然条件和日渐恶化的生态环境做出的必然选择。生态移民有着生态环境保护和反贫困的双重作用。国家对生态移民总体的要求是"移得出，稳得住，能致富，不反弹"，而要实现这一总体的要求，毫无疑问，后续产业的发展尤为重要。从长远的角度来看，后续产业的发展恰恰是当前生态移民面临的最大难题，因此，解决好这一难题，事关中西部连片特困地区生态移民以及脱贫工作的成效，意义非常重大。

一　后续产业发展是生态移民"稳得住、能致富、不反弹"的基础

各地生态移民的经验一再说明，生态移民"移得出"的问题相对容易解决，也是短期内就可以看到成效的，而"稳得住、能致富、不反弹"问题解决起来就要复杂得多，涉及的方面也多。历史上三门峡库区移民，就是因为当时对移民后续产业发展问题没有引起足够的重视，有的移民生产生活问题没有解决好，以致半个世纪过去以后，现在仍留有后遗症。因此，对于移民后续产业发展在生态移民中的地位和作用问题，一定要有清醒的认识。

二 后续产业发展状况如何，也是检验生态移民效果的一个标准

移民问题之所以在国际上一直被看作一个复杂问题或者"世界难题"，除了搬迁过程中涉及的问题比较多之外，根本原因就在于移民的效果要通过产业发展的状况来检验。苏联时期，也曾经在远东地区大量移民，但几十年过去之后，原有的移民基本上又回流了，其中最主要的原因，就在于产业发展出了问题，后续产业没有发展好。苏联解体以后，原有的军事工业未能迅速实现产业升级或转型，加之政策的失误，因而导致原本已经定居下来的移民大量回流，远东地区整个成了一片空城，这就标志着移民的失败。因此，生态移民绝不是一移了之的事情，搬迁之后，后续产业的发展就成了关键。

三 后续产业发展状况也是迁入区长期和谐稳定的保障

在生态移民迁入安置地或移民新村以后，移民迁入区面临着一系列的社会经济问题，需要逐一解决，比如移民与当地群众的融入问题、社区和谐与治安问题等，尤其是要有完善的基础设施和公共设施，并持续投入不断维护，才能为移民群众的生产和生活提供方便，对移民有持续的吸引力，而要完善移民社区的基础设施和各种公共设施，解除移民的后顾之忧，必须有一定的经济基础和物质保障。政府提供财政支持虽然是必不可少的，但从长远来看，只有移民迁入地产业发展的问题解决了，有了一定的积累，其他问题就相对容易解决，移民社区的和谐稳定才能有可靠的保障。

四 后续产业发展状况也是实现区域可持续发展的物质基础和保证

可持续发展包含的内容和方面虽然很多，但从大的方面来看，至少应该包括经济可持续发展、社会可持续发展和生态可持续发展。移民迁入以后，要保持迁入地区域经济、社会、生态的可持续发展和长治久安，经济的可持续发展是基础。而经济要实现可持续发展，产业是关键。离开产业的发展，生产生活没有着落，移民不能真正实现安居乐业，生态的可持续发展以及社会的可持续发展也就成为一句空话。相反，产业发展了，移民真正实现了脱贫致富之后，完整意义上的可持续发展才能够真正实现。

从中西部地区生态移民后续产业发展的情况来看，目前总体上是不容乐观的。由于中西部连片特困地区不同程度地存在经济总量小、产业层次低、竞争能力弱的问题，移民安置地工业基础普遍较为薄弱，缺乏大型骨干企业和大工业项目带动，招商引资难度很大，融资也面临了诸多的困难，对当地经济的辐射带动作用非常有限。虽然各地也都建立了不同类型的工业园区或产业园区，都在招商引资，但入驻企业数量并不多，真正形成规模的园区少之又少，因此吸纳移民务工的数量也很有限，这就造成了部分移民迁入安置地以后无事可做的局面，有的则被迫去外地寻找就业机会。由于当地工业不发达，人口聚集度低，服务业发展也受到了一定的影响，市场也相对萧条。而对于有土安置的移民来说，虽然有事可做，但人多地少的矛盾，使他们无论是从事种植业还是从事养殖业，都依旧保持或沿袭着传统农业的生产方式，效益仍然低下。有的地方安排到移民户中的小拱棚，受文化水平和科技素质的限制，经营管理水平也不高，大多未能达到预期的效益。养殖业则存在量少质差的问题，很少达到规模养殖，因此难以获得良好的经济效益。一些大的移民村有上千户人家，而养牛养羊的没有几户，不用说牛奶外销，本地消费也难以满足。节水农业、设施农业只是零星的"小盆景"，加之前期投入大，能否大规模发展也还有待于时间的检验。

上述情况，需要我们进一步提高对移民后续产业发展的认识。首先，从移民地各级领导部门来讲，要解决好思想认识问题，要充分认识生态移民问题的艰巨性和复杂性，坚定对生态移民的信心，高度重视移民后续产业的发展。在移民安置总体规划中，一定要在集思广益的基础上，充分做好移民安置项目的前期论证，对后续产业的发展做出尽可能详尽的谋划和安排，把生态移民的重点从安置搬迁转移到后续产业发展方面。同时，要做好对移民群众的政策宣传和教育，使他们能够充分认识到党和政府"全面小康""以人为本""绿色发展"的目标和理念，理解党和政府的良苦用心，以减少后续产业发展中可能产生的阻力。其次，从移民群众自身来讲，要充分认识到生态移民是解决贫困问题的一个治本之策，党和政府目前之所以能够实施大规模的移民工程，正是国家综合国力和经济实力提高的结果和表现；否则，也没有能力进行这样规模浩大的移民工程，祖辈们要想走出深沟大山，基本属于梦想。因此，在移民过程中要自觉接受新事物、新思想，转变观念，提高自身的综合素质，特别是要克服依赖政府的思想，依靠自己的勤劳和智慧，发展移民后续产业，最终实现脱贫致富。最后，在生态移民项目的评估上，要把后续产业发展和移民增收的状况作为一个重要指标来考察。同时，为了强化本地产业的发展，生态移民评估时也应该重点考察移民安置地本地产业发展的状况。否则，相当多的移民社区房子虽然有主了，但房子的主人都去外地务工了，大门紧锁，人气萧条，这样也就违背了生态移民的初衷，甚至是一种资源的浪费。因此，只有移民地当地的产业兴旺了，生态移民的目的也才能够最终实现。

第二节　以提升人力资本水平为突破口奠定后续产业发展的能力基础

教育是提升人力资本最重要的方式。多年的扶贫和生态移民实践证明，移民的人力资本水平直接决定着移民的就业状况和收入水平，而人力资本水平的高低，除了自身的努力之外，主要取决于接受教育年限的长短。"联合国教科文组织研究表明，不同层次受教育者提高劳动生产率的水平不同：本科300%、初高中108%、小学43%，人均受教育年限与人均GDP的相关系数为0.562。"[1] 连片特困地区的贫困，除了自然条件恶劣的因素之外，其根本原因就在于教育的落后和人力资本水平的低下，移民后续产业的发展与人力资本水平低更有着直接的关系。从这个意义上讲，移民后续产业要想获得较快的发展，必须要把移民劳动力提升为人力资本。因此，必须以提升人力资本水平作为突破口，为移民后续产业的发展奠定能力基础。国家应实施补偿性教育政策，把教育补偿提高到与生态补偿同等重要或更加重要的地位。一方面，要重视和加强移民安置地现有劳动力素质的提高，分层次、多形式、有重点地开展职业技能培训；另一方面，应重视后续劳动力培养教育，加快实施教育公平的步伐，使贫困地区包括移民的后代也能享受到优质的教育，并且愿意留在本地建功立业，以阻断贫困代际传递。

一　明确提升移民人力资本水平的意义

提升移民人力资本水平，不仅是移民安置地后续产业发展的迫切需

---

① 刘传铁：《治理者说：教育是最根本的精准扶贫》，人民网，http：//opinion. people. com. cn/n1/2016/0127/c1003 - 28087230. html，2016年1月27日。

要，也是我国现代化建设特别是农业农村现代化建设的客观要求，绝不是一个权宜之计。我国农村包括移民安置地的教育现状，与"两个一百年"的宏伟目标的要求，还存在严重的不适应、不和谐，与人民对美好生活的需要也是严重脱节的。由于对提升移民人力资本水平和发展后续产业培训的意义认识不足，部分地区开办的产业培训包括劳动力转移培训流于形式，从表面看，形式多样，班（次）不少，但缺乏应有的针对性和实用性。突出表现为：一是培训时间短，内容多，超越了移民群众的消化吸收能力；二是以会代训，领导讲话多，实地培训较少，总体效果差；三是一些培训只是为了应付上级下达的任务，没有认真选择培训的对象、内容以及方式方法，也谈不上对培训效果进行科学的评估。因此，要保证移民后续产业的健康发展，必须下大力气解决好思想认识问题，加强对移民的教育和培训。

二 分层次开展移民的教育培训

以往，我国在农村剩余劳动力转移培训中特别是在早期的培训中，因为当时劳动力数量众多，参加培训的人数也多，参训对象要求分层次开展培训的愿望和要求也不强烈。但是，在目前农村剩余劳动力已经大量转移的背景下，农村包括相当多的移民安置地，现有劳动力的结构已经发生了很大变化，其主要表现是年龄结构老化，老人妇女较多。这就要求我们必须根据不同对象的不同要求，以及不同的接受能力，开发出有针对性的个性化的培训项目，以使培训收到实效。比如，针对移民安置地年纪较大不便外出务工的移民，在了解他们培训需求的基础上，为他们开发出庭院经济、花卉栽培、食用菌栽培等产业发展项目；针对移民安置地数量较多的妇女，可开发出电脑刺绣、工艺品制作以及餐饮烹饪等技能型项目，以满足其不同的需求。当前，各地也不同程度地开展了新型职业化农民的培训，塑造新的农业经营主体。通过培训提升整体素质，考试合格以后再颁发资格证。这种带有资格认证的培训，对于有土安置的社区移民，也是十分必要的。

此外，在分层次开展的培训中，还要注重对农村包括移民安置地基层干部的培训。农村基层干部是党和国家政策在农村贯彻落实的具体实施者，与贫困群众有着密切的联系，他们最了解贫困群众以及移民的愿望和要求，他们的思想观念、行为方式对其村民具有带头示范作用，应该把移民安置地基层干部的培训单列为一类培训对象，应该围绕"五大发展理念"，对其开展关于政治思想、经济建设、文化建设、生态文明建设、社会建设以及基层社会治理等方面的知识培训，开阔其视野，提高其综合素质，以使其在连片特困地区移民安置地各项建设中发挥应有的示范带头作用。

三 优化培训内容，增强针对性

近年来，各地在移民培训中也进行过不少探索，开办过不同的培训班次，也使一大批经过培训的农民或移民实现了就业，这些都是应该肯定的。但是，一些地方也因为师资条件的限制，存在培训内容单一、陈旧的问题，培训效果不明显，有的甚至流于形式。另外，各地在培训中普遍注重劳动技能培训，而对移民的文化素质、思想道德素质以及法制观念方面的培训有所忽视。由于总体素质未能提高，不仅影响了移民后续产业的发展，也对移民安置地的和谐稳定以及社会文明产生不利影响。针对这种状况，必须对培训的内容进行优化，除了强化技能培训外，还应该立足于提高移民的综合素质。根据本书的调查，移民培训内容的优化应该重点突出以下培训内容：

一是开展基本素质培训。由于现有移民总体接受教育年限较短，大多只有初中或小学文化程度，具有高中文化程度的寥寥无几，要使他们能够更好地接受现代科技知识，在某些方面必须对其进行文化补课，使他们能够掌握一些基础知识，因此，要像当年政府开展"扫盲"教育那样，在农闲时节，通过长期的、持续的培训，下功夫提高其文化基础水平，在此基础上再接受必要的劳动技能培训。

二是开展职业技能培训。职业技能培训内容的确定，可以从以下三个方面考虑：一是当地产业发展的趋势，二是农业科技发展的趋势，三是移民群众的实际需求。综合这三个方面的因素，开发培训项目，使技能培训落到实处，培训实效最大化。由于我国社会正处在快速发展变化当中，知识技能更新速度加快，因此教育培训部门也应跟上现代科学技术特别是农业科技发展的趋势，不断开发出新的培训项目，比如电子商务、农产品的营销及其策划、观光农业、农产品加工、设施农业、规模养殖等培训项目，以更好地适应移民技能培训的要求。

三是开展法制道德方面的培训。由于文化水平的限制和多年的家庭分散经营，移民的组织性相对较差，集体意识淡薄，法制观念普遍也比较缺乏，加之封闭的自然条件，也限制了移民道德观念的提升，使部分移民与现代生活格格不入，因此开展法制道德教育是十分必要的。法制培训的意义在于：一方面，可以使移民群众增强法制观念，明确其必须在法律的前提下行事，自觉遵法守法，否则就要承担违法责任；另一方面，可以使移民运用法律武器，来维护自身正当的合法权益。道德教育则要围绕社会主义核心价值观的要求，教育移民树立与现代市场经济和社会文明相适应的道德意识，正确处理个人与集体、个人与他人的关系，摒弃农村中原有的、落后的道德习俗。

四是开展创业培训。对于一些有创业愿望和意识的移民，移民安置地政府和部门应该对其开展创业培训。通过培训，让学员了解创业的相关知识，学会分析商业潜力，寻找适合自己的创业机会，规避和防范风险，了解不同的商业模式及其实用性，提高他们闯市场的能力，同时，在其他方面如资金、场地、土地以及政策方面也给予其大力支持。创业虽然意味着承担更大的风险，对于个人能力也是极大的挑战，但是，创业成功对于区域就业的带动和社会福利的增加，则有着重要的意义。以政府为主导的生态移民，为广大贫困群众实现脱贫致富奔小康，奠定了良好的基础，再加上政府扶贫方式正在由"输血"型向"造血"型转变，这对于移民群众发展后续产业无疑发挥了助推作用。但由于长期受平均主义思想和小农意识的影响，部分移民群众仍然存在"等靠要"的思想，这就要求政府和有关部门通过创业培训，对他们进行必要的思想教育和观念引导，把帮扶和教育统一起来，使其从"要我发展"转变为"我要发展"，只有这样，才能实现生态移民的初衷和共同富裕的目标。

四 创新培训方式，增强实效性

在移民后续产业培训方式上，目前主要采取的仍然是传统的讲授方式，这种方式的优点是时间集中、信息量大，受众面广，可以大面积组织培训。但是，这种方式的缺点也是显而易见的，一方面，往往脱离了参训人员的接受能力，仅有少数人可以跟上培训老师讲授的进度；另一方面，理论的讲授和实践的操作毕竟是两回事，一些学员课堂上虽然听懂了，但在实际操作中又一筹莫展。因此，必须实现培训方式的创新，才能增强培训的实效性，提高培训的质量。培训方式创新，除了在一定范围内针对特定的培训对象继续采用讲授方法外，还可以综合运用以下教学方式方法：一是案例培训法。通过后续产业发展成功或失败的案例分析，与移民群众一起探讨，总结其经验教训，把深奥的知识和晦涩难懂的理论在具体的情景中再现出来，给学员提供一种身临其境的感受，启发其思考，把理论知识和实践运用结合起来。二是实践操作法。更多的技能性的知识，离不开实践操作，如大棚蔬菜的田间管理，只有通过现场操作示范，才能够掌握其基本规程和操作流程，也才能够达到培训的目标要求。三是参观培训法。一些地方好的产业项目，并不提供参与具体操作的机会，培训单位可以组织参训者去参观学习，通过实地体验，学习别人的经验，从中受到启示。参观培训的主要目的在于借用他山之石，转变观念。四是网络培训法。在互联网计算机已经普及的时代，对于一个爱学习的人来说，学习的机会和手段是很多的，我国不仅手机拥有量为世界第一，网民数量也是世界第一。通过网络开展后续产业培训，从技术上来讲是没有障碍的。有关方面也应该开发和利用这一手段和方式，探索其对移民进行培训的有效性。

除上述培训方式外，移民社区还可以通过新建爱心书屋、成立文化补习班或健康养生培训班等形式，提高移民群众的文化素质、技术素质和健康水平，拓宽移民群众的知识视野，使移民群众能够力所能及地了解和掌握一些现代科学技术，特别是农业生产方面的实用技术，学习一些创业致富的经验，拓宽发展的门路和途经，养成健康文明的生活方式。

五 补齐基础教育"短板"，阻断贫困的代际传递

教育是提升人力资本的根本途径，也是关系到未来人力资本供给的最重要的工程。连片特困地区移民安置地人力资本的提升，既要顾及当前，也要立足长远；既要落实好现有劳动力的培训和提高，也要高度关注后续劳动力的培养与教育。值得注意的是，当前连片特困地区包括部分移民安置地教育资源不仅缺乏，而且分布与结构也不尽合理。由于撤乡并镇和移民工程的实施，农村贫困地区总人口减少，学生数量减少，随之而来的是中小学的合并，甚至几个年级合并上课的现象也屡见不鲜，导致贫困地区中小学的质量不断下降，而贫困家庭又无力承担让子

女到所在镇或县所在地学校上学的交通、住宿及其他费用，贫困家庭面临着两难选择。这种由于城乡教育资源分配不公引起的问题，已经影响到移民后代人力资本的积累，这种状况如不能从根本上解决，将难以阻断贫困的代际传递。因此，建议国家加大对连片特困地区基础教育的投入，优化中小学的布局结构，以便更好地适应移民子女就学和就业。同时，国家应该高度重视解决城乡教育不公平的问题，也可以借鉴国外的经验，建立规范的教师转任流动机制，激励优秀教师到农村包括连片特困地区工作。通过这样的方式，为连片特困地区输送一定数量的相对稳定的优秀师资，使贫困地区的孩子也能受到良好的教育，享受国家教育的公平。这才是阻断贫困代际传递的根本措施。

此外，人力资本的提升还要重视移民安置地社会文明的建设，既要推广普及现代科技知识，同时也要为移民安置地群众提供更多的现代化服务，比如加强网络建设、发展电子商务等，以打破当地封闭的状态。通过宣传和传播现代文明和先进的文化成果，让广大移民群众享受到现代化带来的福利。

第三节　依靠科技创新　转换发展动能　实现绿色发展

党的十八大特别是十九大以来，我国经济社会发展的核心战略就是创新驱动发展战略。习近平总书记多次强调，创新驱动是大势所趋，也是形势所迫，实施创新驱动发展战略，决定着中华民族伟大复兴中国梦的实现。2015 年 3 月，《中共中央国务院关于深化体制机制改革加快实施创新驱动发展战略的若干意见》的出台，要求必须深入实施创新驱动发展战略、深化科技体制改革，进行了统筹安排和总体规划，是加快实施创新驱动发展战略的动员令。连片特困地区移民后续产业的发展，走传统农业发展或工业发展的路子，依赖于大量物质资源的消耗，不惜以生态环境为代价，这种方式肯定是难以为继的。因此，必须寻找新的动能，依靠科学技术的进步，实施创新驱动。

创新驱动之所以能够对经济社会发展带来新的动能，是因为创新最主要的内容是科技创新，也就是科学技术的进步，科技创新的社会作用有以下几个方面。首先，科技创新有利于产业结构的高级化。科技创新可以直接改变产业的技术基础和生产的技术结构，使人类在新的技术条件下从事生产，并且促使相关产业部门及其产业内部发生变革，裂变出新的产业部门，从而推进产业结构的高级化。其次，科技创新可以通过影响需求结构从而影响产业结构。经济社会的发展往往受到社会需求的限制，在汽车产生之前，人们就不会产生购买汽车的需求。正是科技进步促进了各种新产品的开发，从而改变了人们的需求结构，促使消费品升级换代，以至于不断创造出新的需求，从而刺激相关产业的发展和产业结构的升级。再次，科技创新通过影响供给进而影响产业结构。产业结构的调整和升级，不仅受到需求的拉动，在一定程度上也受到供给的驱动。而科技创新能够改造自然，开发出新的资源、新的材料、新的功能，这就可以大大地降低产品的成本，从而通过改变资源供给，进一步促进产业发展和产业结构的优化。最后，科技创新可以提高社会分工和专业化程度。社会分工、专业化程度的提高与科技创新是互为条件、相辅相成的。人是改造自然的主体，科技创新只有通过人的发明创造才能实现。而这一过程离不开社会分工的细化。社会分工越发展，越有利于科技创新成果的产出。人在不断发挥改造自然的能动性的过程中，才能够实现创新，因此，人就必须不断地在知识、经验和体力上充实自身，也即自身人力资本的积累。只有通过人力资本的积累，才能够促进产业的升级换代，并创造出更多的社会财富，满足人自身和社会的需要。

在国际上，以色列是一个成功依靠科技创新实现国富民强的国家，以占全世界0.2%的人口摘取了全球约23%的诺贝尔科学奖，其在纳斯达克上市的企业数量仅次于美国。以色列全国一半的土地为沙漠盐碱地，而以色列却以其滴灌技术、节能技术、海水淡化技术等先进的农业科学技术，创造了举世惊叹的成绩。其生产的瓜果蔬菜等农产品，不仅能够满足本国市场的需要，而且还大量出口创汇。以色列也是当今世界仅次于荷兰的鲜花花卉主要出口国，其奶牛的产奶量为世界最高，一个面积0.6亩的大棚，在以色列就可以生产出20吨西红柿。而以色列创造农业奇迹的农民（含农业科技人员）在全国870万人口中仅有2万人。由此可见，农业科技进步对农业发展以及农业劳动生产率的提高，具有非常大的影响作用。

"十三五"时期，国家加大了对生态环境保护的力度，这就决定了我国农业必须走"绿色发展"的路子。对于连片特困地区来说，在移民后续产业方面面临着更大的约束，加之现有土地资源和人力资源的约束，后续产业发展的难度明显加大。另外，国家主体功能区建设规划中划定的生态保护区，有不少集中在连片特困地区，对其可开发的区域和项目也进行了必要的限制，有的区域被直接列为限制开发区。这就进一步增加了连片特困地区后续产业发展项目选择的难度。在此情况下，唯有依靠科技创新，走绿色发展、循环发展、低碳发展的路子，才是移民后续产业发展的出路。

限于各种因素的影响，连片特困地区移民后续产业的发展，短期内不能指望发展高精尖的现代科技项目或战略性新兴产业，从现实情况来看，应该把重点放在现代农业科技上，主要发挥农业科技部门和农业技术人员的作用。但是，在我国连片特困地区，目前存在的一个普遍问题是，农业科学技术研究机构力量薄弱，农技推广部门在很多地方名存实亡，科技服务体系残缺不全，甚至在有的地方形同虚设，"线断、网破、人散"的情况屡见不鲜。由于对科技部门特别是农业科技部门资金支持的力度不够，科技普及与推广的效果不尽如人意，加之农业科技人员条件艰苦，待遇相对较低，以致造成即使农业院校毕业的学生，也不愿意留在对口部门尤其是去基层工作的情况。这无疑给我国脱贫攻坚、连片特困地区后续产业以及现代农业的发展，带来了消极的影响。因此，必须认真解决农业科技服务体系不健全的问题。首先，要强化基层特别是县级以下的农业科技服务机构的职能，由于依靠科技创新促进移民后续产业发展离不开科技部门特别是农技人员的支持，没有健全的机构，工作就难以有效地开展；同时要重视农业科技的推广与普及工作，充实农业科技推广人员队伍。实施强有力的激励措施，促进农业科技成果的转化与推广。无论多么好的科研成果和技术，如果不能很好地被推广普及，实际应用于生产领域，其效益就等于零。其次，要切实改善农业科技人员的待遇，提高其收入水平。如果农业院校的毕业生都不愿意从事本专业的研究，并希望跳出"农门"，这绝不是一个正常的现象。如果任由其下去，必将对我国农业以及移民后续产业发展带来极为不利的影响。

2015 年 1 月，《中共中央、国务院关于打赢脱贫攻坚战的决定》中指出，脱贫攻坚必须坚持"保护生态，实现绿色发展"的原则。牢固树立"绿水青山就是金山银山"的理念，保护和再造绿水青山，不仅是我国脱贫攻坚以及移民后续产业发展的需要，而且也关系到国家民族的长远发展和子孙后代的福祉。但是也应该看到，实现绿色发展和生态环境的改善，是一个长效工程，不可能一蹴而就，既要从一点一滴做起，又要坚持不懈，才能收到良好的效果。因此，必须把生态环境的保护放在优先位置，正确处理好保护与开发的关系。扶贫开发也好，后续产业发展也好，不能以牺牲生态环境作为代价，因此，在移民后续产业发展过程中，要探索生态脱贫的新路子，使贫困群众从生态建设与修复中得到更多的实惠。一方面要继续加强财政金融政策的配合运用，引导金融机构开发适合林业、牧业特点的信贷产品，支持担保机构开展林权和草权贷款担保业务，落实中央财政林草补助和贷款贴息政策，对家庭农场等新型经营主体给予补贴倾斜；另一方面，应该进一步健全生态补偿和利益共享机制，结合国家主体功能区的建设规划，扩大森林、草场、湿地等补偿政策实施的范围，并适当提高重点生态功能区的专项补助标准，以示对移民为保护生态而做出的牺牲给予补偿，防止过度开发造成生态破坏、移民返贫等现象发生。

近年来，在国家绿色发展理念的引领下，中西部地区生态文明建设和绿色发展，已经引起了各方面高度重视，国家加大了生态补偿的力度，助力中西部连片特困地区加快发展，与全国人民一道，同步实现全面小康的目标。对于中西部连片特困地区来讲，国家生态补偿以及财政转移支付等手段的实施，在很大程度上使贫困地区与其他区域获得了同样平等的发展机会，毫无疑问，对于其摆脱贫困和加快发展也带来了新的契机。中西部连片特困地区应该紧紧抓住这一机遇，大力调整产业结构，对高耗能和高污染的企业严加控制，不断提升自主创新的能力，提高产品的技术含量，促使中西部连片特困地区的经济向资源节约、环境友好、健康可持续型转变。

第四节 密切关注市场需求 大力发展优势
特色产业和农产品加工业

我国连片特困地区生态移民是在市场经济条件下进行的，因此，必须遵循市场的规律。尽管生态移民本身总体上是政府主导和发动的，但是，市场依然发挥着决定作用。从这个意义上说，移民最终是否成功，也是由市场决定，而不是政府说了算。就移民后续产业的发展而言，发展什么产业，发展多少，如何发展，诸如这些问题同样都要遵循市场规律，考虑市场供求的变化趋势。目前，我国经济已经从短缺时代进入到过剩时代，包括相当多的农产品也是供大于求的。就粮食生产来讲，据国家统计局公布的数据，2018 年我国粮食总产量为 65789 万吨（13158 亿斤），尽管比 2017 年减少 371 万吨（74 亿斤），从比例上下降了 0.6%，但是，人均粮食拥有量仍然保持在 940 斤左右。如果不考虑粮食进出口调剂的因素，粮食的供求也是基本平衡的。由此看来，移民后续产业到底发展什么，这个问题的确是需要认真对待的。在我国近年来的精准扶贫过程中，不少帮扶单位或帮扶干部鼓励贫困户进入种植业和养殖业领域，种植药材、核桃、葡萄或者养猪、养鸡、养牛、养羊等，可以说也是动足了脑筋，想尽了办法，有的甚至无偿送给贫困户树种、猪仔、鸡苗、鸭苗等，但是相当多的贫困户并不买账，有的甚至消极对待，其根本原因就在于这些项目最终是要接受市场检验的。在各地几乎同时都发展这些项目也就是产业和产品趋同的情况下，虽然会有少数把握先机的农户从中受益，甚至实现脱贫致富，但对更多的随后跟进的贫困户来说，将面临的是市场的饱和和价格的下跌，有的不仅不能从这些项目中受益，甚至还面临严重的亏损即价跌伤农。陕南秦巴山区在 2016 年养鸡业大量发展以后，有的地方鸡蛋价格竟跌至每斤两元多钱，很多养鸡户发生亏损。其他农产品如核桃、葡萄等，也有过类似的遭遇。

出现上述情况，并不是说帮扶单位、帮扶干部以及贫困农户在进行生产项目决策时，一点没有考虑市场的需要或者是盲目决策，而是市场的供求状况总是处在不断变化之中，对于生产者来讲，则一直处在市场竞争规律——优胜劣汰的影响之中。这就决定了产业项目的选择，必须具有比较优势或者具有差异化的特点。换句话说，就是要发展优势特色产业。只有优势特色产业，在市场上才有足够的竞争力。不仅如此，作为优势特色产业或产品，还必须具备相当的规模，具备低成本优势，才能获取规模效益，这就是为什么特色优势产业的发展必须要有生产基地支撑的原因。因此，在移民后续产业发展中，无论是移民安置地政府或部门，还是移民户个人，都要把注意力转移到研究市场和寻求本地产业发展的优势上来，探索发展适合市场需要和在本地具有比较优势的产业或产品项目。应该指出，单个农户单打独斗是无法完成这个任务的，必须要靠"抱团取暖"的方式，小农户必须联合起来才能面对大市场的挑战。从政府来讲，还要积极创造条件，完善农业生产体系，除了生产之外，还应该高度重视农产品的流通，一方面要在分工协作的基础上，不断延长优势特色农产品的产业链，提高附加值，实现产品的增值；另一方面，还要建立优势特色农产品的市场，通过大力发展电子商务打造本地知名品牌，扩大本地特色优势农产品的影响和美誉度，如"定西洋芋""宁夏枸杞""陕西苹果""陕北红枣"等。

大力发展优势特色农产品加工业，不断增加农产品的附加值，这也是破解农产品滞销，促进移民增收的重要途径。通过大力发展优势特色农产品加工业，不仅可以延长农产品的保质期，提高农产品的附加值。大力发展优势特色农产品加工业，还有助于吸引资本回乡。同时，政府要做好服务，引入有基础、有营销渠道的企业或企业家作为核心，依托其技术优势和市场优势，带动移民安置地资源的整合与开发，帮助移民脱贫致富。依托新型经营主体的带动，使搬迁群众融入产业链，促其增收。因此，移民安置地政府和有关部门，应该积极培养龙头企业以及新型经营主体，动员社会力量，形成各界齐心协力、共同推动优势特色农产品产业的生产和加工，促进移民增收，使移民群众早日脱贫解困，走向富裕。

第五节　促进合作经济和中小微企业发展
充分发挥龙头企业的带动作用

20 世纪 80 年代，我国农村全面推行了以家庭为单位的联产承包责任制（大包干），这是农村生产关系的一次重大调整，是对原有人民公社时期"队为基础，三级所有"与农户利益联系不够紧密的农业经营体制的否定。应该说，家庭联产承包责任制的全面推行，确实解放了农业的生产力，结束了农业生产特别是粮食生产的徘徊。1984 年，我国粮食产量达到了历史最高水平，之后，粮食产量总体上稳步上升，绝大多数农村地区农民的温饱问题得以解决。我国用大约占全世界 7% 的耕地，养活了占全世界 22% 的人口，这是了不起的奇迹，也是举世公认的。与此同时，因为我国扶贫力度不断加大，我国农村的贫困人口也在逐年减少，减贫成效也得到了联合国等国际组织的高度评价。但是，必须看到，随着时间的推移，家庭联产承包责任制的一些缺陷也逐渐表现出来：一是农民的集体经济意识逐步丧失，虽然有的研究者认为联产承包责任制是属于"双层经营"，因为土地的集体所有，因而家庭承包并非"单干"或者个体私有，但事实上集体经济在很多地方的农村已经名存实亡，农户又成了"麻袋里的土豆"，恢复了中国传统小农经济的本来面目，农民的集体意识越来越淡薄，习惯于"单打独斗"，难以进行合作。在国家免除农业税之后，一些地方的农户权利义务意识完全丧失，"等、靠、要"的依赖思想滋长。对于移民安置地的移民来讲，小农经济的这些特征同样表现得非常明显，与市场经济发展的要求还有差距，从观念层面上对移民后续产业的发展形成了障碍。二是难以实施土地的规模经营。相对于集体化时期，土地承包责任制使土地回归到一家一户，虽然在短期内释放了较高的生产率，但是，由于地块划分过小，无法集中进行耕作，加之土地数量有限，使农业劳动生产率难以提高。虽然，近年来国家也明确了农村土地的所有权、承包权和经营权"三权分置"，经营权可以流转，但是，从现实来看，土地流转的状况也不尽如人意，相当多的农户因为担心产生土地纠纷，宁愿让土地荒芜，也不轻易转让。一方面，我国土地特别是耕地资源稀缺；而另一方面却有大量土地荒芜闲置，推行规模经营困难重重。三是不利于农业科学技术的推广应用和农业现代化。由于承包地的面积小，在城镇化背景下，依靠土地的经营收入在农户总收入中的地位下降，对有的务工收入较高的农户来说，土地已经变得无足轻重，因而，对土地漠不关心。另外，有限的土地面积也阻碍了农户使用现代化农业机械和先进农业科技的热情。这种情况，在有土安置的移民村，表现得尤为突出。

由于后续产业的发展不可能依靠农户单打独斗来实现，因此，移民安置地合作经济组织的发展，对于移民后续产业发展有着极为重要的意义，也是后续产业发展的主要载体。但是，应该看到历史上我国在农业合作经济组织发展方面，有着深刻的教训，其中最主要的一点，就是没有处理好组织与农户之间的利益关系，未能真正实现"利益共享，风险共担"，最终酿成"公地悲剧"。因此，大力发展移民安置地的合作经济组织，必须通过合理谋划，科学布局，积极支持各种农村专业合作组织的建设和发展，建立和健全生产和流通过程中，多方利益的分担和共享机制。移民安置地也可以依托原有的供销合作社，有重点地发展有特色的专业合作组织，充分发挥其连接农户、企业和市场中的桥头堡作用，应该鼓励和支持农民专业合作社在城市社区设立直销店或者连锁店，积极发展农超对接，通过多种方式加大对特色农产品的营销力度。

随着农村以及移民安置地市场的深化，需要更多的市场主体参与竞争与合作，这就要求必须大力发展中小微企业，以带动农村工业和服务业的发展，在有条件的地方，也要大力发展乡村旅游包括建立田园综合体，通过新的产业组织形式和新的市场主体，从根本上打破小农经济意识，实现移民地后续产业的发展。当前，要特别重视发挥龙头企业的带动作用，龙头企业是移民安置地后续产业发展的"先行者"和"领头羊"，他们的经营管理对于当地农户或移民户，有着重要的示范效应。因此，对于当地依靠发展优势特色产品成长起来的龙头企业，应该从政策上给予重点扶持，以充分发挥其辐射带动作用。同时，条件相对较好的移民安置地，还可以吸引外地资金前来投资，或者共同开发有关项目，实现当地移民的就业和增收。

第六节 完善移民安置地基础设施为后续产业发展提供保障

基础设施是为社会生产和居民生活提供公共服务的物质工程设施，是用于保证一定区域社会经济活动正常进行的公共服务系统，也是区域经济社会赖以发展的物质条件。基础设施对农业生产来讲，有着更丰富的含义，服务于农业生产的水库、渠道等水利设施以及农田基本设施也属于基础设施的范畴。现代社会经济发展的程度越高，对基础设施建设的要求也就越高。建立完善的基础设施不仅需要较多的投资，而且需要一定的时间。对于新建的移民安置地或移民社区来讲，比较完善的基础设施尤为重要。

这些年，随着国家生态移民政策的实施，连片特困地区对基础设施建设的投入力度较大，尤其是交通条件和通信条件，有了很大的改善。但是，与发达地区相比，差距仍然较大。中西部连片特困地区乡村道路、人畜饮水、电网等基础设施仍然比较薄弱，多数地区农田水利基础设施年久失修，严重老化，已经影响了贫困地区包括移民群众的生产生活。如"三西"贫困地区，水资源总量严重不足，区域资源性、工程性缺水尤为突出，水资源量少质差，干旱少雨仍然是制约区域经济发展的"瓶颈"。

贫困与交通、通信、医疗、教育等基础设施的落后总是相伴而生，移民后续产业的发展也受到基础设施的限制。因此，后续产业发展一定要统筹各类资源，解决好贫困地区道路不畅通、农田水利设施老化、电力质量不高、信息化落后等突出问题。同时，也要看到，基础设施建设是一个长期的过程，连片特困地区部分贫困县和贫困村的摘帽退出，只是满足了基础设施建设的基本条件，绝不是基础设施建设的完成和终结，后期的巩固、维护和发展仍然需要持续对基础设施养护给予经常性的资金支持。当前，尤其要把改善基础设施作为重点，搞好水电路讯等设施的建设，为后续产业发展奠定良好的基础，为保障农业可持续发展和国家的粮食安全，政府还需要增加投入，加快推进高标准农田和水利工程建设，同时还应该引导社会资本参与重大的水利工程建设运营。

水利建设是基础设施建设的重要方面，由于中西部连片特困地区大多数区域受困于水资源，加之这些年来，我国新兴修的水利工程有所减少，因此，要特别支持中西部地区的重大水利工程建设。一方面，要按照脱贫目标的要求，提高水的质量，确保贫困群众生产生活用水的安全性；另一方面，也要立足于长远的发展，运用现代科学技术，像当年治理黄河水患和长江三峡工程那样，通过大型水利工程项目的规划和实施，从根本上解决中西部连片特困地区严重缺水的问题。同时，要支持和改善少数民族地区、高海拔地区和高寒地区群众的居住条件，采用天然气供暖，减少燃煤对环境的污染，加快实现深度贫困地区基本公共服务的均等化。

第七节　强化移民安置地的社会治理促进后续产业的顺利发展

按照马克思主义的观点，生产力决定生产关系、经济基础决定上层建筑。随着我国农村和农业改革的深入以及整个社会生产力的发展，农村的经济基础发生了深刻的变化，原有的管理方法和治理模式，已经不能适应农村社会生产力进一步发展的要求，同时，农村社会的上层建筑也不能很好地适应经济基础发展的需要。因此，必须按照国家治理体系和治理能力现代化的要求，强化农村的社会治理，提高治理水平，促进社会的和谐稳定。

相比一般的行政村或社区，移民安置地的社会治理在某些方面更为复杂，其原因如下：一是人员结构相对复杂，除了整村迁居的移民村或移民社区之外，大多数移民安置点的人员来自不同的地方，甚至包括不同的民族和不同的宗教信仰，因此社会结构相对复杂。二是因为迁移的原因，人们原有的生计资本发生了很大变化，直接影响人们的利益关系。三是面对新的生产生活环境，一般也需要一个适应过程包括心理上的适应过程，而有的人可能适应能力较差，需要一定的社会干预。正因为移民安置地社会治理有其复杂性，需要移民安置地政府、部门以及社会有关方面和移民共同面对，通过协商民主的方式，处理好移民安置地的治理事宜，维护移民安置地的和谐稳定，为移民后续产业的繁荣发展提供强有力的保障。

当前，移民安置地社会治理应该把握以下几个重点：

一　加强移民村（社区）党组织建设，充分发挥其领导核心地位

党的领导是我国乡村治理现代化的根本保证。移民村（社区）党组织也是本区域党的全部工作和战斗力的基础，在构建我国乡村治理体系、实现乡村治理现代化过程中，必须始终坚持党的领导。因此，一定要把在我国现代化建设过程中农村的优秀分子，及时吸收到党组织中来，要把那些能够真正"不忘初心，牢记使命"，办事公道，群众拥护的优秀党员选拔到移民村（社区）党组织的领导岗位上来，使他们能够成为引领广大移民实现全面小康和我国农业现代化目标的领路人，使党组织成为党在移民村（社区）坚强的战斗堡垒。

二 构建自治、德治、法制"三治合一"的乡村治理体系

在自治方面，要从民主选举、民主决策、民主监督、民主管理等方面，加强民主制度的建设，保障村民委员会的自治权力，把一切涉及村民切身利益的重大事务交由村民决议，还可以设立民主议政日，实现村民直接参与村务管理，让广大群众行使当家做主的权利。在法治方面，要推进移民村的法治建设，提升村民的法治意识。重点要做好法治宣传工作，通过普法讲座、办普法宣传栏、张贴普法标语等多种形式，向广大群众普及法律常识，形成学法、懂法、依法行事的氛围，使村民在潜移默化中建立起法律"规范"意识，以弱化部分村民发生矛盾纠纷时选择法律以外的途径解决的惯性思维，避免把法律问题道德化，使基层矛盾不断累积。在德治方面，要结合社会主义核心价值观的要求，通过村规民约和持续的道德教育，复兴乡村传统美德，提升村民的道德水准，调节乡村的人际关系，实现乡村社会的和谐稳定。

三 促进后续产业发展，强化乡村治理的物质基础

乡村治理现代化从本质上来讲，就是要实现广大农村群众平等参与现代化的进程，共同享受现代化的成果。只有乡村经济真正发展起来，村民富裕起来，实现乡村治理现代化才能够有坚实的物质基础。当前，很多移民村因为产业发展滞后，集体经济萎缩，乡村治理问题很难从根本上解决，短期内国家虽然给予了一定的财政支持，包括村干部工资收入基本上都有政府财政提供。但从长期来看，缺乏物质基础的治理是很难持续的。因此，要通过进一步发展移民安置地的集体经济，逐步提供一定数量的公共积累，无论是加强公共设施建设，还是改善村民的福利，都很有必要。乡村治理只有和村民的利益联系起来了，才会有实质性的内容。从这个意义上讲，促进后续产业的发展，也是移民村社会治理的重要物质保障。

第八节 进一步完善移民后续产业发展的
相关政策法规增加制度供给

自 1983 年宁夏回族自治区"吊庄移民"开始，我国实施生态移民已经有了 30 多年的历程。在此期间，生态移民的相关制度政策法规，也在不断调整和完善，有效地保障了生态移民的顺利实施和健康发展。但是必须看到，移民包括生态移民工程因为涉及的方面太多，也十分复杂，因此被看作一个庞大的社会系统工程，也被称为"世界难题"。从目前的情况看来，中西部连片特困地区生态移民虽然取得了显著的成绩，移民安置也即"搬得出"的问题进展总体上比较顺利，政府的移民政策也得到了大多数移民的肯定和拥护，但是也有不少需要改进之处。从制度经济学的视角来看，就是要针对移民过程中存在的突出问题，找出解决的措施办法，也即提供制度政策的供给，这就要求政府必须制定更加有效的政策措施以及法律法规，更好地促进生态移民的健康发展，尤其要有针对性地制定和出台移民后续产业发展方面的相关政策，以确保移民群众能够真正实现安居乐业，并能够持续发展。当前，在制度政策方面存在的某些问题，已经得到了中央高层的关注。2015 年 8 月 24 日至 25 日。在中央第六次西藏工作座谈会上，习近平总书记强调，"今后一个时期，要在西藏和四省藏族聚居区继续实施特殊的财政、税收、投资、金融等政策"。2015 年 12 月，《中共中央、国务院关于打赢脱贫攻坚战的决定》强调指出，加大中央投入力度，采取特殊扶持政策，推进西藏四省藏族聚居区和新疆南疆四地州脱贫攻坚。这充分说明了党中央和国务院对深度贫困地区脱贫攻坚的高度重视，并且预示着针对藏族聚居区和新疆南疆四地州等深度贫困地区将出台力度更大、更加优惠的政策措施，以便使深度贫困地区的贫困群众尽早摆脱贫困，与全国人民一道共同步入全面小康社会。

当前在增加连片特困地区包括深度贫困地区脱贫攻坚制度供给方面，着重点应该放在以下几个方面：

首先，在中央、省级和各部委层面，应该加强中西部连片特困地区包括深度贫困地区脱贫和长远发展相关法律制度建设，通过法律法规的形式，强化对上述特殊区域的扶持和保障，以增强制度的稳定性和持久性。

其次，各级政府部门和相关机构应该尽可能地利用经济手段，包括在收入分配制度、公共财税制度、信贷金融制度、社会保障制度、土地制度、教育培训制度、医疗卫生制度等方面，给予连片特困地区以及深度贫困地区更多的优惠，扶持其加快发展，并提高移民群众真正脱贫和防止返贫的能力。通过制度机制的力量，彻底改变资源配置在贫困地区的偏离状态。

最后，政府可以利用行政手段，组织社会力量，通过区域合作、社会捐赠、志愿者行动等不同形式，有针对性地增加对深度贫困地区的支持和帮助，使贫困地区能够得到更多的帮扶资源，以便早日步入全面小康社会。

参考文献

阿布力孜·玉素甫：《关于新疆生态移民意义和形式的初步探索》，《新疆大学学报》（社会科学版）2003 年第 3 期。

阿布力孜·玉素甫、陈祖群：《生态移民反贫困的实证研究》，《广西民族大学学报》（哲学社会科学版）2007 年第 3 期。

白永秀、宁启：《易地扶贫搬迁机制体系研究》，《西北大学学报》（社会科学版）2018 年第 8 期。

白云、王环：《县域经济发展模式创新与新农村建设研究》，科学出版社 2012 年版。

包智明：《关于生态移民的定义、分类及若干问题》，《中央民族大学学报》（哲学社会科学版）2006 年第 1 期。

包智明、任国英：《内蒙古生态移民研究》，中央民族大学出版社 2011 年版。

蔡昉：《中国的人口红利还能持续多久》，《经济学动态》2011 年第 6 期。

苍铭：《南方喀斯特山地及高寒山区生态移民问题略论》，《青海民族研究》2006 年第 3 期。

曹诗颂等：《中国贫困地区生态环境脆弱性与经济贫困的耦合关系——基于连片特困区 714 个贫困县的实证分析》，《应用生态学报》2016 年第 8 期。

曹向昀：《西方人口迁移研究的主要流派及观点综述》，《人口科学》1995 年第 1 期。

成艾华：《南水北调工程影响下的地区可持续发展研究》，中国经济出版社 2011 年版。

池永明：《生态移民是西部地区生态环境建设的根本》，《经济论坛》2004 年第 16 期。

楚永生：《公共物品视野下农村扶贫开发模式研究》，吉林人民出版社 2011 年版。

德怀特·H. 波金斯、斯蒂芬·拉德勒：《发展经济学》，中国人民大学出版社 2005 年版。

东梅、刘算算：《农牧交错带生态移民综合效益评价研究》，中国社会科学出版社 2011 年版。

东日布：《生态移民扶贫的实践与启示》，《中国贫困地区》2000 年第 10 期。

杜发春：《国外生态移民研究述评》，《民族研究》2014 年第 2 期。

恩格斯：《自然辩证法》，人民出版社 1971 年版。

范红忠、赵晓东：《西部生态移民问题及中东部地区在其中的作用》，《农村经济》2003 年第 7 期。

范建刚：《西北地区农村剩余劳动力迁移的发展机制与政策设计》，科学出版社 2017 年版。

范鹏等：《中国西北发展报告（2013）》，社会科学文献出版社 2013 年版。

方兵：《加大国债扶贫移民力度切实保护西部生态环境》，《改革与战略》2002 年第 1 期。

冯雪红、聂君：《宁夏回族生态移民迁移意愿与迁移行为调查分析》，《兰州大学学报》（社会科学版）2013 年第 6 期。

高吉喜：《西部生态环境问题及对策建议》，《环境科学研究》2005 年第 3 期。

葛根高娃、乌云巴图：《内蒙古牧区生态移民的概念、问题与对策》，《内蒙古社会科学》2003 年第 2 期。

辜胜阻等：《推进"十三五"脱贫攻坚的对策思考》，《财政研究》2016 年第 2 期。

关桂霞：《三江源生态移民生存发展问题研究》，《攀登》2011 年第 6 期。

国家发展和改革委员会：《中国的易地扶贫搬迁政策（白皮书）》，2018年。

国家发展和改革委员会：《全国易地扶贫搬迁年度报告（2017）》，人民出版社2017年版。

国家发展和改革委员会：《全国易地扶贫搬迁年度报告（2018）》，人民出版社2018年版。

国务院：《退耕还林条例》，中华人民共和国国务院第367号令，2002年。

国务院：《中国农村扶贫开发纲要（2011—2020）》，人民出版社2011年版。

郝旭婷、李皎：《云南省贫困县退出机制构建浅析》，《价值工程》2016年第32期。

何得桂、党国英：《陕南避灾移民中的社会排斥机制研究》，《社会科学战线》2012年第12期。

何龙斌：《中国西部地区承接国内外产业转移研究——基于循环经济视角》，中国社会科学出版社2015年版。

何涛：《生态移民的喜与忧》，《发展》2008年第3期。

何雄浪：《自然资源禀赋与区域发展："资源福音"还是"资源诅咒"》，《西南民族大学学报》（人文社会科学版）2016年第2期。

侯东民：《中国生态脆弱区生态移民现状及展望》，《世界环境》2010年第4期。

侯茂章、周璟：《湖南省易地扶贫搬迁后续产业发展研究》，《经济地理》2017年第8期。

胡锦涛：《坚定不移沿着中国特色社会主义道路前进　为全面建成小康社会而奋斗》，人民出版社2012年版。

胡振军、黎与：《关于发展青海三江源生态移民后续产业建议》，《现代农业科技》2009年第3期。

黄剑波：《西部大开发中的生态困境》，《西北民族学院学报》（哲学社会科学版）2001年第2期。

黄宁阳：《中国新时期农村劳动力转移研究》，科学出版社2012年版。

贾耀锋：《中国生态移民效益评估研究综述》，《资源科学》2016年第 8 期。

金祥荣：《经济发展的临界最小努力理论》，《经济学动态》1987年第 5 期。

康亮：《移民搬迁扶贫模式的效果评价与对策建议——以江西省为例》，《老区建设》2013 年第 16 期。

康晓光：《中国贫困与反贫困理论》，广西人民出版社 1995 年版。

蓝红星等：《集中连片特困地区农村慢性贫困问题研究——以大小凉山彝区为例》，科学出版社 2017 年版。

黎智俊：《果洛州生态移民后续产业发展对策》，《青海金融》2015年第 1 期。

李东：《中国生态移民的研究—— 一个文献综述》，《西北人口》2009 年第 1 期。

李东军、张辉：《北京市产业结构优化调整路径研究》，北京大学出版社 2013 年版。

李国治、朱晓芸：《农村精准扶贫的问题与对策》，《黑河学刊》2016 年第 1 期。

李俊杰、骆上：《用马克思贫困观指导集中连片特困地区扶贫开发》，《烟台大学学报》（哲学社会科学版）2016 年第 5 期。

李俊杰等：《集中连片特困地区反贫困研究——以乌蒙沙区为例》，科学出版社 2013 年版。

李宁、龚世俊：《论宁夏地区生态移民》，《哈尔滨工业大学学报》（社会科学版）2003 年第 1 期。

李瑞华等：《实现精准扶贫必须完善贫困县退出机制》，《宏观经济管理》2016 年第 2 期。

李生：《内蒙古草原生态移民的后续产业发展状况分析》，《黑龙江民族丛刊》2014 年第 1 期。

李双成：《产业结构优化理论与实证研究》，冶金工业出版社 2013年版。

李小云等：《论我国的扶贫治理：基于扶贫资源瞄准和传递的分析》，《吉林大学社会科学学报》2015 年第 4 期。

李新生等：《陕西汉中食品产业现状分析与发展战略研究》，世界图书出版公司 2013 年版。

李星星等：《长江上游四川横断山区生态移民研究》，民族出版社 2007 年版。

李岩：《日本循环经济研究》，经济科学出版社 2013 年版。

梁福庆：《三峡工程移民问题研究》，华中科技大学出版社 2010 年版。

梁倩：《青海省失地农牧民生存、就业和后续发展问题探析》，《鄂州大学学报》2014 年第 9 期。

廖正宏：《人口迁移》，三民书局 1985 年版。

林毅夫：《再论制度、技术与中国农业发展》，北京大学出版社 1999 年版。

林毅夫：《制度、技术和中国农业发展》，上海人民出版社、三联出版社 1993 年版。

刘国航等：《陕南移民搬迁工程绩效评估指标体系构建》，《价值工程》2014 年第 6 期。

刘兰凯：《民族地区经济发展中自然生态观的重新整合》，《云南民族大学学报》（哲学社会科学版）2001 年第 3 期。

刘璐琳：《集中连片特困民族地区反贫困的思考》，《光明日报》2012 年 4 月 16 日。

刘学敏：《西北地区生态移民的效果与问题探讨》，《中国农村经济》2002 年第 4 期。

刘彦随等：《中国农村贫困化地域分异特征及其精准扶贫策略》，《中国科学院院刊》2016 年第 3 期。

龙花楼等：《新型城镇化对扶贫开发的影响与应对研究》，《中国科学院院刊》2016 年第 3 期。

卢现祥、朱巧玲：《新制度经济学》，北京大学出版社 2012 年版。

陆汉文、黄承伟：《中国精准扶贫发展报告（2017）》，社会科学文献出版社 2017 年版。

马尔萨斯：《人口论》，郭大力译，北京大学出版社 2008 年版。

马桂芳：《青海藏区生态移民后续产业发展中的问题》，《太原城市职业技术学院学报》2016 年第 6 期。

马桂芳：《青海省藏区生态移民后续产业发展问题研究》，《攀登》2017 年第 1 期。

马建堂：《认真学习贯彻习近平总书记重要讲话精神齐心协力打赢脱贫决胜攻坚战》，《国家行政学院学报》2016 年第 2 期。

马克思：《资本论》（第 1 卷），人民出版社 1975 年版。

孟琳琳、包智明：《生态移民研究综述》，《中央民族大学学报》（哲学社会科学版）2004 年第 6 期。

缪尔达尔：《世界贫困的挑战：世界反贫困大纲》，北京经济学院出版社 1994 年版。

纳慧：《宁夏红寺堡生态移民经济效益提升的调研分析》，《北方民族大学学报》（哲学社会科学版）2016 年第 2 期。

纳克斯：《不发达国家的资本形成问题》，商务印书馆 1966 年版。

农业部信息中心：《中国"三农"网络舆情报告（2016—2017）》，社会科学文献出版社 2017 年版。

皮海峰：《小康社会与生态移民》，《农村经济》2004 年第 6 期。

皮海峰、吴正宇：《近年来生态移民研究述评》，《三峡大学学报》（人文社会科学版）2008 年第 1 期。

秦大河等：《中国西部生态环境变化与对策建议》，《地球科学进展》2002 年第 3 期。

任博：《生态移民：传统牧民向新型牧民转型的困境与破解之道》，《前沿》2017 年第 8 期。

任耀武等：《试论三峡库区生态移民》，《农业现代化研究》1993 年第 1 期。

任宗哲等：《陕西精准脱贫研究报告（2018）》，社会科学文献出版社 2013 年版。

任宗哲等：《中国西北发展报告（2017）》，社会科学文献出版社 2017 年版。

桑才让、冯永香：《三江源地区生态移民后续产业发展问题探讨》，《攀登》2012 年第 6 期。

桑敏兰：《论宁夏的"生存移民"向"生态移民"的战略转变》，

《前沿论坛》2004 年第 1 期。

施国庆、郑瑞强：《扶贫移民：一种扶贫工作新思路》，《甘肃行政学院学报》2010 年第 4 期。

石山：《山区综合开发——山区建设的新起点》，《生态经济》1997 年第 1 期。

史俊宏：《少数民族牧区生态移民新村"空心化"生成及治理选择》，《农村经济》2015 年第 3 期。

史俊宏：《生态移民生计转型风险管理：一个整合的概念框架与牧区实证检验》，《干旱区资源与环境》2015 年第 11 期。

世界银行：《2000—2001 年世界发展报告》，中国财政经济出版社2001 年版。

舒尔茨：《论人力资本投资》，北京经济学院出版社1992 年版。

束锡红、聂君、樊晔：《宁夏生态移民开发历程回顾与展望》，《宁夏党校学报》2015 年第 2 期。

宋建军：《我国生态移民的起源以及相关政策》，《中国民族报》2005 年 10 月 14 日。

宋玉兰等：《连片特困少数民族地区教育层次结构对农民收入增长的作用——以南疆三地州为例》，《人口与经济》2017 年第 2 期。

苏东水：《产业经济学》，高等教育出版社2010 年版。

苏芳等：《可持续生计分析研究综述》，《地球科学进展》2009 年第 24 期。

孙久文、唐泽地：《中国特色的扶贫战略与政策》，《西北师大学报》（哲学社会科学版）2017 年第 2 期。

孙琪宇：《中国老年人贫困治理研究》，《黑龙江社会科学》2015 年第 6 期。

孙元明：《三峡库区"后移民时期"若干重大社会问题分析——区域性社会问题凸显的原因及对策建议》，《中国软科学》2011 年第 6 期。

孙忠霖：《西部生态环境保护建设中的民族区域自治权利研究》，《前沿》2002 年第 12 期。

田杰：《社会分化视野下的精准扶贫》，《成都行政学院学报》2016 年第 6 期。

万君、张琦：《制度设计及影响：贫困县考核机制效果评估——基于贵州省的实证研究》，《贵州社会科学》2016 年第 2 期。

万喆：《新形势下中国贫困新趋势和解决路径探究》，《国际经济评论》2016 年第 6 期。

汪磊、汪霞：《易地扶贫搬迁前后农户生计资本演化及其对增收的贡献度分析——基于贵州省的调查研究》，《探索》2016 年第 6 期。

汪三贵、刘未：《以精准扶贫实现精准脱贫：中国农村反贫困的新思路》，《华南师范大学学报》（社会科学版）2016 年第 5 期。

汪三贵等：《城乡一体化中反贫困问题研究》，中国农业出版社2016 年版。

汪三贵等：《扶贫开发与区域发展——我国特困地区的贫困与扶贫策略研究》，经济科学出版社 2017 年版。

汪三贵等：《少数民族贫困问题研究》，中国农业出版社 2016年版。

王春蕊：《易地扶贫搬迁困境及破解对策》，《河北学刊》2018 年第 5 期。

王红彦等：《易地扶贫移民搬迁的国际经验借鉴》，《世界农业》2014 年第 8 期。

王宏新等：《中国易地扶贫搬迁政策的演进特征——基于政策文本量化分析》，《国家行政学院学报》2017 年第 3 期。

王宏新等：《中国易地扶贫搬迁政策的演进特征——基于政策文本量化分析》，《国家行政学院学报》2017 年第 3 期。

王吉昌：《陕南移民的现状分析与对策》，《宝鸡文理学院学报》（自然科学版）2015 年第 3 期。

王介勇等：《我国精准扶贫政策及其创新路径研究》，《中国科学院院刊》2016 年第 3 期。

王娜、杨文健：《生态移民精准扶贫：现实困境、内在悖论与对策》，《开发研究》2016 年第 4 期。

王淑新、何红：《生态移民就业能力提升路径研究》，《安徽农业科学》2016 年第 19 期。

王晓毅：《生态移民与精准扶贫——宁夏的实践与经验》，社会科学文献出版社 2017 年版。

王晓毅：《易地扶贫搬迁方式的转变与创新》，《改革》2016 年第 8 期。

王宇：《阿玛蒂亚·森的贫困研究》，《中国经济报告》2015 年第 6 期。

王玉冰、马永杰：《生态移民研究综述》，《新财经》2010 年第 4 期。

王志章等：《连片特困地区空间生产与城乡一体化的理论与实践——基于武陵山片区的实证分析》，人民出版社 2017 年版。

王忠锋：《边缘地与经济协调发展》，中国社会科学出版社 2012 年版。

魏向前：《集中连片特困地区生态移民可持续发展问题研究》，《黄河科技大学学报》2015 年第 2 期。

温丽：《基于国际视角的生态移民研究》，《世界农业》2012 年第 12 期。

习近平：《决胜全面建成小康社会　夺取新时代中国特色社会主义伟大胜利》，人民出版社 2017 年版。

习近平：《为建设世界科技强国而奋斗——在全国科技创新大会、两院院士大会、中国科协第九次全国代表大会上的讲话》，人民出版社 2016 年版。

习近平：《依法治藏富民兴藏长期建藏　加快西藏全面建成小康社会步伐》，《人民日报》2015 年 8 月 26 日。

谢冰：《贫困与保障——贫困视角下的中西部民族地区农村社会保障研究》，商务印书馆 2013 年版。

徐江等：《论环境移民》，《环境科学》1996 年第 3 期。

徐江慧：《浅谈依靠精准扶贫、聚焦小康目标施策扶贫脱贫》，《财经界》2016 年第 16 期。

徐晓玲、余劲：《连片贫困山区农村移民的消费结构变动研究——基于陕南 1593 户农户调查》，《调研世界》2015 年第 10 期。

许源源、熊瑛：《易地扶贫搬迁研究述评》，《西北农林科技大学学报》（社会科学版）2018 年第 3 期。

续西发：《新疆贫困地区移民搬迁效益分析》，《新疆社会科学》2004 年第 4 期。

杨光梅：《草原牧区可持续发展的生态经济路径》，《中国人口·资源与环境》2011 年第 3 期。

杨龙、贾春光：《西北干旱半干旱区生态移民可持续发展策略探讨》，《新疆师范大学学报》（自然科学版）2004 年第 4 期。

杨秋宝：《短缺致贫成因和反贫困方略》，《前进》1997 年第 4 期。

杨仁法、陈洪波：《新型城镇化与美丽乡村协调发展研究》，经济管理出版社 2016 年版。

杨尚勤等：《陕西社会发展报告（2012）》，社会科学文献出版社 2012 年版。

杨宜勇、吴香雪：《中国扶贫问题的过去、现在和未来》，《中国人口科学》2016 年第 5 期。

姚慧琴、徐璋勇：《中国西部发展报告（2013）》，社会科学文献出版社 2013 年版。

姚予龙、谷树忠：《西部贫困地区人口资源环境与社会经济协调发展》，《中国农业资源与区划》2003 年第 3 期。

一迪、哈斯巴根：《生态移民的困惑》，《华夏人文地理》2003 年第 11 期。

游俊等：《中国连片特困地区发展报告（2013）》，社会科学文献出版社 2013 年版。

游俊等：《中国连片特困地区研究（2013—2016）》，社会科学文献出版社 2017 年版。

于淑艳：《产业结构调整与区域经济发展研究——以辽宁为例》，经济科学出版社 2012 年版。

余漫：《贫困地区农村基础教育资源配置公平性研究》，社会科学文献出版社 2015 年版。

曾小溪、汪三贵：《中国大规模减贫的经验：基于扶贫战略和政策的历史考察》，《西北师大学报》（社会科学版）2017 年第 6 期。

张红霞、余劲：《商洛市移民搬迁后续乡村旅游业发展探析》，《商洛学院学报》2016 年第 5 期。

张娟：《对三江源区藏族生态移民适应困境的思考——以果洛州扎陵湖乡生态移民为例》，《西北民族大学学报》（哲学社会科学版）2007年第3期。

张丽君等：《中国少数民族地区扶贫进展报告（2017）》，中国经济出版社2017年版。

张丽君、吴俊瑶：《阿拉善盟生态移民后续产业发展现状与对策研究》，《民族研究》2012年第2期。

张连刚等：《农民合作社发展顶层设计：政策演变与前瞻——基于中央"一号文件"的政策回顾》，《中国农村观察》2016年第5期。

张灵俐：《近三十年来生态移民研究述评》，《东北农业大学学报》（社会科学版）2014年第3期。

张培刚：《新发展经济学》，河南人民出版社1992年版。

张琦：《通过精准扶贫完成扶贫脱贫任务》，《中国党政干部论坛》2015年第12期。

张琦、史志乐：《我国农村贫困退出机制研究》，《中国科学院院刊》2016年第3期。

张小林：《城乡统筹——挑战与抉择》，南京师范大学出版社2009年版。

张友：《民族地区经济发展研究》，民族出版社2012年版。

张志辽：《生态移民的缔约分析》，《重庆大学学报》2008年第8期。

章康华：《谋划新措施　适应新常态　促进江西扶贫和移民工作再上新台阶》，《老区建设》2015年第5期。

赵弘等：《中国区域经济发展报告（2016—2017）》，社会科学文献出版社2017年版。

赵凯：《中国农业经济合作组织发展研究》，中国农业出版社2004年版。

赵少莲：《易地扶贫搬迁路径探索》，《政策》2016年第2期。

赵双、李万莉：《我国易地扶贫搬迁的困境与对策：一个文献综述》，《社会保障研究》2018年第2期。

赵韡、焦建彬：《西部脱贫攻坚小康化医疗卫生精准脱贫模式研究》,《中国软科学》2016 年第 7 期。

郑长德、单德朋:《集中连片特困地区多维贫困测度与时空演进》,《南开学报》(哲学社会科学版) 2016 年第 3 期。

郑瑞强等:《扶贫移民适应期生计风险、扶持资源承接与政策优化》,《华中农业大学学报》(社会科学版) 2015 年第 4 期。

中共中央党史和文献研究院:《习近平扶贫论述摘编》,中央文献出版社 2018 年版。

中共中央文献研究室:《习近平关于社会主义生态文明建设论述摘编》,中央文献出版社 2017 年版。

周华坤、赵新全:《三江源区生态移民的困境与可持续发展策略》,《中国人口资源与环境》2010 年第 3 期。

周建等:《生态移民政策与效果探析——以新疆塔里木河流域轮台县生态移民为例》,《水利经济》2009 年第 5 期。

周竞红:《民族地区的生态移民风险规避与和谐社会构建》,《大连民族学院学报》2006 年第 4 期。

周侃、王传胜:《中国贫困地区时空格局与差别化脱贫政策研究》,《中国科学院院刊》2016 年第 1 期。

周莉、黄越:《宁夏生态移民发展能力研究》,《农业科学研究》2014 年第 1 期。

周敏慧、陶然:《市场还是政府:评估中国农村减贫政策》,《国际经济评论》2016 年第 6 期。

朱芙蓉:《关于易地搬迁扶贫后续问题的调研报告——以宁夏为例》,《市场论坛》2016 年第 10 期。

朱婷、何得桂:《摆脱贫困:西部地区易地扶贫搬迁质量提升机制研究》,《特区经济》2018 年第 5 期。

〔美〕迈克尔·M. 塞尼:《移民·重建·发展:世界银行移民政策与经验研究(二)》,河海大学中国移民研究中心译,河海大学出版社 1998 年版。

〔美〕迈克尔·M. 塞尼:《移民与发展:世界银行移民政策与经验(一)》,河海大学中国移民研究中心译,河海大学出版社 1996 年版。

〔印度〕阿比吉特·班纳吉(Abhijit V. Banerjee)、〔法〕埃斯特·

迪弗洛：《贫穷的本质》，景芳译，中信出版社 2013 年版。

M. P. 托达罗：《第三世界的经济发展》，中国人民大学出版社 1988 年版。

Coleman，"Social Capital in the Creation of Human Capital"，*American Journal of Sociology*，No. 5，1988.

C. M. Pearce and J. L. Manuel，*Depth and Timing of Settlement of Veliger from Different Populations of Giantscal*，*Placopecten Magellanicus*（*Gmelin*），in Thermally Stratified Mesocosms，Journal of Experiment Marine Biology and Ecology，2004.

DFID，*Sustainable Livelihoods Guidance Sheets*，London：DFID，2001.

EI - Hinnawi，*Environmental Refugees*，Nairobi：United Nations Environment Programme，1985.

Frank Biermann，Ingrid Boas，"Preparing for a Warmer World：Towards a Global Governance System to Protect Climate Refugees"，*Global Environmental Politics*，No. 10，2010.

Olivia Dun，Francois Gemenne，"Defining 'Environmental Migration'"，*Forced Migration Review*，No. 31，2008.

Scoones，I.，"Sustainable Rural Livelihoods：A Framework for Analysis"，Brighton：Institute of Developing Studies，Working Paper，1998.

Shen Jianfa，"Internal Migration and Regional Population Dynamics in China"，*Progress in Planning*，No. 45，1996.

Stojanov，Novosák，"Environmental Migration in China"，*Geographica*，No. 39，2006.

后　　记

　　《连片特困地区移民后续产业发展研究》一书是在国家社会科学基金项目（13BJY034）的最终成果基础上于 2018 年 5 月完成的。在本书成稿出版之际，需要特别说明的是，本书是课题组全体成员共同努力的结果，内容包含了课题组成员近年来对连片特困地区生态移民以及易地扶贫搬迁后续产业发展问题的长期关注和思考。作为应用性研究，实践总是在不断发展，人们对移民相关问题包括后续产业发展的认识，也是随着实践的发展在不断深化，总有一种认识落后与现实之遗憾，尽管如此，我们课题组还是努力尽早完成书稿，以便能对连片特困地区生态移民以及易地扶贫搬迁后续产业发展发挥一点作用或提供一点启示。

　　在本项目前期调查研究搜集和整理资料以及本书的写作过程中，课题组曾得到了陕西理工大学汉水文化研究省级重点学科、汉江水源保护与陕南绿色发展智库（陕西理工大学）、秦巴山区经济社会发展研究中心、陕南移民研究中心等研究机构的大力支持和帮助。在课题调研过程中，身边的同事也给予了很大的支持，正因为如此，本书才得以顺利完成，在此表示衷心的感谢。

　　本书书稿的撰写，第一章由冯明放、彭洁完成；第二章、第三章、第四章、第五章、第六章、第七章由王敏完成；第八章由韩锦、冯亮完成；第九章、第十章由冯亮完成。

　　本书写作过程中曾参考了国内外学术界专家学者对生态移民问题研究的相关成果，在此也深表谢意，如有不慎遗漏，敬请谅解，也请同行不吝批评指正。

王　敏　冯明放

2021 年 5 月